社會學與台灣社會

第五版 | 精簡本

Sociology:
Taiwanese
Perspectives
5th Edition

陳志柔　林國明——主編

巨流圖書公司

國家圖書館出版品預行編目（CIP）資料

社會學與台灣社會 / 陳志柔, 林國明主編. -- 五版. --
高雄市：巨流圖書股份有限公司, 2022.08
面； 公分
精簡本
ISBN 978-957-732-669-0（平裝）

1.CST: 社會學　2.CST: 臺灣社會

540　　　　　　　　　　　　　　　　111011043

社會學與 台灣社會
精簡本（第五版）

主　　　　編	陳志柔、林國明	
責 任 編 輯	邱仕弘	
封 面 設 計	Lucas	

發 行 人　楊曉華
總 編 輯　蔡國彬

出　　　版　巨流圖書股份有限公司
　　　　　　802019 高雄市苓雅區五福一路 57 號 2 樓之 2
　　　　　　電話：07-2265267
　　　　　　傳真：07-2264697
　　　　　　e-mail: chuliu@liwen.com.tw
　　　　　　網址：http://www.liwen.com.tw

編 輯 部　100003 臺北市中正區重慶南路一段 57 號 10 樓之 12
　　　　　　電話：02-29222396
　　　　　　傳真：02-29220464
劃 撥 帳 號　01002323 巨流圖書股份有限公司

法 律 顧 問　林廷隆律師
　　　　　　電話：02-29658212

出 版 登 記 證　局版台業字第 1045 號

ISBN ／ 978-957-732-669-0（平裝）
五版一刷・2022 年 8 月
五版二刷・2024 年 9 月

定價：450 元

目 錄

第肆篇 社會變遷

作者簡介（依姓氏筆劃排列）

王甫昌，美國亞歷桑納大學社會學博士，現任中央研究院社會學研究所研究員，專長為族群關係、社會運動、民族主義和族群政治。最近的研究興趣為現代台灣族群概念的內涵、興起與轉變。

王佳煌，美國密西根州立大學社會學博士，現任元智大學社會暨政策科學學系教授，專長為批判的文化研究、資訊社會學、政治經濟學和都市社會學。最近的研究興趣為台北市的都市文化（大稻埕與迪化街、博物館）、資訊科技的社會影響與理論意涵（大數據、演算法、人工智能、物聯網、區塊鏈等）。

王振寰，美國洛杉磯加州大學社會學博士，現任國立政治大學國家發展研究所名譽教授，專長為政治社會學、發展社會學和經濟社會學。最近的研究興趣為東亞產業發展與創新，以及中國大陸的區域和產業發展。

王德睦，東海大學社會學博士，現任國立中正大學社會福利學系兼任教授，專長為人口學、貧窮研究、社會計量。近年來的研究興趣在於台灣的生育率與死亡率分析，以及台灣的貧窮趨勢與動態。

何明修，國立台灣大學社會學博士，現任國立台灣大學社會學系教授、科技部人文社會科學中心主任。專長為社會運動、環境社會學與勞動社會學。最近的研究問題是關於台灣與香港的社會運動，及其能源轉型中的公民社會之角色。

吳嘉苓，美國伊利諾大學（香檳分校）社會學博士，現任國立台灣大學社會學系教授，專長為科技與社會研究、醫療社會學和性別研究。最近的研究主題為台灣與東亞生殖科技的爭議，以及生育改革運動。

李玉瑛，英國蘭卡斯特大學婦女研究博士，現任元智大學社會暨政策科學學系教授，研究專長為消費文化、性別研究與經濟社會學。目前的研究主題是文物藝術品拍賣與收藏，探討華人地區古董文物市場，性別與知識權力的關係。

林國明，美國耶魯大學社會學博士，現任國立台灣大學社會學系教授，專長為政治社會學、教育社會學、歷史社會學與制度論。最近研究興趣為審議民主與公民參與，以及大學入學制度變遷對高中教學實作的影響。

周愫嫻，美國紐約州立大學水牛城分校社會學博士，現任國立台北大學犯罪學研究所特聘教授，專長為犯罪學和法律社會學。研究興趣為刑罰、白領犯罪、少年犯罪、犯罪學史。目前研究為量刑及監所政策。

陳志柔，美國杜克大學社會學博士，現任中央研究院社會學研究所研究員，專長為經濟社會學、社會資源與社會網絡、社會主義國家轉型和當代中國社會變遷。最近研究興趣為中國社會集體抗議和全球中國效應的比較研究。

陳美華，英國約克大學婦女研究博士，現任國立中山大學社會學系教授，專長為性別研究、性社會學。近期研究興趣為親密關係、身體工作以及性與跨國遷移。

陳婉琪，美國芝加哥大學社會學博士，現任國立台北大學社會學系教授，專長為教育、婚姻與家庭、性別與工作、青少年福祉。最近的研究興趣為教育制度與政策評估、青年創業與社會公共參與。

曾凡慈，國立台灣大學社會學博士，現任中央研究院社會學研究所副研究員，專長為醫療社會學、科學與技術研究。最近研究興趣為精神醫療爭議與實作、診斷與自我認同、病痛經驗與照護，以及流行病治理。

黃克先，美國西北大學社會學博士，現任國立台灣大學社會學系副教授，專長為宗教社會學、都市底層研究、質性方法、微觀社會學。近期關注無家者議題，正撰寫相關的民族誌專書。

喻維欣，美國芝加哥大學社會學博士，現任美國加州大學洛杉磯分校教授，專長為性別與勞動市場、社會階層化和現代東亞社會。她曾對台灣、日本、中國、美國及其他國家做研究；最近的研究著重解釋美國勞動市場中性別差異狀況、性別相關態度及東亞社會中婚姻擇偶情形的轉變。

葉欣怡，美國羅格斯大學（紐布朗石維克分校）社會學博士，現任國立台北大學社會學系副教授，專長為集體記憶、社會認同、劃界工作、認知與文化和審議民主。最近的研究興趣為懷舊資本、審議民主中的集體記憶以及台灣審議民主的發展特性。

熊瑞梅，美國喬治亞大學社會學博士，現任國立政治大學社會學系名譽教授。專長為組織社會學、社會網絡分析、社會資本理論與研究。最近研究興趣在台灣、中國大陸和美國的社會資本比較研究，以及台灣半導體產業專利創新網絡的機制研究。

翟本瑞，東海大學社會學博士，現任逢甲大學圖書館館長及通識中心主任。專長為資訊社會學、教育社會學和社會學理論。最近的研究興趣為金融社會研究及教育典範轉移。

潘美玲，美國杜克大學社會學博士，現任國立陽明交通大學人文社會學系教授，專長為歷史比較社會學、經濟社會學（組織、市場與工作）、發展社會學（東亞經濟發展、產業全球化）。最近的研究興趣為跨國移民、難民、無國籍者的求生策略。

蘇國賢，美國哥倫比亞大學社會學博士，現任國立台灣大學社會學系教授，專長為社會階層與社會流動、教育社會學和組織理論。最近的研究興趣為東亞社會的階級流動，以及台灣的教育不平等。

五版序

　　《社會學與台灣社會》一書自 1999 年第一版問世以來，已成為國內許多大學社會學課程的教材。本書扣緊台灣社會現象的發展，除了介紹社會學概念和觀點，並將台灣經驗的內容和意涵融入教材，提供讀者融合理論概念和生活經驗的學習成果。

　　過去二十年來，台灣社會變遷快速，尤其社會和政治經濟互動密切，息息相關，同時受到全球局勢及兩岸關係的影響。為求教科書內容與時俱進，讓知識概念能扣緊生活經驗及世界局勢，編者陸續修訂本書內容，第二版（2003）、第三版（2009）、第四版（2014）相繼出版。

　　現今呈現在讀者面前的是第五版精簡本（2022）。第五版維持第四版 20 章的安排，沿用原章名稱，但其中 9 章換了作者，內容也和舊版截然不同。這些新撰寫的 9 章包括：二、文化（葉欣怡）；七、族群關係（王甫昌）；九、教育（陳婉琪）；十、宗教（黃克先）；十一、醫療（曾凡慈）；十二、經濟與工作（潘美玲）；十三、權力與政治體系（林國明）；十六、都市發展、空間與文化（王佳煌）；十九、全球化與社會變遷（陳志柔）。另外 11 章，原作者做了大幅度的修訂，以呼應當今台灣社會和世界局勢的最新變化。因此，本版書相較於第四版，猶如台灣社會和

全球局勢過去七年以來的巨大變化，呈現嶄新的面貌。

　　本精簡本適合一學期的課程使用，包括通識課或是學分數較少的社會學課程。本書有 20 章，涵蓋各個重要的社會議題，教師們可以選擇自己認為重要和必要的章節授課。本書各章提供了「問題與討論」或「課堂活動」，目的是促進教學成效及學習興趣，對教學和學生學習會有相當助益。

　　本書可以作為 108 課綱高中公民與社會的補充教材，也能作為社會領域的探究與實作，以及其他選修課程的自修或上課教材。高中生的探究與實作，強調與學生生活及社區文化連結，希望學生能自主學習，從生活中發現問題、解決問題。本書貼近台灣社會的經驗，能提供學生觀察的視野和思考的論證。

　　本書第五版的問世，首先要感謝前幾版的編者和作者，尤其是瞿海源教授、王振寰教授，他們是本書前幾版的主編；本書第五版是站在他們奠立的基礎上繼續前進。我們感謝這次參與作者們的合作與耐心，以及謝麗玲、包硯彤對文稿的潤飾和編輯。感謝巨流圖書持續支持本書出版。最後，也要感謝讀者和學界對本書的支持和批評，讓我們有機會不斷改進和修訂。這些批評和意見，將成為台灣社會學界進步的原動力。

陳志柔、林國明

2022 年 5 月

第 **壹** 篇

社會學的基本原理：
個人與社會

第 1 章

社會學是什麼？

- 社會學想像——個人的必然也是社會的
- 個人與社會
- 社會學的幾個重要概念
- 社會學的三大傳統
- 社會學與現代社會
- 社會學的分化
- 社會學在台灣的發展

■王振寰

摘　要

1. 社會學是研究人類生活如何被集體性地組織和建構的一門科學。研究日常生活中那些被視為當然的事情，挖掘隱藏在社會生活規律之下，視而不見的過程、類型和因果關係。

2. 社會學有兩個基本假設：一是人的行為和思想受到社會的影響，另一則是社會與制度是人所創造，因此也可被人為地改變。

3. 社會學家經常用來掌握日常生活世界的概念工具，有社會行動、社會結構、文化、權力和社會關係。

4. 社會學有三個理論傳統：馬克思主義的批判社會學、韋伯的詮釋社會學和涂爾幹的實證社會學。

5. 社會學的興起與歐美社會在十八和十九世紀的大轉變、西方社會的工業化和資本主義發展有密切關聯。

6. 社會學研究可以區分為鉅視社會學和微視社會學。微視社會學所研究的是時間較短、空間較小且人數較少的社會情境；鉅視社會學則是研究時間拉長、空間較大且人口數目眾多的社會現象。

社會學的第一課：社會不是所有個體的加總而已。

社會學是一門研究我們日常生活模式的科學，探討那些影響日常生活巨大卻又視為當然的事物或事務，挖掘隱藏在社會生活之下，卻經常視而不見的過程、類型和因果關係。社會中有很多現象，看起來是個人原因，但細究起來很多起源自社會因素。例如，不同世代出生的人面對的社會情境相當不同。1950 和 60 年代出生的台灣人，經歷了台灣急速的工業化過程，有很多創業機

會、愛拚就會贏，「黑手變頭家」是常見的社會現象。相對的，1980年代後出生的人，由於台灣工業化逐漸成熟，創業機會變少，且大量廠商遷移大陸，造成失業率升高。年輕人在低薪高房價的社會中，成為新貧族，只能追求小確幸。個人的很多機遇或是生活規範，雖然看起來自然而然，卻是社會所造成的。

壹　社會學想像——個人的必然也是社會的

　　社會學是研究人類生活如何被集體性地組織和建構起來的科學，運用科學的方法與理論研究社會生活中各式各樣的現象。社會學家對於行為的研究，不只是了解動機，更會問為什麼某些類型的人會比其他類型的人較傾向某種行為，其社會原因為何？對即使看起來是個人取向的行為，都嘗試將行為與整個社會脈絡連結起來。然而，社會學家並不是忽略個人的重要性，而是認為個人是社會的產物，其行為深受社會脈絡的影響。

　　社會學家要研究的就是個人與社會脈絡之間的關係，也就是美國社會學家 C. Wright Mills（1959）所說的「社會學的想像」（sociological imagination），指將生活周遭經驗與社會生活世界的深層結構關聯起來的思考方式。換言之，我們的經驗不只是個人的現象，同時也與整體社會結構和形態有密切關聯。例如，失業經常不是個人沒有能力，而是與整體社會經濟結構有關，具有相同技術和資歷的人，在經濟景氣時易找到工作，不景氣時則困難重重；龍年出生的小孩，由於當年嬰兒出生率上揚，使學校出現教室和師資不足的問題，但是在次年或其他年分出生的小孩，則沒有類似的問題。

社會學的想像
（sociological imagination）
一種將我們生活周遭經驗與社會生活世界的深層結構連結起來的思考方式，亦即我們的經驗不只是個人的現象，同時也與整體社會結構和形態有密切關聯。

問題與討論 1-1

　　社會學研究日常生活中的現象，請以大樂透或彩券為例，探討以下的問題：為什麼某些類型的人傾向去買彩券，而其他類型的人比較不會？什麼樣的人在從事這類的買賣活動，什麼樣的人在遊說彩券或賭博合法化，誰能從中得利？誰受害？彩券收益能夠改善窮人／身心障礙者的生活嗎？

 貳　個人與社會

　　社會學有兩個基本假設：一個是人的行為和思想受到社會的影響，另一個則是社會與制度是人所創造，因此也可被人為地改變。

　　人的行為和思想受到社會的影響：人是社會的產物，從出生受到父母的照顧，就出現了社會關係，個人的行為和思考方式都受到來自父母和社會的影響。對行為適當與否的要求稱為規範（norm），在社會不同場合中有不同的規範；在日常生活中，有許許多多的規範存在，而社會也透過不同的方式來訓練每個人遵循這些規範。

　　價值觀（value）則是社會成員對什麼是好的、什麼是不好的，什麼是可以追求或不可以追求的共同道德觀念。從小到大的教化過程中，父母或長輩會透過各種方式強化社會既有的價值觀，追求目標要用正當而不是不正當的手段。

　　每個社會人都是透過這些外在於個人的社會規範和價值觀的模塑，在日常生活中與其他人互動交流，而社會也透過各種方

式，包括賞罰或強制（例如法律）來強化這些行為規範或價值觀念。

　　社會學家認為，社會與制度是人所創造，因此也可被人為地改變。個人雖是社會的產物，在很大程度上受到社會的模塑，但是並不會被社會完全操弄。每個個人仍有自主的思想、意識和創造力，個人或集體經常有意識地製造事件，對事務發言、詮釋，或改變某些限制。

㊟ 社會學的幾個重要概念

　　社會學透過對日常生活的抽象化，形成重要概念來掌握和解釋社會現象。社會學家已經創造出許多概念解釋社會生活的各種現象，以下是幾個社會學家經常用來掌握日常生活世界的概念工具（Calhoun et al. 1997），也是社會學家使用社會學想像的具體操作概念。

▌一、社會行動

　　社會行動（social action）是指人有意識的行為，而不是對事物本能或無意識的反應。我們將社會環境和社會行動視為當然，但是社會環境也經常因為我們有意識的行動而產生和發生改變。以就業來說，人們是經過選擇比較之後才會選擇某種職業，而不是本能的反應。

　　社會行動不只指涉個人，也指涉團體或組織，例如公司或政府。個人有意識地行動，參加某些社團想要改變自己的身分或命運，而社會團體或組織也從事有意識的社會行動。社會的運作看

社會行動（social action）
意指人有意識的行為，而不是本能或無意識的反應舉動。

起來自然而然，卻是由不同的個人和團體，在不同的時間、地點，爲了特定的目的，所從事的有意識的社會行動，並且共同創造出來的結果。

▎二、社會結構

社會結構（social）
structure）
就像大樓的「骨架」，
界定了社會關係的類
型，也提供人們社會
行動的參考，是人們
在社會團體或大社會
中與他人的水平關係
或垂直等級地位關係
的類型。

社會結構（social structure）界定人們在社會團體或大社會中與他人的水平或垂直社會關係，提供了人們社會行動的參考。社會關係是人們在社會中穩定的互動形式，包括親密的人際關係如親子、夫婦、朋友；或制度性的關係如老闆員工、老師學生等。在複雜的社會關係中，有許多不同的位置（position）和地位（status），社會賦予每個位置相對的權利和義務，稱之爲角色（role）。社會結構是相對穩定的社會關係類型，賦予了相對位置的角色不同的權力和社會期望，並且形塑社會運作的穩固基礎。雖然個別人員進出這些位置是經常發生的，但是社會位置和關係並不會經常改變，例如大學教授和學生經常流動，但是教授和學生的位置以及相對的權利義務並不會經常改變。社會結構依照位置的多寡、關係的強弱、資源的差距、權力的大小等，可以區分爲大小不同的結構類型：（1）家庭結構的位置較少，關係緊密，資源流通較強，權力關係較弱；（2）社會團體結構，與家庭結構比起來，位置比較多，關係緊密程度較低，權力關係較強，資源流通程度較低。（3）組織結構，例如工作場合或政府組織，在人員多寡、資源差距和權力關係等面向，都比前兩者更大，但關係緊密程度則較小。（4）階層化結構，比較是全社會的社會結構類型，由於社會不同職業、族裔、性別、年齡和教育程度的不同所造成社會地位、資源、權力和聲望的差異。階層化結構是社會結構類型中，牽涉最多且影響社會生活最深的類型，影響了社會財

富與權力的分配和社會運作的方式。（5）最後是社會發展的結構類型，例如農業社會、工業社會和後工業社會結構，是指社會中農業、工業和服務業人口的比例，以及所涉及的社會分工複雜程度和資源、權力分化的高低等。

> **問題與討論 1-2**
> 　　請同學以學校的組織為例，探討社會結構的議題。校級單位的正式組織中，有哪些位置、誰比較有權力，為什麼？有沒有哪個組織結構位置不是很重要，但卻很有權力的角色？如何解釋？

三、文化

　　文化是指造就人們生活方式中的各項語言、信仰、價值觀、行為規範等抽象的符號系統。人類之所以成為社會人，是經由代代相傳的文化，教育人們生存的技術、價值觀、行為規範、道德觀念等，亦即從家庭、朋友、學校、宗教以及大社會環境中，學習到這些文化的內容。文化已經成為日常生活中不可或缺的一部分，所謂「文化即生活」。

四、權力

　　權力是指人們對自己想要做或想完成的事的決定能力。有權力的人，不論別人有多大的抗拒都能夠實現自己的意志；而沒有權力的人，經常對別人的意見或抗拒毫無招架之力。有權力的人

權力（power）
指人們對自己想要做或想完成的事的決定能力，愈有權力的人愈有能力抗拒別人的意見，並且實現自己的意志。

能夠形塑別人的意見和作法，而無權力的人只能跟隨。

　　權力關係不只指涉個人，也指涉團體、組織或國家之間。在台灣現今政治體制中，資本家團體比消費者或勞工團體擁有更多權力，更容易影響政策，決定國家和社會的運作；大公司或財團因為擁有比較雄厚的資本和行銷能力，比中小企業容易影響市場，政府可以透過政策和施政導致人民生活的改變；在國際間，美國在當今世界中具有霸權地位，對國際事務比其他國家有絕大的影響力，不只是因為擁有優勢的軍事力量，還因為超強的經濟實力和科技能力。一般而言，權力與資源的多寡有密切關聯。

▌五、社會關係

社會關係（social relation）
指個人與他人的關係，深受家庭影響。

　　社會關係是指個人與其他人的關係類型，個人出生之後主要是透過家庭與社會發生關係，上學和上班之後，與同學、同事的互動是社會關係另一個重要的建立機制。社會關係最後形成社會網絡的運作，由於社會關係環環相扣，家庭出身決定了日後就讀的學校以及同學、朋友的類型，因此個人的社會關係受到家庭出身很大的影響。

肆 社會學的三大傳統

　　社會學起源於十九世紀的歐洲，第一個使用社會學這個名詞的是法國學者孔德（August Comte），其主要觀點是以自然科學方法研究社會現象。不過孔德對後世社會學發展的影響，遠不如以下三大社會學家，那就是馬克思（Karl Marx）、韋伯（Max Weber）和涂爾幹（Émile Durkheim），他們的學術著作在社會學

領域裡發展成三個大傳統──馬克思
的批判（critical）社會學傳統、涂爾幹
的實證（positivist）社會學傳統，和韋
伯的詮釋（interpretive）社會學傳統。

馬克思的著作主要是針對資
本主義社會的批判，他強調實踐
（praxis），而實踐必須是有理論指導的
政治行動，才能有意識和有計畫地改
變社會。馬克思終身職志在於以科學
方法分析資本主義的運作規律，並且

Karl Marx（1818-1883）

透過革命實踐運動，建立一個民主、自由和富裕的社會主義烏托
邦。馬克思對後世影響最大的是《資本論》，以科學方法討論資
本的起源，以「勞動價值理論」說明任何資本主義的商品都來自
於勞工的勞動，資本家只是坐收漁利、剝削勞工。馬克思也指
出，資本主義市場的高度競爭，使資本家必須不斷投資廠房設
備，以擴大市場占有率；同時不斷壓低工資剝削勞工，以使商品
具有便宜的競爭力。結果是，一方面資本家過度投資，利潤率下
降；另一方面，高度壓榨勞工以壓低產品價格，造成勞工的貧窮
化和社會的兩極化，因此資本主義的雙重內在矛盾必然使其走向
滅亡；而帶領資本主義走向滅亡的，就是創造資本主義勞動價值
的勞工，他稱之為「無產階級」。馬克思認為需要革命行動才可
能摧毀資本主義進而帶向社會主義，《資本論》提供理論分析，
是作為革命實踐行動的科學理論基礎。

涂爾幹對後世社會學發展的最大影響是他著名的「社會事
實」（social fact）概念：社會事實是人們複雜互動的產物，具有
外在性和約制性。對於社會的研究，不能化約到心理或個人層
次，必須從社會的層次找出原因。例如在《自殺論》中，涂爾

Émile Durkheim（1858-1917）

Max Weber（1864-1920）

幹認為自殺並非個人行為，而是社會事實，他從統計資料分析發現歐洲信仰新教的地區自殺率高於天主教地區，是由於天主教教會組織的凝聚力比新教強，因此影響自殺行為。由於涂爾幹強調以實證方法研究社會，一般視他為「實證社會學」典範的奠基者。涂爾幹的主要著作有《社會分工論》、《自殺論》和《宗教生活的基本形式》，都強調以「社會事實」的概念研究如道德、宗教、法律等現象。

韋伯的社會學可稱之為「詮釋（interpretive）社會學」，他認為人的行動具有主觀意識，因此對社會行動的研究不能只順從自然科學方法蒐集和分析資料，必須能深刻了解人行動的意義，並且做出因果分析。韋伯的社會學方法可說是「理解法」（verstehen），社會學家要以「參與者」的角度探討社會行動的脈絡，設身處地了解行動者之行動的意義後，方能提出具有意義妥當性的分析，定義為「對社會行動進行詮釋性理解，並對其過程與結果予以因果性解釋」的科學。韋伯的《基督新教倫理與資本主義精神》，探討為何資本主義最初都出現在新教密集的地區，而非舊教天主教地區。他發現這與新教教義及其所影響的新教徒行為有密切關聯。西方在宗教改革後，出現如喀爾文教派的勢力，嚴格要求信徒「以制欲精神、恪遵教義、在世

間事奉上帝」。新教徒對自己行爲的嚴格要求，致使其行爲相當
理性化，建立了理性的工作倫理及勞動組織，進而累積財富，在
資本主義興起過程中扮演了關鍵性角色。

符號互動論 (symbolic interactionism)

社會學起源於歐洲，但美國社會學也發展出自己的社
會心理學傳統，其主要代表學者爲米德（George H. Mead）
與 Herbert Blumer。米德被稱爲社會心理學創始者，他認爲
人的自我（self）和心智（mind）都是社會互動的產物，人
與他人互動並在互動中形成自我。他提出自我包含「主動
我」（I）和「被動我」（me）二部分，主動我是個人行動的
主動能力，因此是主體；被動我則是社會化的我，例如行
動前會先想別人怎麼看我，因此是客體；心智則是對主動
我和被動我相互交錯的反思運動，這構成了人類認知的基
礎。米德的觀點啓發了社會心理學研究，他的學生 Blumer
承繼其觀點，在芝加哥大學建立了美國社會學傳統。

George H. Mead （1863-1931）

Blumer 創立了「符號互動論」這個名詞，認爲社會是透過人的互動所創造，而
人的行動具有意義内涵（meaning），例如男人送花給女人是否具求愛或表示禮儀
的象徵性，端賴其所處環境來界定，這種意義内涵是透過社會互動學習。對於人
類行爲的研究，需要了解行爲的意義，而非只給予量化數字，全然不理會意義内
涵。Blumer 主張的研究方法較接近人類學的參與觀察、韋伯的詮釋社會學看法。

伍 社會學與現代社會

　　社會學的興起與歐美社會在十八和十九世紀的大轉變有密切關聯。在過去，人類社會依賴大自然維生，工業革命和資本主義大幅改變了這樣的生活方式。

▍一、工業化

　　工業化的機器生產，讓人類得以使用較有效的工具和方法，工廠的生產力也大量取代人力和獸力，製造出大量產品，使得生活物資不再受制於大自然。農業逐漸萎縮，工業革命將大量農民轉變為工廠內的勞工，導致新的社會組織方式出現。大部分人在工廠或公司內部工作，遵循分工和規則，每天出門工作換取固定薪資，再購買生活必需品和工業產品。

▍二、都市化

　　生產力增加後，社會的衛生和物質條件改善，造成出生率增加而死亡率下降，結果是人口的大量增長，並造成前所未有的大量城鄉移民和人口流動，造成大量的都市化（urbanization），形成嚴重的都市居住、公共衛生、交通運輸等問題。同時也出現大量的移民潮：由歐洲移往美洲大陸，以及歐洲的殖民主義強制將大量非洲住民移往美洲，成為農奴。

▍三、社會的組織化

　　工業化的結果使大量人口成為受僱者，成為公司或工廠的一

員，出現了新形態的組織和控制體系，內部分工細密，每個人只負責生產流程的一小部分，與其他人或部門密切合作；公司權力集中在組織的頂端，駕馭著公司組織的運作；同時組織內有一套運作規則，包括升遷、賞罰、會計和人事制度等。這樣的組織形態，稱之為「科層組織」（bureaucracy），已經成為現代工業社會的主要組織。

四、新形態政府的出現

民族國家（nation state）成為主要的政府形式，指在特定疆域內擁有統治主權和正當合法使用暴力權力的組織。西方從十六世紀開始逐漸形成現代民族國家形態，去除政教合一的色彩，滲透到社會生活的領域，包括稅收、教育、醫療衛生、軍隊警察和科技發展等。與此同時，社會政治思想領域在民族主義、民主政治、公民權、自由主義等面向的發展，更提供民族國家滋長的養分。現代民族國家的發展，將傳統農民納入國家統治的範圍，而國家對社會的滲透，更大大地改變了社會生活和運作的形態。

五、西方資本主義的擴張

資本主義是以市場利益為主的政治經濟體制，商品的生產和交換是主要機制。歐洲從十五世紀末開始形成這樣的政治經濟體系，並往海外擴張，搶奪世界各地的資源和財富、市場，強化了歐洲本身的經濟發展。其他地方則因為殖民主義，既有的社會結構瓦解，經濟資源被大量掠奪，發展面臨困境。西方資本主義的對外擴張，產生了世界性的不平等體系，並在政治經濟上形成了國際體系的強權和弱勢之間的對立（Wallerstein 1974）。

　　社會學的發展就是在面對歐洲社會如此巨大變遷之下，所產生的一個新學科。當時的社會學家所看到的是舊有穩定的社會秩序逐漸瓦解，而新的社會政治經濟形態正在出現。

　　在今天的社會學中，現代社會或稱「現代性」（modernity），是指十八、十九世紀以來工業化與資本主義發展所造就的特殊且複雜動態的社會過程和結果，與過去傳統的生活方式截然不同。社會學的先驅者相信他們所從事的是一項啓蒙的計畫或現代性計畫，相信現代世界的各項社會過程是進步的，透過理性和科學知識，社會學不只可以理解世界的運作，更可以塑造人類美好的未來。由於西方資本主義的擴張和影響，現代社會被等同於西方社會，現代化等同於西化和進步，而後來經濟發展落後的國家所要追趕的目標，就是西方社會所提供的發展模式。

陸　社會學的分化

　　社會學是研究社會生活的科學，而社會生活領域包含面向極廣，包括個人、社會關係，乃至社會結構等。今天的社會學，學術分工和專業化使得社會學家大多專精於某些專業領域，出現學術分化。

　　不同領域可就處理的主題範圍區分爲微視社會學（microsociology）和鉅視社會學（macrosociology）。微視社會學指以社會關係、社會互動和社會心理爲主體的社會學研究，如社會化、語言或行爲溝通、社會網絡、小團體等；鉅視社會學指以社會結構、社會整體變遷和社會制度等面向爲主的議題，甚至包括歷史或跨社會比較研究等，兩者很難精確劃分。美國社會學家 Collins（1988）曾指出社會學研究有三個根本的要素：時

微視社會學
（microsociology）
以社會關係、社會互動和社會心理爲主體的社會學研究，這類社會學家的研究興趣包括社會化、語言或行爲溝通、社會網絡的形成與轉變、小團體內部的決策模式等。

鉅視社會學
（macrosociology）
以社會結構、社會整體變遷和社會制度等面向爲主的研究，這類社會學家有興趣的題材包括整體政治經濟變遷模式、經濟和階級結構，甚至歷史或跨社會比較研究等。

間（time）、空間（space）與人數（number）。假如以此三要素來說，微視社會學研究時間較短、空間較小，而人數較少的社會情境；鉅視社會學則研究時間拉長、空間較大，而人口數目眾多的社會現象。由於社會變遷快速，社會學的分化也愈來愈紛雜，不斷出現新的領域和研究。

柒　社會學在台灣的發展

　　社會學在台灣機構的成立和發展上可以分三個時期說明：第一個時期是 1950 到 1970 年代初期，社會學與社會工作學不分，都設立在社會系之內。第一個成立的社會系是原來省立法商學院（中興大學前身）的社會行政科，在 1955 年改名為社會系，次年東海大學社會系成立，台灣大學在 1960 年成立社會系，之後輔仁大學、東吳大學也相繼設立。相關系所另有台灣大學的農業推廣系暨研究所。第二個時期從 1970 年代中期開始到 1990 年代初期，社會系開始設立研究所並區分社會學組與社會工作組，台灣大學於 1974 年成立社會學研究所碩士班，並設立應用社會學組；東海大學社會系於同年分組招生，1978 年成立研究所，兩年後成立社會工作組，而後獨立成立學系和研究所。其後在 1980 年代東吳大學、政治大學的社會系分組並相繼設立研究所。文化大學的青少年福利研究所和清華大學社會人類學研究所也在這時期成立。第三個時期是 1990 年代後，由於許多新大學相繼成立，相關系所大量出現，但大部分集中在社會福利方面，較少社會學方面的新系所（章英華 1997）。

　　社會學在台灣發展初期，主要教學和研究人員來自跟隨國民黨政府來台的社會學和社會工作人員。但整體而言與在大陸時期

的社會學關係不大，主要是因為當年主流社會學家如費孝通、吳文藻等絕大多數都沒有來台灣。另外，由於政治考慮，許多重要社會學原典還有大陸時期的重要著作，都無法當成教材，1950、60年代的社會系學生根本無法接受完整社會學教育。同時，費孝通等人在大陸開創的小社區研究，由於語言上的隔閡，要繼續從事類似研究也相當困難。種種因素都使社會學在台灣的開展，與中國大陸的研究有相當的斷裂（蕭新煌 1986）。

　　這個時期的學者與當時的政治心態有密切的關係，他們對台灣並不了解也不想把台灣當成研究主體，而是視為研究中國社會的替代品。幸好在此時期，仍有相當多的社會調查研究，包括台大農推系楊懋春教授帶領的鄉村社會學，以及中央研究院民族學研究所對社區的研究，為後來的社會學發展奠立了重要的基礎。

　　到了 1970 年代中期後，在台灣成長、受社會學教育，之後留學歐美的社會學家陸續回國任教。他們在歐美受到完整的社會學訓練，回國之後的教學和研究，對後來的社會學教育產生極大的影響。這段期間直到 1980 年代中期，最主要的學術運動可稱為「社會學中國化」運動。學者們在歐美受過制式訓練，回到台灣強烈感覺自己了解西方社會遠勝於對本身社會，社會科學界忘了將自己的社會文化背景反映在研究活動中，「而使中國的社會及行為科學缺乏個性，終於淪為西方社會科學的附庸」（楊國樞、文崇一 1982）。因此他們企圖以社會科學方法研究「中國社會」，要使中國文化的特色融入社會科學的研究，擺脫西化色彩（亦見蔡勇美、蕭新煌 1986）。在這段期間，諸多西方社會學理論和取向被引入台灣，包括主流的行為科學、具批判性的理論和研究（例如批判理論、新馬克思主義、依賴理論和世界體系理論等），也開始有大量的經驗研究出現。

問題與討論 1-3

　　假如社會學的發展與現代性或工業社會的發展趨勢有關，是否有必要討論社會學中國化或社會學本土化的問題？假如是，為什麼我們很少看到美國社會學或德國社會學這樣的名詞？

　　1980 年代中期後，台灣社會愈來愈成為研究的主體，在質和量上都有更大的進展。這有兩個重要原因，第一是有更多受到完整社會學教育的留學生回國，進入各大學和研究機構。第二是由於政治社會環境的轉變，政治民主化後，國民黨政府對學術的壓制才愈來愈小。學術空間的擴大，使社會學在台灣的本土化加速進行（王振寰 1989；蕭新煌 1995）。今天社會學在台灣的發展已經相當專業化，本土化問題不再成為學術討論的一部分。原先的「中國社會學社」在政治鬆綁的情勢下，2000 年改名為「台灣社會學會」。

參考書目

文崇一，1982，〈報恩與復仇：交換行為的分析〉。收於楊國樞、文崇一編，《社會及行為科學研究的中國化》，頁 311-344。台北：中央研究院民族學研究所。

王振寰，1989，〈臺灣的政治轉型與反對運動〉。《台灣社會研究季刊》2(1): 71-116。

章英華，1997，〈都市化、階層化與生活型態〉。收於張苙雲、呂玉瑕、王甫昌主編，《九○年代的台灣社會：社會變遷基本調查研究系列二（上冊）》，頁 229-263。台北：中央研究院社會學研究所籌備處。

蔡勇美、蕭新煌主編，1986，《社會學中國化》。台北：巨流。

蕭新煌，1986，〈解開當前意識型態紛爭的「結」〉。《中國論壇》22(1): 27-29。

蕭新煌，1995，〈轉型的臺灣社會學與轉型的臺灣社會：個人的幾點觀察〉。《中國社會學刊》18: 1-15。

Calhoun, Craig, Donald Light, and Suzanne Keller, 1997, *Sociology*. New York: McGraw-Hill.

Collins, Randall, 1988, *Theoretical Sociology*. San Diego: Harcourt Brace Jovanovich.

Mills, C. Wright, 1959, *The Sociological Imagination*. New York: Pelican.

Wallerstein, Immanuel, 1974, *The Modern-World System I: Capitalist Agriculture and the Origins of the European World-Economy in the Sixteenth Century*. New York: Academic Press.

第 2 章

文 化

■葉欣怡

摘　要

1. 文化指的是特定群體共同服膺的一種生活方式，可以反映該群體內部所具備的普遍性與共通性，以及對外所具備的特殊性與差異性。

2. 文化猶如濾鏡（filter），讓行動者對社會世界進行分類、做出判斷，並且透過文化與其他行動者溝通和互動。被特定社群文化影響的行動者，是通過文化去賦予事物意義和詮釋意涵。

3. 文化有形塑行動者認同（identity）的功能，隸屬於特定社群的行動者，幾乎會成為該社群文化的認同者，並將處於相同文化下的行動者視為「我群」。

4. 文化必須透過各種方式持續再現和「具體化」。文化的再現方式不勝枚舉，包括：語言、符號、儀式、習俗、傳統、節日、敘事（故事、歌謠、文字）、博物館、雕像、姿勢、身體、象徵物等。

5. 行動者可能是文化的順從者，也可能是改革者與反抗者；更有甚者，特定個體可能是某些文化的順從者，卻是其他文化領域的革命者。

6. 特定文化源自其鑲嵌脈絡，應平等地看待各種文化並加以觀察和分析，同時必須以該社群內部的角度與世界觀才能夠加以掌握。

7. 外界賦予特定文化的評價很可能會隨著主流價值觀的改變而更迭，並且造成文化的調整與修正。

　　文化（culture）是研究特定社會不可或缺的元素之一。但真

要去定義與掌握文化，其實並不容易，畢竟「文化」是那麼的無所不在、高度抽象以及被視爲理所當然。本章從不同面向帶領大家認識和掌握社會學視野中的「文化」。

問題與討論 2-1

　　請同學分爲小組，並討論什麼是「文化」。透過這個活動能讓同學體會到，雖然我們經常使用「文化」二字，卻不容易掌握真正的意涵。

「文化」的定義

　　目前對於「文化」意涵的討論歸納如下：（1）文化指的是產生自特定社群中的實踐作爲；（2）文化必須透過語言和習俗等再現；（3）文化是特定社群內的共享意義，更是行動者理解世界與進行溝通的媒介；（4）文化既規範行動者也被行動者影響。

　　本文建議先簡單地將「文化」理解爲特定群體共同服膺的一種「生活方式」，反映出群體內部所具備的普遍性與共通性，以及對外所具備的特殊性與差異性。文化作爲一種「生活方式」指的是行動者的認知、態度、信念乃至於言行舉止，都受到特定文化的影響。在這樣的意義下，文化構築受到文化的世界觀所左右，浸淫於特定文化下的行動者透過該文化進行認識和互動，形成自成一格的認知體系（Berger and Luckmann 1991; Schutz and Luckmann 1989）。文化被當作「理所當然」和「習以爲常」的存在，引領著行動者不加思索地做出判斷、成爲日常捷徑（shortcut），讓受其影響者感到自在與舒適。更重要的是，看

似個體所為的決定，其實是特定集體文化下的產物。上述對文化的定義提供我們一些基本概念與想像，但有更多面向讓這個概念更加複雜。

　　然而，在這之前，有三個掌握「文化」的關鍵提醒值得優先提出。首先，文化不是某些特定社群具備或不具備的存在。我們必須認識到任何社群都有共享文化（shared culture）；文化並不是稀有財，就「本質而言」文化不存在「此消彼長」的競爭關係。文化在實際生活世界中經常被策略性地運用，因為不同社群之間的從屬與主客關係所賦予的文化階序性，所以行動者經常會習得某些群體的文化具備「優位性」、某些群體中的行動者比較「沒有文化」這類錯誤印象。

　　其次，文化源自特定社群所鑲嵌的背景和脈絡，必須以該社群內部的角度與世界觀才能夠加以掌握；此外，外界賦予特定文化的評價很可能會隨著主流價值觀的改變而更迭，並且可能造成文化的調整與修正。舉例而言，某些部落的獵人頭文化在進入現代化階段後面臨攻訐和責難，或是台灣民間信仰的燒紙錢文化在面對環境保護意識時所招致的挑戰等。

　　再者，儘管前面曾經提及文化類型的多元和普遍，但有些名詞不能也不宜加上「文化」一詞加以指涉。這是因為文化需要相對應的社群、行動者、實踐作為以及信念、再現等要素予以支撐。一方面，有些實踐作為並不足以構成一項文化，或至多是再現特定文化的符號之一。

 課堂活動 2-1

　　在了解文化的定義後，請每位學生試著舉出一個「文化」的例子。此舉可以讓學生主動思考形形色色的文化案例。

貳　文化的功能

　　對於行動者而言，文化不但是認識社會世界的媒介，更協助形成一套世界觀。文化猶如一面面的濾鏡（filter），行動者透過特定文化去觀察世界，文化也提供認知框架（cognitive framework），讓行動者對社會世界進行分類、做出判斷，並透過文化與其他行動者溝通和互動（Brekhus 2015; Zerubavel 2009）。被特定社群文化影響的行動者，更是通過文化去賦予事物意義和詮釋意涵。在普遍的情況下，文化成為行動者日常生活做判斷的捷徑，讓行動者不假思索地援引或透過文化來應對日常所需。

　　文化還發揮形塑行動者認同（identity）的功能。隸屬於特定社群內的行動者，幾乎會成為該社群文化的認同者；受到特定文化影響的行動者，會逐漸對於自身隸屬社群的文化感到熟悉、自然，進而認同該文化，並將處於相同文化下的行動者視為「我群」。相對的，於不同文化者的態度、認知、思想與舉措，會顯得與自身有所差異甚至格格不入，因此被認定是「非我族類」的「他者」（others）。文化也被行動者用來作為不同社群的「劃界」（boundary-drawing）工具（Brekhus 2015; Schutz and Luckmann 1989）。行動者可能透過打招呼的方式來判定是否來自相同文化，又或者為了融入特定社群（與文化）而盡可能改變既有態度和作法。

　　值得一提的是，藉由文化所進行的劃界工作（boundary work）往往會延伸到階序性（hierarchical）的差異劃分。在這情況中，文化的差異除了不同之外，還象徵著優劣。某些文化的服膺者認為文化並非平等的存在，某些文化相較於其他文化顯得更加優越等；所以透過文化進行劃界之際，也代表著高低之分的判定。

課堂活動 2-2

　　請同學上網搜尋「說台語經常被有意無意貼上無知者標籤」的廣告例子，並觀察這樣的情況在台灣是否有減少的趨勢。

文化的特性

一、文化的普遍性（與特殊性）

　　在特定社群內部，文化具備著普遍性（generality）。社群文化有助於社群成員的日常判斷，據以做出符合社群期待的回應，因此可以看出社群文化能夠在成員間被普遍地認可與接受。這樣的普遍性也透過諸多方式讓新成員社會化（socialization），使得文化所帶來的態度、思想與實踐行為得以維繫。相對的，不同社群間的文化便以各自的特殊性（particularity）自居，藉以凸顯社群之間的差異與區別，並以自身的「獨特」文化為傲。各社群文化的特殊性，會讓許多「標準化」的規定在遇到不同社群的特有文化時，必須略做調整與配合，來表示對於該文化的尊重。

二、文化的規範性（與神聖性）

　　挑戰或違背文化中約定俗成或習以為常的態度、認知、行為和儀式等，都可能讓社群內的成員因此得以察覺文化的規範性（normative）。一旦行動者選擇違背或偏離文化所約定俗成的作法時，便可能引起正式和非正式兩種形態的懲罰。一方面，由

於文化的某些內涵被具體納入法規成為明文規定，因此將引發正式的懲罰；像是台灣法律反映出文化中注重「良善風氣」和「孝順」，因此懲戒被判定「違反善良風俗」和「惡意遺棄父母」的行動者。另一方面，在違反文化所普遍接受的作法時，則可能導致非正式的負面後果。

事實上，文化對其服膺者而言也挾帶著一定程度的神聖性（sacredness）。無論是社群內行動者因為認同而萌生對文化的崇敬，或是社群為了存續所營造與催生的文化神聖性，都會因為社群文化儼然等同於社群的象徵（symbol），因而不容許可能造成其消亡或毀滅的行徑。

三、文化的多元性（與相對性）

文化的「多元性」是不容忽視的性質。譬如，相同社會面向的文化之間可能存在著矛盾、互補、對立、挑戰，或帶來改變等多種豐富關係；當然也可能囿於地理位置、資訊傳遞、排外拒斥等因素故而素未聞問。由於現代社會中的各種分殊化讓人們扮演著極為多元的角色，再加上科技資訊發達、移動頻繁等原因，人們除了更容易接觸到不同文化之外，單一行動者的態度、認知和行動更無可避免地受到多種文化的左右和拉扯。前面曾述及行動者因為自身的文化認同，而形成一套習以為常的實踐方式；但也因為如此，行動者在面對不同文化之際，容易因為難以適應或者過於陌生而產生大小不一的文化衝擊（culture shock）。

在介紹完文化的多元性後，我們更應該理解並尊重文化所具備的相對性。亦即，各種文化都源自其所鑲嵌（embedded）的社群和脈絡，形形色色的文化均可謂「其來有自」。縱使我們可能因為自身所熟悉的文化所賦予的世界觀，以及時空脈絡的差異和

文化衝擊（culture shock）

行動者因為自身的文化認同，形成一套習以為常的實踐方式；行動者在面對不同文化之際，容易因為難以適應或者過於陌生而產生大小不一的矛盾情緒與衝突感。

轉變，認為某文化所造就的認知與作為「難以理解」或「不合時宜」，但都應嘗試以中性的立場將其置入起源脈絡加以考察、予以尊重。

▍四、文化的變動性（與路徑依賴性）

　　文化具備變動性，蘊含著持續修改與微調的可能，才能隨著社會脈絡的變動加以調適，藉以提高其存續能力。畢竟僵固不變的文化意味著無法回應社會脈絡的變遷，並招致攻訐與質疑。在觀察特定文化時，我們建議採取動態而非靜態觀點，才能更有效地掌握發展軌跡（developmental trajectory）、洞悉變與不變。舉例來說，近年台灣社會環保觀念崛起，對於過往普遍接受的文化及其再現（representation）進行反省，呼籲取消中秋節烤肉、燃香和焚燒紙錢、放天燈等文化習俗與儀式便是顯著的例子。至於未能跟上文化的變動性，通常以文化脫節（cultural lag）這個概念加以涵蓋。社群中某些行動者會對於文化及其再現的改動無所知悉而無法配合，也可能是對於改變抱持著難以理解和無法接受的情況，後者可能造成特定社群內部的矛盾與不一致。例如取消中秋節烤肉、燃香和焚燒紙錢、放天燈等建議，都曾在台灣社會遭遇許多抵抗與批判。這呼應了文化及其再現所伴隨的規範性與神聖性，以及隨後將討論的路徑依賴性。在強調變動性的同時，卻也必須提醒，文化的變動仍須考量其路徑依賴性：文化的改動並非任意而為，充其量只具備有限度的彈性（limited flexibility）。文化的任何變更與調整都可能挑戰社群的核心價值，過度的變更可能對文化社群造成多層面的損傷，包括正當性、實質利益、習慣以及情感和認同等。縱使仔細檢視特定文化便會發現不一致與矛盾的存在，但大幅變動意味著對於社群本質的否定。可想而

文化脫節（cultural lag）

指行動者未能跟上文化的變動。社群中某些行動者對於文化及再現的改動無所知悉而無法配合，或是對於改變抱持著難以理解和無法接受的情況，後者可能造成特定社群內部的矛盾與不一致。

知，被視爲特定文化核心特質的要素較少、較難被挑戰與改變；
一旦被觸及則容易引起高度爭議與競逐。舉例而言，位於花蓮的
馬太鞍部落其年輕世代對豐年祭中取消傳統祭告儀式感到憂心，
認爲這將有損自身認同。

▌五、文化的建構性（與策略性）

　　文化源自特定社群，並且是各種社會過程的產物，這是文化
所具備的建構性（constructed-ness）。雖然大部分行動者在絕大多
數的情境下，都是理所當然地與文化產生關係（既透過文化理解
與認識社會世界，也透過文化與其他行動者溝通並投入各種實
踐，甚至於改變文化），但「文化」是在多因拉扯下逐步累積成
形，同時需要各種文化「再現」支撐和建構。文化扮演著提供社
群凝聚力和連帶感的關鍵角色，著眼於社群本身的存續或是與其
他社群的競爭之際能夠取得優勢，社群及其行動者必須對文化的
要素和內涵投以關注，使其能夠發揮作用。社群內的行動者，尤
其是掌握權力者，在有意識或無意識的情形下，可能以文化的建
構作爲手段，一方面，爲了維繫和強化社群的正當性而戮力增加
社群成員的認同感；另一方面，則可能藉此鞏固和提升自身的資
源和地位。這類對於文化的建構，動機通常同時包括利益考量和
情感連結。以行動者而言，掌握權力的菁英或有心挑戰既得利益
團體者，將有更大的動機投入文化的策略建構。以時機點而言，
儘管社群文化的建構絕非一蹴可及（one-shot game），而是持續
建構的過程（continuously in-the-making），當社群及文化面臨正
當性危機、遭逢競爭和挑戰、社群草創與關鍵時刻、社群轉型階
段等，都可以觀察到更多的策略被用以加強文化之偏好面向的例
子。此外，爲求符合所欲呈現的形象和社群核心特質，不少國家

會刻意選擇特定的文化特質與象徵符號來代表整體形象。然而，文化的建構性僅是有限度的建構（bounded construction），仍必須囿於社群脈絡、發展軌跡與既有的文化內涵等因素。

六、文化的階序性（與排外性）

就理論而言，各種文化都不應有高低之分，但在現實中，不同文化除了被用來進行區分外，也經常作為排序和區分階層，這就是文化的階序性（hierarchical characteristic）。在這樣的邏輯下，社群間的文化不僅被解讀為差異，還被詮釋為高低優劣之分的來源或象徵。更有趣的是，除了不同文化之間存在著孰優孰劣的階序性分野外，單一文化內部也可能存在著類似的邏輯。相同文化內的階序是用來區分誰更貼近特定文化的核心、誰又位處邊陲。儘管各種文化在理論上不具備高下之別，但社群及行動者對於不同文化的階序劃分很容易被誤解為不同文化「本質」上的優劣之分（Yeh 2016; Harris 1985）。這類認知上的高低之分，又會因為掌握資源多寡和策略經營而被制度性地加以複製；最終造就不同文化在實質條件上的落差，進而落實和複製相關看法、加深「本質性」的解讀，進而正當化任何對於被視為劣等文化的作為。透過大量的觀察，我們可以發現程度不一的文化的排外性（exclusive-ness）。有些文化較為包容，對於殊異和甚至（被認定為）較低劣者仍抱持中性或正向的態度；相對的，某些文化則具備高度排外性，對於「非我族類」甚至是（被認定為）較低等者敬而遠之，或是抱持負面和敵視的態度。此外，由於科技與媒體的發達，階級文化之間的流通性加劇，中下階層有更多機會接觸和習得上流文化。儘管不同文化之間的界線就某種意義而言變得較薄和容易穿透，但我們仍可觀察到位處（被認定為）上層或優

文化階序

社群間的文化差異不僅被解讀為存在差異，還被詮釋為高低優劣之分的來源或象徵。

勢的文化類屬不輕易放棄地位，持續透過各種方式取得文化的優
位、保持自身與其他社群文化的區隔和落差。

 問題與討論 2-2
　　請同學分組討論什麼文化傳統最應該消失，以及最不
應該消失。接著回到全體班級進行分享交流。

  肆 **文化的再現**

　　「文化」為了確保社群成員能夠持續被文化所感染和影響，
所有文化均必須透過各種方式持續再現和「具體化」。舉例來
說，為了保留「中華文化」而側重儒家精神，1949 年撤退來台
的國民黨政府藉由推廣中文作為「國語」、慶祝相關節日、反覆
施作習俗與傳統等方式，再現中華文化的不同面貌。文化的再現
極為反覆（repetitive）和冗贅（redundant）。文化之所以透過多種
類型以及採取反覆的頻率再現，目的是確保該文化能夠持續地影
響行動者，達到社群本身存續的終極目標。不過，如同前面討論
過的，文化其實具備著變動性，會持續根據鑲嵌脈絡進行調整與
修改，以提升延續性和普遍接受度。於是乎，特定文化相關的再
現會被調整、新增、邊緣化甚至廢止。但是，某些文化再現牽涉
到較為核心的文化內涵和精神，於是有著相對高度的神聖性、較
少被質疑和挑戰、也較少被調整與刪改；某些文化再現則對應到
較為邊陲的文化內涵和精神，於是較容易被割捨和廢止。當然，
上述觀察也可能因為時代脈絡的劇烈改變、提出挑戰的嶄新文化
具備更高的正當性等因素而有所變化。

文化再現
為了確保社群成員能
夠持續被文化所感
染和影響，所有文
化都必須透過各種方
式持續再現和「具體
化」，以確保文化能
夠持續地影響行動
者，達到社群本身存
續的目標。

　　文化再現所具備的政治性可分為四點扼要說明。第一，當特定社群和文化遭遇危機時，會透過格外綿密的文化再現來維繫和增強正當性（legitimacy）。第二，用來再現文化的相關元素是形塑認同的重要來源，並成為劃界工作的重要憑據。不同文化之間為了營造自身的獨特性、維持「界線」（boundary），有時也會不願意與其他文化共享符號、節日、儀式等；或者出現競逐和搶奪文化再現元素的情況。第三，透過壓縮文化再現的可能與項目，可以達到壓抑與扼殺特定社群文化之目的。比方說，禁止說特定社群的「母語」。第四，握有權力者可以透過資源分配讓行動者思索與正視社群的邊界和特殊性，並透過發明社群傳統和催生其他類型的文化再現項目來提升社群意識。握有資源者所制定的遊戲規則、偏好的行為態度、對於行動者意見的包容性等，也對文化的再現扮演關鍵角色。

 課堂活動 2-3

　　請同學分成小組比賽列舉台灣文化中存在的「禁忌」，以列舉數量較多的團隊獲勝。接著請同學一起反思：（1）各組所舉出的禁忌是否有重疊之處，（2）各組是否都聽說過其他組別提出的禁忌，（3）社會變遷是否讓某些禁忌不再被遵守。

伍 行動者與文化

　　稍加檢視，不難發現行動者與文化之間存在著複雜和有趣的關係。第一，行動者之所以受到特定社群及文化的影響，可大致

區分爲「消極進入」與「積極選擇」兩種。「消極進入」是指特定行動者之所以成爲特定社群的成員，並非基於自身的選擇，而是與生俱來的人口特質或其他行動者的選擇而成爲特定社群的成員，並受其文化所耳濡目染、成爲服膺者。相對的，有些行動者之所以受到特定社群及文化的影響，是因爲自身的「積極選擇」；有的行動者受到特定社群及文化的精神與理念所吸引，於是有意識地選擇加入特定社群、擁抱該社群之文化。根據這樣的邏輯，「積極選擇」特定社群和文化的行動者，相較之下都涉及較多的主動性、思慮和「下定決心」，因爲在很多時候這樣的改變都需要離開原本的社群和文化。儘管透過「積極選擇」所進入的社群和文化會大幅影響行動者的態度、認知和行動，但消極進入者也可能因爲長久以往的潛移默化或者未能慮及改變的可能而根深柢固。

第二，人們無論是「消極進入」或「積極選擇」特定社群和文化，都必須透過社會化（socialization）或再社會化（re-socialization）來習得特定社群內普遍接受的文化。社會化指的是透過多元的場址、媒介、人物等來掌握該社群普遍接受的習俗、規範和規則；再社會化則意指由於環境改變、脈絡轉變等因素，必須在既有的社會化基礎之上重新習得一套習俗、規範和規則。

第三，行動者不應被理解爲文化傀儡（cultural dope）。事實上，根據齊默爾（Georg Simmel）等學者的論點，由於現代社會中的行動者必然具備多種身分，無可避免地同時受到多種社群文化影響。各種文化的指引可能存在矛盾與不一致，造成行動者面臨必須主動進行權衡與判斷的情況；此外，行動者受到不同社群文化影響的發展軌跡，以及現代社會容易接觸到不同文化和另類觀點的趨勢等，都造就了行動者具備較多的特殊性和較高的主體性。

　　第四，行動者和文化之間的關係包括服從文化、重新詮釋文化、挪用文化、反抗文化、顛覆文化，以及創造新文化等多元樣貌。社會功能論者 Merton（1983）提出緊張理論（strain theory）將行動者與文化的多元關係加以類型化。Merton 根據行動者對於特定社群文化提供之目標與允許的達成手段，指出行動者與文化的五種關係：（1）順從型同時接受文化提供之目標與允許的達成手段；（2）創新型接受文化提供之目標，卻不接受文化允許之達成手段；（3）儀式型接受文化允許之手段，但感受不到文化鼓勵之目標的意義爲何；（4）退縮型既不接受文化所鼓勵之目標，也不採用文化允許之達成手段；（5）反叛型既肯定又否定文化所鼓勵之目標與允許的達成手段。在絕大多數情況下，特定社群中大部分的行動者爲順從型，創新型經常採取「違反常規」的行動來突破既有限制（犯罪者屬於這類），儀式型採取形式主義度日（公務人員經常被視爲這類），退縮型往往退出各項社會互動，反叛型則是對於既有社群文化感到質疑和失望，所以企圖發起改革或革命。不過，必須提醒的是，我們不應過度誇張行動者與文化之間的關係是隨心所欲的，畢竟因爲路徑依賴、惰性、情感上的習慣與認同和文化親近性等原因，行動者經常受限於特定文化所構築的框架。

　　第五，有些社會條件與情境脈絡會讓行動者特別需要主動思考和面對文化內涵、文化存續及文化競逐等議題。在某些社會文化內涵中，能夠兼容並蓄地包含內部不同與多元的文化類型；在這情況下，行動者多半將文化所提供的指引視爲理所當然、普遍接受。然而，在殖民、後殖民、移民、衝突過後的各種社會中，誰應該接受何種文化，何種文化作爲主流文化與優勢文化，文化透過何種方式被灌輸給誰，文化之間的競逐與壓迫等，就成爲不可忽略的關鍵議題。在這樣的社會中，我們可以觀察到刻意區分

的文化劃界工作，否定「他群」的文化、努力拓展我群文化的影響力，搶奪文化主導權，或在權威壓迫下的文化保存工作等。這些在文化層面上的競爭和爭論，其實都是關於行動者認同的依歸，哪個社群才是我們的社群，何種社會才是我們追求的社會，何種生活方式才屬於我們的生活方式等，極為深刻的問題。

總結來說，關於行動者與文化的討論，想要傳遞的是文化的萌生、複製、延續、強化、繼承、模仿、同化與發明等，都需要行動者居中扮演重要角色。行動者可能是文化的順從者也可能是改革者與反抗者，更有甚者，特定個體可能是某些文化的順從者，卻是其他文化領域的革命者。

 問題與討論 2-3

請同學討論哪些文化具備優位性？哪些文化遭到打壓與貶抑？是誰這麼做？又是透過哪些作法促成上述結果？

陸 文化研究及其提醒

社會學除了針對「文化」進行理論分析外，更針對不同文化進行諸多實證研究，藉以掌握特定文化的實質內涵（Venkatesh 2018; Humphreys 2016）。基於文化所具備的各項特性，研究者必須透過長期進行實地觀察的田野研究，甚至親身參與和深度對話來蒐集質性資料，才能達成 Geertz（1973）所謂的「深描」（thick description），並對特定文化進行有效的詮釋與分析。不過，若想要對不同文化的異同與變遷趨勢進行有系統的比較，蒐集大量樣本的量性問卷調查也是可以採行的研究方法。

　　從事文化研究之際，除了必須顧及研究倫理的課題，以保護被研究者與研究者之外，以下提出三個提醒，讓所謂的文化研究能夠更臻完善。第一，特定文化源自其鑲嵌脈絡，應平等地看待各種文化並加以觀察和分析。第二，我們周遭存在各種值得探究的文化，對這些習以為常的文化，若想要妥當地加以觀察與分析，便需要打破過去視為理所當然的一切。學者 Becker 提醒，我們對於自身所處的文化過於熟悉，難以掌握到值得分析之處，因此需要「化熟為生」、轉換自身角度，方能找到所處文化中的特殊性及背後成因。行動者可能對於所處的組織文化過於習慣，而難以察覺其間的不合理性和特殊性。

　　第三，文化研究的普遍趨勢是對於非主流文化（non-mainstream culture）進行探問和觀察，反而容易將主流文化視為「預設值」（default），忽略對於主流文化的掌握。有學者因此建議應重新調整文化研究之比重，同時關切主流文化。

柒　結語

　　本章從各種面向拆解「文化」這個極為關鍵的社會元素，探討了文化的定義、文化的功能、文化的特性、文化的再現、行動者與文化，以及文化研究及其提醒。希望藉由這樣的討論，讓大家較能掌握「文化」，並認清文化並非抽象難懂、遙不可及的存在，而是與你我的日常生活和自我定位息息相關，因為我們都透過「文化」來與他人互動。最後，我們也希望藉由對於「文化」的討論，提醒尊重多元和反思己身的重要性。

參考書目

Berger, Peter L. and Thomas Luckmann, 1991, *The Social Construction of Reality: A Treatise in the Sociology of Knowledge*. London: Penguin.

Brekhus, Wayne H., 2015, *Culture and Cognition: Patterns in the Social Construction of Reality*. Malden, MA: Polity Press.

Geertz, Clifford, 1973, "Thick Description: Toward an Interpretive Theory of Culture." Pp. 143-168 in *Turning Points in Qualitative Research: Tying Knots in a Handkerchief*, edited by Yvonna S. Lincoln and Norman K. Denzin. Walnut Creek, CA: AltaMira Press.

Harris, Marvin, 1985, *Good to Eat: Riddles of Food and Culture*. New York: Simon & Schuster.

Humphreys, Laud 著、高穎超譯，2016，《茶室交易》。台北：群學。

Merton, Robert K., 1938, "Social Structure and Anomie." *American Sociological Review* 3(5): 672-682.

Schutz, Alfred and Thomas Luckmann, 1989, *The Structures of the Life-World: Volume II*. Evanston, IL: Northwestern University Press.

Venkatesh, Sudhir 著、黃意雯譯，2018，《地下紐約：一個社會學家的性、毒品、底層生活觀察記》。新北：八旗文化。

Yeh, Hsin-Yi, 2016, "Classification of Edibility and Inedibility: Unveiling the Sociomental Logics beneath Food Habits." *Theory in Action* 9(4): 22-40.

Zerubavel, Eviatar, 2009, *Social Mindscapes: An Invitation to Cognitive Sociology*. Cambridge, MA: Harvard University Press.

第3章

團體與組織

■熊瑞梅

摘　要

1. 台灣社會經歷工業全球化和現代化的衝擊，來自中國與東南亞的外籍配偶增加後，民眾對於新住民的內外團體歧視減少，包容性也逐漸增加。此外，以網路為媒介的網路社群跨界多元團體的行為模式持續增加。

2. 科層組織是工業化和現代社會的典型組織模式，但在東亞經濟組織模式上，卻展現鑲嵌於各自制度文化的組織特性。台灣的傳統中小企業展現了垂直分工、層層外包協力合作的彈性生產網絡，以及快速學習創新與工匠精進技藝能力，促進產業技術升級的制度化特性。

3. 台灣非營利組織在解嚴後快速成長，但 2000 年之後，民眾參與社團比例下降。社區營造組織是台灣非營利組織社會力的獨特歷史制度發展經驗；近年來以網路為主的社會運動組織模式崛起，例如 318 學運和反送中案例。

4. 近年來，全球公民社會漸漸形成共識，全球化的大型企業必須善盡全球公民社會責任的義務；此外，有些第三部門的組織結合企業與社會的資源，發展成社會企業的組織形式。

壹　前言

　　本章主要目的在於如何理解團體和組織的定義，尤其是在全球化和新科技的社會變遷力量驅動下，可能發展的各種團體和營利及非營利的組織形態以及衍生的概念。在台灣的發展經驗下，團體和組織所鑲嵌的全球化位置與制度脈絡結構特性，也是本章

在介紹團體與組織概念時，會特別反省討論的重點。

貳 團體

一、團體的定義

團體（group）是指具有相同規範、價值和期望的一群人，彼此規律地互動且認知對方為團體成員。大學社團或志同道合的朋友團體，或兄弟會和結拜兄弟都是一種團體類型。一般而言，團體成員會分享隸屬感，而不只是一堆人（aggregate）的組合，也不是將人口依照職業分類的統計類屬（category）。團體的定義可大致分成三個成分：一群人聚集在同一個地方、有共同的特質、是一個有集體認同的社會系統。一個團體包括兩人以上的成員，團體成員互動的關係網絡密度高，故容易形成一個有集體認同的團體界線。

團體（group）
指一群人具有相同規範、價值和期望，彼此規律地和有意識地互動。

二、團體的類型

由於全球化與科技化的發達，人們在社會互動過程中經常出現的團體類型有：內外團體、社會網絡與虛擬社群。

1. 內團體和外團體

內外團體（in-group and out-group）是人們在生活中很普遍地傾向於認同自己的團體，排斥他團體的行為現象，這個概念首先由孫末楠（Sumner 1906: 12-13）提出，內團體是一群人彼此有我們團體的隸屬感，而外團體是某一群人，覺得自己不屬於某

內團體（in-group）
是一群人形成的團體，成員彼此有我們團體的隸屬感。

外團體（out-group）
是某一群人，覺得自己不屬於某些團體，相對於那些成員有外團體的感覺。

個團體，相對的會產生外團體的感覺。這種思維是區分人的典型刻板印象邏輯，強調內團體成員的優越，故容易出現以雙重標準論斷別人（Merton 1968: 480-488）。當社會越來越全球化、國際移民越來越普遍化後，社會中不同國籍移民之間的接觸互動越來越頻繁，人們也會使用國籍來區分內／外團體。2000 年後中國和東南亞外籍配偶快速增加，民眾對於外籍配偶的態度從最先的排斥到近年大幅改善，但對於中國籍配偶的態度仍然比較不友善（陳志柔、吳家裕 2017）。

台灣民眾對外籍配偶的態度變遷

　　隨著全球化與多元化的發展趨勢，台灣在 2000 年以後，來自中國和東南亞的外籍配偶持續增加到持平發展（陳志柔、吳家裕 2017）。對台灣本地人而言，是否接納這些人為公民的態度，代表著台灣人接納這些新住民為內或外團體的包容度。陳志柔、吳家裕（2017）使用「台灣社會變遷基本調查」2004-2014 年的資料，發現民眾對於中國和東南亞外籍配偶轉成台灣公民的態度呈現開放的趨勢；高教育程度者始終是比較包容的態度；過去泛綠傾向者較不接納新住民的態度，近年來漸漸沒有政黨傾向的差異。本省族群和泛綠選民，相對於外省族群和泛藍選民，對中國籍配偶取得公民權，仍舊存在比較不支持的態度，且男性比女性包容這些新住民。（資料來源：筆者整理）

社會網絡（social network）
一種由社會聯繫（social tie）連接（connect）起來的社會結構模式，也可以解釋為人與人在各種不同類型的社會關係中，直接或間接地連結成蜘蛛網狀的關係結構模式。

2. 社會網絡

　　社會網絡（social network）是人與人在各種不同類型的社會關係中，直接或間接地連結成蜘蛛網狀的關係結構模式。自 1970 年代以來，社會學家認為團體已經是一個不切時宜的概念，因為在全球化現代社會中，人們經常在不同的團體間建立友誼關係網絡，團體界線越來越模糊。楊天盾、熊瑞梅（2018）發現國中男生班的友誼網絡有較多橫跨不同小團體的網絡連結，網

絡可以透過擴張並出現層級化；女生班的網絡則傾向於建立比較少跨團體連結的三者關係小圈圈網絡。

　　此外，人們更常鑲嵌在從自己的小圈圈的副網絡（subnetwork）關係，連結到許多其他的副網絡的大型網絡中，例如臉書上的社群網絡便呈現這種小世界網絡（small world network）的特質（Watts 1999）。林季誼、熊瑞梅（2018）發現台灣的半導體產業在 2000 年之後，董監事網絡的連結呈現小世界網絡的現象，雖然此種產業的公司愈來愈多，但產業內不同公司的董監事彼此重疊連結愈來愈多，使得產業公司間的距離愈來愈短，訊息交換更加有效率。

3. 虛擬社群

　　網際網路越來越發達後，在網路上經營社群很普遍，這樣的網絡線上團體或社群一般稱作虛擬社群（virtual community）。例如：在 PTT 的平台上有相當多的虛擬社群，包括八卦版、政治版、西施版色情討論社群（莊雯琦 2018）。虛擬社群具有的特質是：（1）團體成員之間的互動關係主要是透過網際網路發展出來，（2）社群成員具有匿名性，（3）由於成員經常在不同社群中流動，可以在不同團體中扮演不同身分角色，（4）成員自主性高，彼此間的互動關係比較平等（林鶴玲 2001）。

>
> ### 課堂活動 3-1
> 　　一、請同學搜尋自己或朋友的臉書或 Instagram，整理各自互動連結的網路社群，並且進行討論。
> 　　二、請同學針對自己參加的網路社群，或是最常瀏覽的網路社群進行討論分析。

■
小世界網絡（small world network）
在臉書上的社群網絡便呈現小世界網絡的特質。小世界網絡包括許多高連結的副網絡（sub-network），這些副網絡彼此連結，在這樣的網絡現象中，即使有成千上萬個節點的網絡，任何兩個節點間的距離只要平均少於六個步驟，便可互相連結。

■
虛擬社群（virtual community）
網際網路越來越發達後，網路成為人們發展興趣團體的最佳平台。在網路上經營社群，發展各種團體社群的現象逐漸普遍，這樣的網絡線上團體或社群一般稱作虛擬社群，例如臉書社群或 Instagram 社群。

參　組織

一、韋伯科層組織

科層制是勾勒西方工業主義強調理性與效率的組織典型形式。韋伯（Weber 1947）將西方資本主義發展過程中普遍使用的理性化組織結構稱為科層組織，這個科層組織結構具有如下的典型特質。

科層組織

（bureaucracy）

西方資本主義工業社會中普遍的組織形式。組織結構特質包括分工、權威層級、成文的規則和規定、非私人性、技術品質為基礎的聘僱法則。

1. 分工

科層組織是將組織分成許多部門，各司其職，通常依照個人的專長將人力安置在各個部門職位。專門化分工極度細密的典型例子是福特汽車廠的生產線分工方式，每一個生產流程的位置就如小小的螺絲釘，每一個位置的角色表現，都採標準化與專門化的動作。

2. 權威層級

組織的命令監控督導系統是由上開始，層層向下的組織設計安排模式，每一個位置一定有另一個更高層權威來管理、監控或督導。例如：公務人員機構有部長—次長—處長—科長—股長—股員等層層往下的權威位置，私人製造業公司的位置權威設計普遍是總經理—經理—副理—主任—課長—班長—作業員。

3. 成文的規則和規定

科層組織中各部門在關鍵慣例事務處理上，有成文的法規辦法，例如：台灣各大學校園民主化的過程中，學校的組織逐漸朝向各種規則和辦法愈來愈多，教師聘任、升等或學生修業都有統

一的規則。在極度科層化的組織中，例如福特汽車生產線上的工人，會有成文的工作手冊描述工作的規則與規定。

4. 非私人性

在科層組織中，組織成員依照各自的位置和角色，遵循組織上下層級命令系統和規定與辦法彼此互動。在互動的過程中，不考慮過去既有的關係和交情，以及他人的感受與喜好。

5. 以技術品質為基礎的聘僱原則

科層組織聘人的原則是依照組織位置角色需要的技術能力，而不是依照特殊關係與交情聘僱。同樣的，組織的升遷也有明確的制度，強調工作表現能力與品質的條件。

▎二、科層制的延伸與負面效果

1. 組織的麥當勞化

麥當勞是美國速食文化組織傳播到全球市場的典型案例。George Ritzer（1997）認為速食產業組織爭相模仿麥當勞式的組織管理模式，可說是將韋伯的科層組織延伸並複製在不同的地方或國家。麥當勞組織模式具四個重要組織特質：（1）強調客戶下單到獲得下單食物間的快速和效率，（2）生產流程標準化和可計算性，（3）產品結果可預測性，（4）監督與控制使用非人性化的科技流程。這種速食生產組織模式能夠大量製造並降低成本，但也創造了未必健康的速食消費文化模式，無形中讓人們掉入另外一個理性化的生產消費文化所衍生的鐵牢籠組織（Iron Cage Organization）。

麥當勞化
（McDonaldization）
麥當勞化的組織模式具有四個特質：（1）強調客戶下單到獲得下單食物間的快速和效率，（2）生產流程標準化和可計算性，（3）產品結果可預測性，（4）監督與控制使用非人性化的科技流程。這種速食生產組織模式能夠大量製造並降低成本，但也創造了未必健康的速食消費文化模式。

2. 目標轉置

　　科層組織強調依據目標來設計組織分工和執掌，但大部分的組織經過長期的發展過程，受到外部的法規和技術變遷等環境因素，以及內部非正式關係小團體權力運作的影響，組織的目標經常無法具體實踐。Selznick（1953）發現美國田納西河谷管理局當初成立的目標和後來實際發展的方向即有落差，田納西河谷管理局最初成立的目標是治水、防洪與促進經濟發展等多重目標，為了能夠滿足當地人的需求和落實目標，故將地方菁英納入決策委員會，結果不但沒有達成預期目標，反而圖利當地菁英；這種組織目標經過長期的外在環境和內在非正式權力結構影響，原先目標在實踐過程中被其他目標所取代，即為「目標替代」（goal displacement）現象。

3. 性別化的組織

　　女性主義的社會學家主張西方工業化形成的大型科層組織的組織結構特質，是比較有利於男性成就的組織與工作形式，故稱性別化的組織（gendered organization）。Joan Acker（1990）指出工業化組織對男性和女性員工的工作安排與組織分工層級角色，經常是依照男女性身體和性別特質的刻板印象，進行資源配置與工作安排，因此造成男女性在工業組織的層級權力不平等。Chow 和 Hsung（2002）也發現台灣加工區和工業區的製造業工廠是典型的性別化組織，以男性員工居多，上層主管也大多是男性。在這類男性主導的工廠組織中，將女性安排在人事和會計部門，而製造與技術部門的員工與主管大多是男性。Kanter（1993）使用民族誌的方法，進行大公司調查和田野觀察，發現公司內上層男性比例高，女性多半集中在中低職位，兩性的升遷機會也不均等。張晉芬（2002）使用深度訪談法，訪問了某國營

目標替代（goal displacement）

Selznick（1953）提出科層組織經過長期的發展過程，受到外部的法規和技術變遷等環境因素，以及內部非正式關係小團體權力運作的影響，組織的目標經常無法具體實踐，最後導致原有目標被其他目標所取代，即為目標替代現象。

性別化的組織（gendered organization）

女性主義社會學家Acker（1990）指出工業化組織對男性和女性員工的工作安排與組織分工層級角色，經常是依照男女性身體和性格特質的刻板印象，進行資源配置與工作安排，因此造成男女性在工業組織的層級權力不平等。

企業 50 位已婚女性，也發現組織內部勞動參與不平等的制度文化因素。

三、東亞企業組織的特質與轉型

在東亞資本主義發展的過程中，台灣、南韓與日本受到國家、市場和文化制度的影響，各自發展出獨特的組織模式。表 3-1 簡單歸納台灣、南韓與日本的資本主義發展組織模式。

表 3-1　東亞組織特質：台灣、南韓與日本

	台灣	南韓	日本
國家角色	國家主導核心產業	國家扶助財閥	國家配合企業集團
生產組織分工	外包制的垂直分工	財閥企業垂直整合	水平垂直整合型財團
集團擁有權	家族擁有權和合夥權	國家資助的財閥企業集團	集團間交叉持股
集團內的網絡	多核心位置	嚴密的層級結構	母子公司層級關係
集團間的網絡橋梁	透過個人或公司	透過銀行與政府	透過不同企業集團或外資
盛行的組織規範	家族網絡	世襲財閥	企業社區

Orru, Biggart 和 Hamilton（1991）探討日本、南韓和台灣的企業集團的組織結構如何受到社會文化的制度趨同力量影響，產生各自組織的特質（Feenstra and Hamilton 2006）。DiMaggio 和 Powell（1983）提出的制度趨同主義（institutional isomorphism）指出西方資本主義理性化科層制結構形成的主要機制，是政府法規的強制趨同（coercive isomorphism）機制，企業間彼此模仿傳

制度趨同主義（institutional isomorphism）

DiMaggio 和 Powell（1983）以制度趨同主義的概念來解釋促使某些組織結構性質類似的力量，指出西方資本主義理性化科層制結構的制度趨同機制，包括政府法規的強制（coercive）趨同力、專業規範（normative）的趨同力和市場的模仿（mimetic）趨同力。

遞新觀念的市場模仿趨同（mimetic isomorphism）機制，以及專業及文化的規範趨同機制（normative isomorphism）。其實，這三種制度趨同機制仍然可以用以解釋東亞經濟組織的制度形成原理。

　　表 3-1 呈現國家強制的趨同主義機制，日本和台灣的經濟制度中，國家沒有直接扶植家族性的大財團，韓國政府則大力支持幾個由家族掌控的財閥（chaebol）。形塑組織趨同的第二個力量是市場模仿趨同機制，當組織面臨市場不確定性增高時，往往採取模仿其他競爭組織的策略。例如：台灣企業組織多半是中小型企業，採用從客戶端接單後，再往製造和零組件供應商尋求彈性垂直分工生產網絡的模式；韓國是財閥形成大型垂直整合的公司，如現代和三星企業集團；日本則是形成企業集團水平結盟的商社、製造業的垂直整合中心衛星廠的企業集團。

　　至於就資本結構和集團內、集團間的關係而言，台灣企業集團由家族子女掌控擁有權和合夥權，形成多核心團體；集團間會有些關聯，但多半是透過個人連結的弱連結（李宗榮 2007）。南韓是國家銀行大量貸款給財閥，這些龐大的企業集團內的分子公司間呈現層級的垂直整合關係，國家和銀行是幾個大型財閥間的橋梁。日本企業集團彼此交叉持股，集團內部呈現母公司和子公司間層級垂直整合的特性。

　　第三個影響組織趨同的力量是專業協會或社會文化規範提供企業組織結構模式的正當性。台灣的企業集團結構特質為家庭網絡（familial network），企業生產分工類似家族動員合作網絡、家族分房合作的傳統組織模式。南韓的企業集團結構特質稱為世襲的家族（patrimonial household），是少數大家族財閥世襲的制度，日本的企業集團結構特質反映了日本歷史的封建制度和企業社區共存體的特質（communitarian ideal）。

問題與討論 3-1

　　在現代化和全球化之下，南韓、日本與台灣在資本主義發展過程中所形成的經濟組織運作模式，分別有何特殊性？

四、台灣中小企業的產業升級制度特性

　　台灣中小企業為了因應全球化的市場競爭，在技術學習和創新上發展出獨特的升級機制和特色（熊瑞梅 2008；Hsieh 2015；鄭力軒 2011）。表 3-2 主要從謝斐宇（Hsieh 2015）和鄭力軒（2011）論文，摘要整理出台灣自行車和遊艇業的技術升級相關機制。就自行車而言，1980 年代時，台灣自行車廠為了能獲取全球訂單，將自行車的車架從鋼架發展到碳纖維架構或鋁架構，關鍵鑄造技術也從 Lug-brazing 進步到 TIG frame 的鑄造技術。另一方面，在 1980 年代以前，美軍在台灣帶動了小型遊艇業的生產和興起，在 1980 年代駐台美軍陸續撤離後，遊艇業努力地提升工匠與工程師技能，造成彈性生產的技術轉型，得以承接高價位客製化中大型遊艇。

　　台灣自行車主要仰賴與全球客戶依存關係，及生產流程的可切割性與技術的標準化和趨同性帶動技術升級。遊艇業的生產流程和大部分的中小企業不同，遊艇產品的流程比較不能模組化和標準化，生產現場必須先由工匠將遊艇內部的基本結構打造好，技術升級過程仰賴設計師、工程師和工匠專業技能與彈性生產分工調整能力。台灣自行車產業組織朝向分散式的生產組織分工，自行車的許多供應零件分散於不同廠商，透過聚集在台灣中部地區，產生一個垂直分工的組織網絡模式。遊艇業則是從零組件和

原材料、船身、室內裝潢都在遊艇內製造完成，大多廠商聚集在
高雄，呈現產業區域聚集。

表 3-2　台灣中小企業產業升級的機制

	自行車產業	遊艇產業
外在環境壓力	1980 年以後，要承接自行車製造商 Schwinn 的訂單，必須具備碳車架生產技術	1980 年以後，美軍撤台，市場對小遊艇的需求下降
技術轉型	從鋼架到碳纖維或鋁架構，高價位。關鍵鑄造技術從 Lug-brazing techniques 升級到 TIG frame welding 的焊接技術	中大型客製化遊艇，高價位
技術相互依賴	客戶與廠商，訂單的生產鏈間的高度依賴	客製化遊艇生產無法大量製造，設計師、工程師和工匠的專業彈性分工與互賴
全球生產技術模組化、標準化	生產流程可切割成標準化的零組件，技術趨同	生產流程模組化低，技術趨同性低，工匠專業技能重要
空間聚集區	台中	高雄
生產現場的技能	關鍵現場技術學習創新	工匠專業彈性生產，快速反映客戶需求的創新能力
分散式生產組織分工	垂直分工	無垂直分工

 課堂活動 3-2
　　請同學針對台灣企業集團個案，蒐集報章、雜誌或網路上的資料，對企業進行大事紀和組織發展史分析。

五、非營利組織的類型

　　台灣學者主要進行的非營利組織類型研究包括：(1)社區營造的志願組織，(2)網路社運的志願組織。近年來組織社會學家開始關懷(3)企業社會責任的公民參與，以及(4)社會企業等組織運作的形式。

志願組織（voluntary organization）
立基於成員共同的興趣，成員志願義務付出時間與金錢參與的組織。

1. 社區營造的志願組織

　　台灣在解嚴之後，社區總體營造組織和活動創造了公民對社區公共議題的溝通討論習慣。吳介民、李丁讚（2005）認為廟會是傳統鄉村社區的凝聚力來源；然而，社區總體營造的社區組織活動雖行之有年，仍無法有效和傳統社區的地方派系對抗；地方上的公共議題也無法有效從社區討論協商，達到影響地方政策的集體行動結果（熊瑞梅 2001；吳介民、李丁讚 2005；蔡常斌 2004）。林祐聖、陳東升（2018）的研究發現也指出社區發展協會和社區總體營造複製了地方菁英的資源累積，在地方參與式預算的民主化運作機制上，相對不如沒有社區發展協會和社區營造傳承的社區。

> **問題與討論 3-2**
> 　　在民主化的發展過程中，台灣非營利組織在解嚴後有哪些發展趨勢？社區營造組織對地方公共議題的影響力，為何受到限制？

2. 網路社運的志願組織

　　網際網路對社運組織而言，可以達到資源動員、社群認同和

快速傳播訊息的功能，使得組織不再依賴傳統媒體，才能達到傳播動員的效果。2014 年 3 月 18 日為了反對立法院通過《兩岸服務貿易協定》，學生發起太陽花社會運動，顯示社群媒體在社會運動中的效應（陳婉琪、張恒豪、黃樹仁 2016）。2019 年 6 月 9 日香港民眾發起反對《逃犯條例修訂草案》運動，這個長時間、大規模的社會運動有流水運動之稱，群眾像水一樣隨處產生集結流動，沒有領導者，只靠網路社群進行聯絡和串連。

🔍　問題與討論 3-3

網際網路對社會運動組織和公共論述空間的建構有何影響？

---

3. 企業社會責任的公民參與

全球化造成的市場競爭環境越來越不穩定，許多國際大廠跨國生產分工，造成製造生產國的勞動條件剝削及環境污染等問題。全球資本快速自由流動後，企業的公司治理不當，造成全球的金融災難。企業必須善盡國際公民的企業社會責任（corporate social responsibility），並且作為進步國家上市公司必須執行的業務工作。企業社會責任強調企業應扮演推動社會改變的角色，換言之，企業不再以獲利以及為股東創造財富作為終極目標，應積極鼓勵員工走入社區從事志願性服務工作，以成為社區好公民為目標。

美國社會學家進行企業社會責任的跨國研究（Lim and Tsutsui 2012; Pope and Lim 2017），發現政府和一些全球化的企業社會責任相關協會組織，在促成企業負擔社會責任上扮演重要角色。台灣政府鼓勵上市櫃公司推動企業社會責任，《天下雜誌》

企業社會責任

（corporate social responsibility）

企業社會責任強調企業應扮演推動社會改變的角色；換言之，企業不再以獲利及為股東創造財富作為終極目標，應積極鼓勵員工走入社區從事志願性服務工作，以成為社區好公民為目標。

並發展了企業社會責任的評鑑指標，2018 年《天下雜誌》針對
公司治理、企業承諾、社會參與和環境永續等四個面向進行評
鑑，大企業部分前兩名分別是台達電和台積電，中等企業部分前
兩名分別為宏正自動科技和普萊德科技。

課堂活動 3-3

　　請同學上網搜尋歷年來《天下雜誌》各類型企業的企
業社會責任公司評鑑排名，比較哪些公司持續排名前面，
哪些在上升，哪些在下降？並且進一步在公司的企業社會
責任排比中，進行個案分析與討論。

4. 社會企業等組織運作的形式

　　社會企業（social enterprise）是結合企業與社會的組織創新
概念，也是很容易和企業社會責任混淆的概念。歐洲將社會企
業視為第三部門的社會經濟形式（Zukin and DiMaggio 1990），
可以算是公營和企業之外的第三部門，但原則上仍屬於一種企業
形式。社會企業最重要的機制是動員社區社會資本，透過企業
與社區活動的資源創新和社會資本動員，創造第三部門的市場
利潤，讓協助弱勢協會的社區組織和活動能夠產生利潤，並且
達成社區服務目標。例如：扶助身心障礙者就業的加油站、推動
社會住宅，以及防止剝削第三世界農人的環保公益咖啡（吳宗昇
2013）。

社會企業（social enterprise）
可以算是公營和企業之外的第三部門，但原則上仍屬於企業形式。社會企業最重要的機制是動員社區社會資本，透過企業與社區活動的資源創新和社會資本動員，創造第三部門的市場利潤，讓協助弱勢協會的社區組織和活動能夠產生利潤，並且達成社區服務目標。

結論

　　總之，台灣各類型團體、營利與非營利組織在全球化和現代化的大社會變遷環境下，仍然展現台灣社會組織特性。全球化對營利和非營利組織而言，組織與國家的界線越來越模糊，然而現代化的發展之下，台灣社會在營利和非營利組織中仍然充滿人際關係運作的邏輯，類似費孝通（1947）的遠近親疏的差序格局的行動差異理論，但這些人際關係運作邏輯放在台灣因應全球客戶的客製化生產服務、社會運動動員，以及經營非營利組織活動上，都與新興的網路社群科技交互運作。

參考書目

林祐聖、陳東升，2018，〈當社區營造遇到參與式預算：兩個社區的比較研究〉。《台灣社會學》35: 109-149。

林季誼、熊瑞梅，2018，〈台灣半導體產業的公司治理跨坐網絡趨勢（2000–2015）：朝向小世界網絡特性〉。《調查研究——方法與應用》40: 211-263。

林鶴玲，2001，〈虛擬互動空間設計中的權力及控制：一個 MUD 社會創設的經驗〉。《台灣社會學》2: 1-53。

吳宗昇，2013，〈拯救世界，社會企業行嗎？〉。巷仔口社會學，https://twstreetcorner.org/2013/12/09/wuchungshen/。

李宗榮，2007，〈在國家權力與家族主義之間：企業控制與台灣大型企業間網絡再探〉。《台灣社會學》13: 173-242。

吳介民、李丁讚，2005，〈傳遞共通感受：林合社區公共領域修辭模式的分析〉。《台灣社會學》9: 119-163。

莊雯綺，2018，《禁忌話題的公開展演：網路性論壇的對話網絡樣貌》。政治大學社會學系碩士論文。

張晉芬，2002，〈找回文化：勞動市場中制度與結構的性別化過程〉。《臺灣社會學刊》29: 97-125。

陳婉琪、張恒豪、黃樹仁，2016，〈網絡社會運動時代的來臨？太陽花運動參與者的人際連帶與社群媒體因素初探〉。《人文及社會科學集刊》28(4): 467-501。

陳志柔、吳家裕，2017，〈臺灣民眾對外籍配偶移民的態度：十年間的變化趨勢（2004–2014）〉。《人文及社會科學集刊》29(3): 415-452。

陳東升，2008，《積體網路：台灣高科技產業的社會學分析》（增訂版）。台北：群學。

費孝通，1947，《鄉土中國與鄉土重建》。台北：風雲。

楊天盾、熊瑞梅，2018，〈性別化的青少年友誼網絡與性別角色態度：單一性別與混合性別的班級脈絡〉。《調查研究——方法與應用》40: 7-61。

蔡常斌，2004，《寺廟組織與平安燈文化的建構：制度與網絡的機制》。東海大學社會學研究所碩士論文。

熊瑞梅，2001，〈都市事件行動體系的分析：以台中市為例〉。《國立臺灣大學社會學刊》29: 50-110。

熊瑞梅，2008，〈台灣企業社會學研究的發展與反思〉。收於謝國雄主編，《群學爭鳴：台灣社會學發展史，1945-2005》，頁 177-242。台北：群學。

鄭力軒，2011，〈彈性專業化作為產業轉型途徑：以台灣遊艇製造業為例〉。《台灣社

會學》22: 157-196。

Acker, Joan, 1990, "Hierarchies, Jobs, and Bodies: A Theory of Gendered Organizations." *Gender and Society* 4(2): 139-158.

Chow, Esther Ngan-ling and Ray-May Hsung, 2002, "Gendered Organizations, Embodiment, and Employment Among Manufacturing Workers in Taiwan." Ch. 4 in *Transforming Gender and Development in East Asia*, edited by Esther Ngan-ling Chow. New York: Routledge.

DiMaggio, Paul J. and Walter W. Powell, 1983, "The Iron Cage Revisited: Institutional Isomorphism and Collective Rationality in Organizational Fields." *American Sociological Review* 48: 147-160.

Feenstra, Robert C. and Gary G. Hamilton, 2006, *Emergent Economies, Divergent Paths: Economic Organization and International Trade in South Korea and Taiwan*. Cambridge: Cambridge University Press.

Hsieh, Michelle F., 2015, "Learning by Manufacturing Parts: Explaining Technological Change in Taiwan's Decentralized Industrialization." *East Asian Science, Technology and Society* 9(4): 331-358.

Kanter, Rosabeth Moss, 1993, *Men and Women of the Corporation*. New York: Basic Books.

Lim, Alwyn and Kiyoteru Tsutsui, 2012, "Globalization and Commitment in Corporate Social Responsibility: Cross-National Analyses of Institutional and Political-Economy Effects." *American Sociological Review* 77: 69-98.

Merton, Robert K., 1968, *Social Theory and Social Structure*. London: Collier-Macmillan.

Orru, Marco, Nicole Woolsey Biggart, and Gary G. Hamilton, 1991, "Organizational Isomorphism in East Asia." Pp. 361-389 in *The New Institutionalism in Organizational Analysis*, edited by Walter W. Powell and Paul J. DiMaggio. Chicago: University of Chicago Press.

Pope, Shawn and Alwyn Lim, 2017, "International Organizations as Mobilizing Structures: World CSR Associations and Their Disparate Impacts on Members' CSR Practices, 2000-2016." *Social Forces* 95(4): 1725-1756.

Ritzer, George, 1997, *The McDonaldization Thesis*. London: Sage.

Selznick, Philip, 1953, *TVA and the Grassroots: A Study in the Sociology of Formal Organization*. Berkeley: University of California Press.

Sumner, William Graham, 1906, *Folkways: A Study of Mores, Manners, Customs and Morals*. New York: Ginn.

Watts, Duncan J., 1999, "Networks, Dynamics, and the Small-World Phenomenon." *American*

Journal of Sociology 105(2): 493-527.

Weber, Max, 1947, *The Theory of Social and Economic Organization*. Translated by A. Henderson and T. Parsons. New York: Free Press.

Zukin, Sharon and Paul J. DiMaggio, 1990, *Structures of Capital: The Social Organization of the Economy*. Cambridge: Cambridge University Press.

第4章

偏差與犯罪

■ 周愫嫻

摘　要

1. 社會學對於偏差的定義是指違反當地的道德規範，犯罪則是指實際上已經破壞了法律的行為，但不一定會受到官方的制裁。

2. 台灣犯罪率自 1990 年逐年下降，特別是暴力犯罪，此趨勢與世界各國同步。

3. 古典社會學對偏差與犯罪的解釋可以分為社會結構論、社會衝突論與社會過程論三種觀點。社會結構論重視分析社會結構特性、各團體特性與偏差行為的關係；社會衝突論認為政治經濟結構才是偏差行為發生的源頭；社會過程論認為偏差只是一種定義問題，是一種被標籤化的結果，一旦個人被定義或標籤為偏差者後，其可能改變自我認知，成為真正的偏差者。

4. 犯罪與社會、經濟、政治、法律、科技發展都有密切關係，當前跨領域知識對解釋全球與台灣犯罪現象的影響也需重視。

5. 社會控制代表了一個社會對偏差與犯罪行為的反應，可分為：犯罪化、合法化、疾病化、福利化、修復式司法、物理科技監控等。

壹　前言

　　犯罪案件可以分為「自然犯罪」與「法定犯罪」，前者為本質邪惡行為，比較不會因為時代或道德價值而改變（如殺人），

後者爲法律律定的犯罪，可能隨著時代而改變（如成人性交易、使用毒品等）。法定犯罪有時會與偏差行爲重疊或交錯，譬如，葡萄牙在 2001 年將使用毒品除罪後，該項行爲就被社會視爲疾病或偏差行爲。社會學除了可以探索偏差與犯罪的界線的變動外，也可以研究行爲背後的原因，更可以分析媒體或社群網路如何塑造或污名犯罪人、審判者（如稱之「恐龍法官」）或精神病患，以及何種懲罰或刑罰適用在哪種偏差或犯罪行爲等議題。

　　純粹法律觀點認爲，如果沒有法律規定，就不構成「犯罪」，更不可以施加刑罰（黃榮堅 2003）。這個簡單且明確的定義，卻無法解決社會學認知到的犯罪與偏差問題之複雜性。因此，社會學者如果僅研究違反法律的「犯罪」行爲，或僅研究受到司法裁判確定的「犯罪人」，會無法發現法律有意或無意忽略的犯罪行爲或偏差行爲，更會忽略立法背後的政治、經濟、社會、文化力量如何左右了罪與罰的訂定（周愫嫻、曹立群 2007）。

　　社會學對於偏差的定義是指「違反當地的道德規範」，但不見得破壞法律（如刑法）。不構成犯罪的偏差因地區而異，如宗教狂熱、龐克、酒癮、施用毒品等。這些行爲既不違法，也不會對社會產生立即明顯的威脅，它們的共同點是必須看當地社會所能忍受的程度。由於這些行爲很模糊且難以禁止（至少不是警察、法官最重要的工作），即使這些行爲是違法的，但從司法人員不執法，以及社會大眾的忍受和同情，就可以看出法律並不適用於這些行爲上（Stebbins 1988: 3-4）。

偏差行為
違反當地社會規範的行為。

貳　我們沒有變得更想侵害他人

一、偏差行為定義浮動，無官方統計

　　如前所述，偏差行為的定義會隨著社會標準而浮動，故很難以官方機構進行統計，因此，也無比較或對照基礎。舉例而言，中央研究院每隔數年會進行一次社會變遷調查，當中有一個項目是詢問民眾喝酒行為。成年人喝酒非屬犯罪行為，若是頻率過高，就可能會被視為偏差行為。根據這個長期調查結果，1990年有6.7%受訪民眾表示經常喝酒，1995年略微上升至7.2%，2000年又回到6.4%，但2011年問卷重新設計後，一個月會喝好幾次的受訪民眾達8.2%（中央研究院2019）。這個長達二十年的調查顯示常喝酒行為比例略微上升，如果從統計上來看，這個常喝酒人口比例並非「極端值」，理論上社會將喝酒行為界定為「偏差」或「社會問題」的可能性很低。但是台灣社會目前對喝酒者、酒癮者等行為之道德判斷屬負面標籤，這一類行為被污名化，尤其社會對酒醉駕車的容忍度愈來愈低，以至於在刑罰上逐年加重。這個例子可以顯示偏差行為如何與犯罪行為重疊，又如何影響法令之修改或刑罰的走向。

二、台灣重大犯罪下降中

　　一般而言，偏差行為定義非屬國家介入，犯罪則是國家權力的行使範圍，故相關的官方機構必須進行統計。各國官方犯罪統計雖有諸多缺點，仍不失為觀察一個社會長期犯罪現況的方法之一。台灣在早期戒嚴時代，犯罪率極低，真正的起點發生在1990至1995年。如圖4-1過去近二十年來的犯罪率變化所

犯罪率
官方紀錄中刑事案件占總人口的比例。

示，於 2005 年之後，犯罪率逐年下降，目前維持在十萬人口中約 1,300 刑案左右。

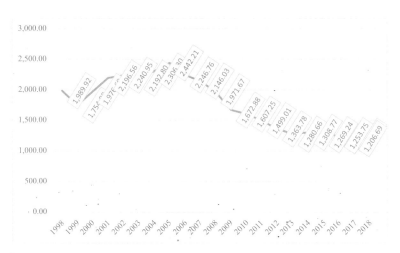

圖 4-1 台灣歷年犯罪發生十萬分率

資料來源：內政部警政署刑事局（2019）臺閩刑案統計。

　　圖 4-1 所有刑案中，與前言中相關的殺人或重傷害等暴力案件，發生率更低，如圖 4-2 顯示，2005 年後也持續下降，至 2019 年約十萬分之 4。換言之，近五年來，十萬人中每年可能發生 4 至 10 件既遂或未遂的暴力案件，其中大約有 1 至 3 件屬於陌生人之間的暴力犯罪行為，至於隨機殺人案件，平均來看，全國大約每年不到一件（周愫嫻 2016）。

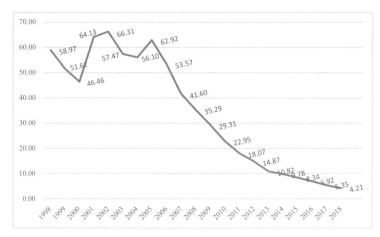

圖 4-2 台灣歷年暴力犯罪發生十萬分率

資料來源：內政部警政署刑事局（2019）臺閩刑案統計。

三、全球暴力及財產犯罪也變少了

聯合國在 2015 年第十三屆預防犯罪和刑事司法大會上（Congress on Crime Prevention and Criminal Justice）發布了會員國的犯罪率調查結果，發現 2003 至 2013 年間世界各國暴力、財產、毒品等犯罪率整體均呈現下降趨勢，其中最爲明顯的是汽機車竊盜罪，降幅達二分之一，住宅竊盜罪也下降了四分之一。暴力犯罪如故意殺人、強盜搶奪或性侵害犯罪，下降較爲緩慢，但已經不再成長。所有犯罪類型中，販毒罪穩定，但各國持有毒品罪成長了 13%（United Nations 2015）。觀察同一時段，我國過去二十年的犯罪類型發生率跟世界各國比較，竊盜犯罪均下降，暴力犯罪也在下降中，毒品犯罪與全球同步上升，性侵害犯罪則比全球上升趨勢更爲明顯。事實上，美國的犯罪率從 1990 年代中期開始下降，尤其是殺人犯罪，二十年間下降約 40%。英國在 1995 至 2007 年間暴力犯罪率下降近 50%，汽機車竊盜犯罪率

降了65%。澳洲、加拿大、日本等國都有類似的現象（周愫嫻
2017）。

古典社會學對犯罪與偏差行為的解釋

本節介紹三種古典社會學的解釋觀點：社會結構論、社會衝
突論與社會過程論。其中社會結構論直接解釋偏差或犯罪行為的
起源，但社會衝突論與社會過程論則挑戰偏差與犯罪（特別是
「法定犯罪」）的標準，非直接論述偏差或犯罪行為的成因。

一、社會結構論：偏差與犯罪是解決壓力的一種「創新」手段

社會結構論者重視分析社會結構特性、各團體特性與偏差行
為的關係。社會學者莫頓（Merton 1957）是此一觀點的代表人
物，他認為美國文化裡物質主義、金錢崇拜的擴散，造成每個人
都懷有一些遙不可及的「成功夢想」。窮人與富人的發財夢想沒
有什麼差異，但想要變得富有的合法機會不是人人都有，因此窮
人更能感受到環境內的「緊張或壓力」（strain）與「匱乏」，於
是只好鋌而走險，或者從事違法勾當以獲得財富，不然就是乾脆
拒絕物質慾望，退出社會，成為社會的邊緣人。莫頓認為偏差行
為是窮人與想變成有錢人的夢想兩者綜合的後果，因為缺乏合法
的賺錢途徑，只好透過「創新」方法來達成目標，如販毒、從
娼、偷竊等，是一種適應緊張或壓力的方法。

緊張或壓力（strain）
源自莫頓的迷亂
（anomie）概念，是
指當社會同時強調合
法的目標與手段時，
個人可從社會允許的
手段達成目標。如果
社會過度強調目標，
卻忽略強調手段的合
法性，個人便會產生
緊張或壓力。

二、社會衝突論：有權力的人可以決定什麼是偏差與犯罪

社會衝突論者認為政治經濟結構才是偏差行為發生的源頭，他們主張偏差行為是社會建構出來的產物。主流社會階級為了控制與規範反對者，以「偏差」一詞加在反對者身上，目的是排除這些反對者，減少他們對社會既有秩序或既得利益者的威脅。雖然社會衝突論者明白指出了偏差的來源是既得利益團體的陰謀，但他們也承認偏差控制機制是必要的，因為沒有這種控制機制，便無法維持社會、經濟與政治秩序。

總之，社會衝突論者把偏差視為現代社會不平等的產物，是一種有權有勢者強加於無權無勢者的手段。此論不曾試圖解釋偏差行為肇始的原因，也不解釋偏差者為何成為偏差者的個體變化，因為「偏差」的身分根本上是社會建構的結果，不是真實的現象，其之所以產生，目的在於保護社會既得利益團體的利益。

三、社會過程論：身上帶著標籤的人難以擺脫異樣眼光

社會過程論對於偏差的解釋，首先就否定了社會具有共同的規範存在，對這一派學者而言，偏差只是一種定義問題，偏差行為只是一種被標籤化的結果，一旦個人被定義或標籤為偏差者，他們可能改變自我認知，成為真正的偏差者，因此，此論最關心的議題是，長期偏差行為者或者一個人的偏差生涯如何被發展出來。

此派最重要的學者之一是 Becker（1963），他指出標籤的過程基本上是先把「人」貼上標籤，然後此人「所有」的行為，都

標籤理論

一個人若是被標籤為偏差者，便會產生烙印效果，進而自我修正為偏差者的形象，進一步加深偏差性，脫離社會規範。

可能變成「偏差行為」。換言之，Becker 認為偏差不是人類行為
的本能，而是由旁觀者所賦予的。對此派學者而言，研究規範、
懲罰、使用標籤與偏差的關係，會比探索社會結構或衝突因素更
有意義。

肆　當前研究方向

　　當代一些跨領域相關研究與論點，或許可以從各種社會制
度（如槍枝管制政策、經濟改善、刑事政策、環境安全、墮胎政
策、警政政策等），社會結構（如人口年齡結構或移民政策），以
及科技發展、生物演化等視角，來補充古典社會學理論不足之
處。本節簡單介紹這些新的跨域研究發展方向。

　　回顧過去的文獻，最值得注意的是 Levitt（2004）的論文。
Levitt 具體指出美國 1990 年代犯罪率的各種研究中，有四種無顯
著解釋效果，有四種則具有強大的解釋力：

> 犯罪率下降不受 1990 年代的經濟富裕影響，也不受人
> 口結構的影響，更與打擊犯罪的警政策略或槍枝管制或
> 開放法案、死刑等無關。倒是另外四個因素對犯罪率下
> 降起了重大作用：警力增加、監獄人口增加、海洛因市
> 場萎縮、墮胎合法化。（Levitt 2004: 163-164）

　　近二十年來學者對犯罪的研究取徑，可以透過以下十六說展
現其立論與差異。

表 4-1　犯罪率的 16 種當代解釋

編號	解釋	說明
1	經濟	經濟好轉，潛在犯罪人愈富有，犯罪愈少
2	武器合法化	立法允許攜帶武器自我防衛，防身武器愈多，犯罪愈少
3	立法嚴禁槍枝	槍枝愈少，犯罪愈少
4	死刑	死刑判決愈多，嚇阻效果大，犯罪愈少
5	監禁犯罪人、長期刑	監禁嚇阻強，監獄人口增加，犯罪愈少
6	強化警政	警察愈重視打擊犯罪，犯罪愈少
7	增加警力	警察愈多，見警率愈高，破案愈多，犯罪愈少
8	墮胎合法化	1973 年美國聯邦最高法院做出墮胎合法化判決，1990 年代弱勢少年人口變少，犯罪率開始下降
9	兒童鉛中毒人數減少	兒童鉛中毒人數減少，少年犯罪減少，總體犯罪減少
10	人口結構改變	老人增加，年輕人口減少，犯罪減少
11	移民政策改變	移民愈多，犯罪愈少（因移民犯罪率低）
12	消費市場改變	消費力增加，消費市場改變，二手贓物銷售愈差，犯罪愈少
13	一級毒品市場衰退	年輕人畏懼毒品帶來的暴力與終身監禁後果，犯罪減少
14	社會制度進步	制度愈來愈具正當性，社會非法抗爭減少（從 1960-80 年代全球社會運動與抗議減少觀察之）
15	物理與科技監控	防竊或安全設施愈好，犯罪機會減少，犯罪愈少
16	暴力的演化	現代社會更需要同情心、自我控制、道德感、理性等非暴力生存手段，暴力無助於人類長期的演化

　　表 4-1 顯示的十六種解釋中，第一說是經濟影響犯罪，亦即社會與個人愈為富有，在缺乏犯罪動機下，犯罪自然愈少。第二說主張防身武器合法化的國家，由於個人可藉由武器自我保護，犯罪就不易發生，典型的代表是美國南方各州；這個說法正好與第三說相反。第三說主張槍枝氾濫或允許合法擁有槍枝的國家，一旦犯罪發生，往往傷亡慘重，故需要以管制槍枝來抑制犯罪。多數歐洲與亞洲國家都相信這個看法，在槍枝政策上也採此說。第四說主張死刑可以嚇阻犯罪，維持與執行死刑可以讓犯罪下降。此說的爭議也很大，但台灣或其他仍保持死刑的國家，多數人仍相信此說。Levitt 認為前述對於犯罪率下降的解釋力都不甚顯著。

　　第五說基礎在於，研究證明多數犯罪是少數人所為，嚴刑重罰對於重大犯罪人或多次犯罪者都採取長期監禁，以至於犯罪率大幅下降。此說在美國頗受歡迎，因為美國是支持嚴刑重罰刑事政策的代表者。然而荷蘭學者 van Dijk, van Kesteren 和 Smit（2007: 23）的研究團隊反對此項看法，並且以數據證明 1995 至 2000 年間，歐洲各國如瑞典、法國、波蘭、芬蘭等在監人口快速下降，但同一時間犯罪率不但沒有增加，反而快速下降。對比美國在監人口不斷上升，但犯罪率也快速增加，可見監禁率與犯罪率沒有任何顯著關係。

　　第六、七說都與警力有關，第六說認為警政品質改善、重視打擊犯罪、提高破案率，可以嚇阻犯罪。第七說則認為警力增加、提高見警率，可以嚇阻犯罪。

　　第八說以美國為代表。美國在 1970 年代開始實施墮胎合法化，經過不到二十年時間，少年犯罪大幅減少，隨後的成人犯罪也快速下降。有的學者把這種現象歸因於墮胎合法化，最大的「受益者」是許多未成年少女，他們得以合法地減少生育，而在

這些家庭成長下的子女，平均壽命、偏差行為與犯罪行為都比非此類母親的子女高，一旦生育率下降了，自然可以大幅減少未來高風險的少年人口（Levitt 2004）。

第九說的基本邏輯類似第八說，也是以美國為例。1970 年代美國引進無鉛汽油後，空氣或環境中含鉛量降低，也降低對人腦部的影響，使得當時的兒童進入少年或成年期後，減少了暴力犯罪。但 Blumstein 和 Rosenfeld（2008）也對此說存疑，他們認為 1970 年代嬰兒潮成長與老化階段，大約跟含鉛汽油進出美國市場的時期相當，所以人口結構的改變，才是改變 1990 年代後犯罪降低的真正原因。這也是第十種解釋的主張，人口結構老化，造成犯罪率自然下降的現象。

第十一說認為各國合法移民人數上升，有助於減少犯罪，因為合法移民的犯罪率通常都低於本地居民。

第十二說認為社會的消費力上升，購買二手商品的需求下降，贓物市場會隨之萎縮，導致財物犯罪率快速下降。

第十三說主張從查緝毒品的數量上來看，一級毒品的需求不斷下降，但其他類毒品需求並未下降，有可能是年輕人了解並畏懼一級毒品的刑罰後果，若是仍然要施打毒品，會改採其他類型毒品或軟性毒品，造成與一級成癮性高之毒品相關的財物、暴力犯罪下降。

第十四說認為社會進步、政治問題減少、政府正當性增加，社會抗議或運動減少，能相對減少社會不安，降低犯罪。

第十五說採取機會理論觀點，認為各國在發展系統或人為保全，各種物理環境的設施增加後，犯罪機會降低，導致犯罪率下降，尤其是街頭易於發生的犯罪類型更容易因此而減少。

最後一說是美國哈佛大學心理學家 Pinker（2011）指出。1990 年代後冷戰時期，不論是內戰、種族屠殺、獨裁殺戮或恐

怖主義的暴力死亡都減少，是新的和平時代。已開發國家不輕易啓動戰爭，而開發中國家因戰爭而死亡的人數，也比幾十年前的情況減少很多。仇恨犯罪、暴動、虐童及虐待動物等案件，也未見增加，可以歸功於 1950 年代的各種人權運動：如種族權、婦女權、兒童權、動物權、同性戀人權等，這些運動帶動了厭惡暴力的社會價值，成爲「主流價值」的一部分。

　　盤點前述十六個當代研究的方向（周愫嫻 2017），可以觀察到犯罪問題不單純僅爲壓力、衝突、標籤使然，其餘跨領域的視角，如經濟政策、人口政策、移民政策、衛生政策、刑事政策、科技發展等都與犯罪增減和類型轉變有密切關係。

伍　偏差與犯罪的社會控制手段

　　本章以各國曾經使用過的具體途徑作爲分類基礎，將社會控制偏差與犯罪的方法分類爲：犯罪化、合法化、疾病化、福利化、修復式司法、物理科技監控等六種，以下分別說明之。

一、以國家刑罰控制偏差與犯罪

　　對於控制嚴重犯罪人，社會最常使用的方法是啓動司法制度，最具代表性者應屬於透過刑法裁量犯罪行爲，進而對犯罪人施予刑罰。其中最嚴屬的是透過死刑或無期徒刑，使犯罪人在生理上、心理上、空間上與社會永久隔離。爲什麼刑罰對於控制偏差與犯罪有效？如果我們假設人是理性的，偏差與犯罪其實是個人計算違法損益平衡後的結果，那麼，偏差與犯罪行爲可能獲得的處罰愈嚴屬，表示犯罪的成本愈高，選擇犯罪的可能性也愈低。

▍二、透過除罪化控制偏差與犯罪

　　如果有些偏差或犯罪行爲普遍化、文化接受度提高、未傷及他人或社會利益，有些社會可能採用合法化的方式，使之成爲正常行爲。利用合法化來解決偏差與犯罪問題，最大的爭議來自於是否可以將無被害者犯罪除罪化。所謂「無被害者犯罪」是指當事人相互之間合意的偏差或犯罪行爲，無明顯被侵害之個人、社會或國家法益，例如：吸毒、賭博、流浪街頭、通姦等行爲。有些學者認爲既然爲合意行爲，沒有他人明顯被侵害，徹底解決的方法就是合法化。譬如：在荷蘭使用大麻與在英國的娼妓行爲，由於不傷及他人或社會利益，合法化又可以降低市場價格與減少剝削，已經被除罪化，屬於正常行爲之列。再如，在台灣賭博是違法行爲，但是「在家打麻將」因爲普遍且文化接受度高，通常不會成爲執法或處罰的對象。

　　以上例子充分顯示出，當偏差成爲普遍行爲，執法又會引發極大反抗，或屬於沒有被害者的行爲，合法化不失爲解決偏差與犯罪問題的方法。

▍三、疾病化偏差或犯罪行爲

　　「除刑不除罪」是指將原爲犯罪而科處刑罰的行爲，維持爲犯罪行爲，但不施予刑罰，而以其他非刑罰的措施替代，最常見的例子是由國家強制偏差或犯罪者進行某種心理輔導、藥物治療或醫療機構安置。

　　台灣從 2004 年後實施的《毒品危害防制條例》措施即採用這樣的方法，將施用毒品者分爲三類，初犯、五年內再犯與五年後再犯。初犯者除刑，但需要進入戒治所勒戒觀察，除非有繼續

無被害者犯罪
當事人相互之間合意的偏差或犯罪行爲，沒有明顯被侵害的個人、社會或國家法益，例如，吸毒、賭博、流浪街頭等行爲。

除刑不除罪
將原爲犯罪而科處刑罰的行爲，維持爲犯罪行爲，但不施予刑罰，而以其他非刑罰的措施替代。

施用之「傾向」（由戒治所醫療團隊進行評估），否則觀察勒戒至多兩個月。觀察勒戒被視爲一種「戒治行爲」，也就是將初犯者視爲「病人」，給予各種形式戒治處遇。但如果五年內再犯（再度被捕）則將遭到起訴，交付審理，成爲眞正的「犯罪人」，必須入獄隔離，並同時在監治療。

　　比起刑罰或監獄控制，醫療化偏差與犯罪人是一種相對昂貴的手段，許多國家因爲醫療、輔導資源有限，最後只好採取集體管理、藥物控制等，相對便宜的醫療方式來控制這群人口。

四、納入福利體系的社會安全網來控制偏差與犯罪

　　福利化作爲社會控制偏差與犯罪問題的手段，具有雙重意義。從個人層次來看，有些犯罪、偏差、問題人口若不明顯具有精神疾病之徵兆，可能無法以疾病處理，只好轉而納入「弱勢人口」、「高風險家庭」、「高關懷人口」等類別，透過社會安全網的福利體系來處理；較明顯的人口群是失業者、少數族群、移民、青少年、兒童、老年人、移民等，當福利體系介入後能具有強制效果，可以「轉介」、「輔導」、「親職教育」、「補助」、「安置」、「協助就業」與「追蹤」。

問題人口
資本主義社會中，失業並與社會嚴重疏離的人。

五、設法修復被害人、加害人、社區的情緒與關係

　　「修復式司法」（restorative justice）主張設法恢復被害人、加害人、社區的原狀，亦即與其使用犯罪化等懲罰方法，或是採用昂貴的醫療或福利化的方法控制偏差與犯罪者，不如以重新接

修復式司法
（restorative justice）
以調解方式來取代懲罰，在被害人、加害人與社區代表三方進行會談、悔過、賠償的過程後，重新修復彼此關係，以達到預防再犯的目的。

納、弭平傷害的方法，達成整合社會、修復彼此關係的目的。在紐西蘭、澳洲，這種家庭調解會議非常普遍，一種方式是將加害人、被害人、其家人、支持團體、警察、律師、社區代表等集合在一起，討論加害人的犯罪行為、被害情況與可能的彌補方法；另一種方式是將曾經有類似被害經驗的被害人與加害經驗的加害人都集合在一起，共同討論犯行與彌補方式。不論是哪一種形式，會議的目的是增加參與者發言、對話的機會，更重要的是研商出一種大家都可以接受的彌補方法。修復式司法的主要目的是透過讓加害人或偏差者了解自己的行為造成的傷害與悖離規範之嚴重，同時又不標籤加害人的情況下，讓加害人重新回歸社會，並建立與社會的連帶關係。

▎六、以科技監控社會

　　透過環境設計、資料庫建立與交換等全面監控，也可以控制社會的偏差與犯罪者。目前英美國家頗為盛行的情境犯罪預防（situational crime prevention）策略，可以作為國家全面監控一般市民，甚至全球人口的代表。這一類的研究主張以「降低偏差或犯罪機會」的方式來控制人的犯罪慾望，其途徑有三，包括：增加犯罪者犯罪時的困難度，增加犯罪者被發現的風險，以及增加犯罪者因為犯罪可能得到的懲罰。譬如：設置監控攝影機，使用更為精細的門鎖，增加燈光，裝設保全系統，增加銀行櫃台高度，使用指紋或密碼開啟的電腦，機車烙印，社群網路個人資訊蒐集、其他電子足跡蒐集等。

陸 結論

　　任何社會的既得利益或政府對偏差與犯罪的容忍都有極限，也都會以新的社會控制機制來回應，試圖加以控制。然而，從社會學的角度來看，偏差與犯罪的成因除了少數個人的病態行為外，多數都受到本章前述之結構、文化、區域、衝突、標籤等因素影響而成。古典社會學對新時代的偏差與犯罪現象解釋，仍有待當代研究進一步推敲。至於管理偏差與犯罪問題，不能只靠不斷滲透的社會控制機制，也不能任由國家機器的權力無限擴張。若是社會的政治、經濟、文化、科技、社會制度不良，即使社會控制設計得再為精良、全面與深入，還是無濟於事。這個從當代新的研究方向，可以獲得一些啟發。因此，我們只能將社會控制解讀為社會當時對於偏差與犯罪的反應，無法將其視為有效解決偏差與犯罪問題的唯一途徑。

參考書目

中央研究院，2019，台灣社會變遷基本調查計畫。https://www2.ios.sinica.edu.tw/sc/cht/scDownload2.php 。

內政部警政署刑事局，2019，臺閩刑案統計。https://www.npa.gov.tw/NPAGip/wSite/lp?ctNode=12902&CtUnit=2666&BaseDSD=7。

周愫嫻，2017，〈全球犯罪率為何同步下降？〉。《刑事政策與犯罪研究論文集》20: 1-14。

周愫嫻、曹立群，2007，《犯罪學理論及其實證》。台北：五南。

黃榮堅，2003，《基礎刑法學（上、下）》。台北：元照。

Becker, Howard S., 1963, *Outsiders: Studies in the Sociology of Deviance*. New York: Free Press.

Blumstein, Alfred and Richard Rosenfeld, 2008, "Factors Contributing to U.S. Crime Trends." Pp. 13-43 in *Understanding Crime Trends: Workshop Report*. National Research Council Committee on Understanding Crime Trends, Committee on Law and Justice, Division of Behavioral and Social Sciences and Education. Washington, DC: National Academies Press.

Levitt, Steven, 2004, "Understanding Why Crime Fell in the 1990s: Four Factors That Explain the Decline and Six That Do Not." *Journal of Economic Perspectives* 18: 163-190.

Merton, Robert King, 1957, *Social Theory and Social Structure, Revised and Enlarged Edition*. Glencoe, IL: Free Press.

Pinker, Steven, 2011, *The Better Angels of Our Nature: Why Violence Has Declined*. New York: Viking Books.

United Nations, 2015, *State of Crime and Criminal Justice Worldwide (A/CONF.222/4)*. United Nations: Thirteenth United Nations Congress on Crime Prevention and Criminal Justice.

Stebbins, R. A., 1988, *Deviance: Tolerable Differences*. Toronto: McGraw-Hill Ryerson.

van Dijk, Jan, John van Kesteren, and Paul Smit, 2007, *Criminal Victimisation in International Perspective: Key Findings from the 2004-2005 ICVS and EU ICS*. Wetenschappelijk Onderzoek-en Documentatiecentrum Press.

第 **貳** 篇

社會差異與不平等

第5章

階級與階層

- 階層化與不平等
- 社會一定會有不平等嗎？衝突論與功能論的觀點
- 不平等的形式：階層化結構的主、客觀面向
- 不平等的結構：分配不平等與機會不平等
- 不平等的結構會改變嗎？社會流動與不平等的再製
- 結論：階層化的新興議題與台灣本土研究

■蘇國賢

摘　要

1. 階層化（stratification）指的是一個社會的成員，不平均地分布在攸關資源取得的不同社會類別或地位上的情形。其主要課題，在於描述社會中各種不平等的現象，並解釋為何不平等可以持續不斷地存在。

2. 結構功能學派強調不平等有助於解決現代社會分工體系中的誘因問題，對社會具有正面功能。衝突論者認為過度的不平等會產生階級間的剝削及機會阻隔，不利於社會整合。擁有較多資源的「少數」，可藉由資源所形成的優勢力量來支配資源較少的「多數」，以維繫這種資源分配不均的狀態。

3. 階層化同時具有主觀與客觀的面向，且有「分配」不平等與「機會」不平等兩個彼此相關、但不完全重疊的重要面向。不平等為「垂直距離」、「組成」及「流動性」三個力量同時作用的複雜結構。

4. 階層化的學者經常同時以行為、結構及政治三個角度來分析不平等。所得不平等的變化是政策、人口、經濟、社會結構等結構性因素長期作用的結果。

5. 代間社會流動分成職業地位流動、階級流動及所得流動，主要探討父代地位（O）、子代教育（E）及子代地位（D）三者之間的關聯。地位取得研究主要探討家庭背景與教育對於個人向上流動的影響，階級流動則關心整體社會的機會結構是否隨著工業化越來越趨於開放，兩者都與社會結構的再製力量有關。

6. 高教擴張對於不平等的影響，需要同時從入學公平、大學的學習效果，以及學歷在勞動市場的報酬率三個面向來分

析。傳統的階層化研究面臨內生選擇性的問題，有必要重
新檢視過去的理論及方法。

壹 階層化與不平等

　　每個社會中，都有一種按照個人出身（ascribed）背景或後
天成就（achieved），將成員區分為各種名目類別（nominal）（如
性別、種族、階級）及連續性的地位（status）（如長幼尊卑的輩
分或收入地位等）的特殊社會結構。這些類別或排序之所以重
要，是因為這些身分會影響個人取得社會中有價值之資源的機
會。階層化（stratification）是指一個社會的成員，不平均地分布
在收關資源取得的不同社會類別或地位上的情形。一個社會的
上下層級的距離越遠、資源差異越大，表示社會的階層化程度越
高。一般以社會不平等（social inequality）來形容社會中少數人
擁有不成比例的財富、權力及聲望的情形。社會階層化的主要課
題，在於描述一個社會中的各種不平等，並解釋為什麼不平等的
現象可以持續不斷的存在（Grusky 2001）。

　　美國社會學者 David Grusky（2001）將產生及維繫各種社會
不平等的一套複雜社會制度，統稱為階層化系統（stratification
system）。一個階層化系統包含三個主要的部分：第一，社會中
存有一套界定什麼是「有價值、值得追求」的制度過程。例如人
人想要的財富、權力、名譽等。第二，社會中有一套分配規則，
將不同的「獎品」、「報酬」分配至社會分工中的各種不同的位置
（position）上，即決定哪些位置薪水較高、權力較大等。例如醫
師的職位，收入待遇與受人尊敬的程度皆高於一般職位。第三，

階層化
（stratification）
一個社會的成員在具
有不同資源與機會的
社會位置上之分布情
形。

社會中有某種流動篩選機制（mobility mechanism），將社會成員分派到擁有不同報酬的位置上。例如資本主義社會透過市場機制，按照個人與能力的條件將有工作意願的人安排到各種不同的職位中。社會不平等即是在「報酬—職位」與「人才—職位」兩個配對過程（matching process）中產生的。

貳 社會一定會有不平等嗎？衝突論與功能論的觀點

社會學對於社會為何有不平等，大致可分成功能論與衝突論兩種看法。結構功能學派（structural functionalism）認為在社會分工體系下，有些職位的功能較重要，需要特殊才能或經長期訓練才能勝任，因此社會須提供不同的誘因，才能吸引合適的人才來就任。這種報酬的不平等對社會的正常運作有一定的「功能」。

持衝突觀點的社會學家對於結構功能的論述提出幾個質疑：（1）誰來界定各種職位對於社會的重要性？衝突論者認為地位越高的人，越有能力根據自己的利益來界定職位的重要性（2）社會提供給每個人的機會並不相等，在機會不平等之下，階層化系統會造成人才無法「適得其所」、「充分發揮」。（3）社會階層系統會造成上下階層之間因為報酬的差異而產生對立與不信任，有礙社會的整合（Tumin 1953）。

例如 Charles Tilly（1998）指出剝削（exploitation）及機會阻隔（opportunity hoarding），是造成不平等的兩個重要社會過程。剝削是指某些社會成員努力創造出來的價值，部分或全部被其他成員占有的情形。機會阻隔是指社會中的某些成員，透過排除過程（process of exclusion）限制其他人的機會。一個社會需要多大

程度的不平等，才能產生足夠的誘因，又不致造成階級支配的現象，是社會階層化研究的重要課題。

　　功能論與衝突論雖然是理論的觀點，但也反映在當代社會中左派與右派的政治對立上。右派在國家經濟政策上會傾向主張經濟發展先於分配。持左派立場者認爲過度不平等不但無助於增加誘因，反而會讓擁有資源優勢者更容易維持既得的利益，造成不平等的再製。

參　不平等的形式：階層化結構的主、客觀面向

　　社會學家分別從主觀與客觀面來進行分析。客觀的分析從個人的職業、教育程度、收入，以及所擁有的社會關係等，將社會分成擁有相似資源或面對相同機會的結構位置（position），並從這些客觀建構的社會地位來研究階層化問題。這派學者認爲，無論個人是否意識到自己所處的客觀位置，這些結構位置對於個人的生命機會與生活形態，都有一定程度的影響。

　　階層化也涉及人們的主觀態度與信仰，如個人的主觀階級意識（subjective class conscience）。階層研究的主觀分析企圖了解在日常的社會互動中，主觀階級意識及各種社會界線如何被建構、如何被評價，並分析這些界線如何影響社會成員的互動，形成不平等的現象。社會學家認爲一個社會對於人群慣用的分類方式經常反映出優勢階級的價值觀。除了主、客觀的不同，有些學者則認爲現代社會中的階層化結構是由收入、聲望等不同地位所組成的連續性階梯，其間並沒有清楚明顯的類別界線。持衝突論的學者則認爲社會是由對立的利益衝突團體構成的，既然有對立，一

定有清楚的「你－我」界線，形成支配與被支配階級對立社會群體。

 問題與討論 5-1

　　當社會學家用看似科學的方法，透過職業內容來創造階級概念，將社會成員分成上、中、下階級時，不也是在創造區分嗎？這些區分會產生偏見嗎？究竟是社會成員自己主觀的地位評價比較正確？還是社會學家客觀分析得來的地位區分比較正確？誰的看法比較重要呢？

肆　不平等的結構：分配不平等與機會不平等

　　社會學從「分配」與「機會」兩方面來討論不平等的現象。分配的不平等是指具有價值的資源，如財富、聲望及權力等在社會中分布不均的情形；機會的不平等指的是個人在社會階梯位置中，上下流動的可能性。前者是討論資源在不同「社會位置」的分布，後者則涉及人在「位置」上的分布過程。不平等結構是由幾個複雜面向所共同組成的：一是不同層級地位（如階級）或社會團體（如性別、種族）之間的垂直差距（vertical gap），如富人與窮人之間所擁有的財富差距。二是各層級或不同社會團體的人數的分布，如窮人相對於富人在人口中所占的比例。三是各層間相對流動的機會，如窮人脫離貧窮變成中產階級的機率（如圖5-1）。不平等的變化是這三個面向同時作用的綜合結果，這三個因素彼此也會相互影響，各層之間的距離一方面會刺激流動，但

也可能造成流動的阻礙。流動會造成各層人數的變化，各層人數變化也會對資源分配造成影響。組成也有可能會影響流動，如前述各種團體及地位界線的重疊，會造成流動壁壘，團體與地位界線的交錯，則會增加不同人群之間的互動，有助於社會流動。

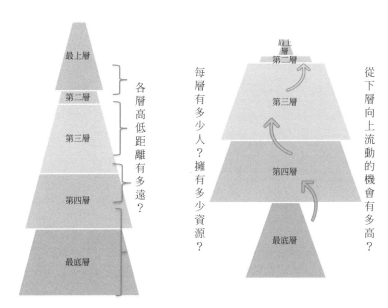

圖 5-1　社會不平等的三個結構面向

┃ 一、分配的不平等：社會底層與貧窮

社會學分別從行為面（behavior）、結構面（structure）及政治面（political）三個面向來探討影響分配與機會不平等的因素。行為面的分析主要探討出身背景、個人特質或經歷，如何影響個人的生命機會及社會流動過程。結構面的分析認為社會中有「好」、「壞」不同的位置，這些位置會影響個人取得資源的管道（access）、機會（opportunity）及結果（outcome）。政治面的分析

主要在探討權力及制度如何影響資源的分配過程。為何有些人會陷入貧窮？行為的解釋觀點認為一個人之所以會陷入貧窮，是因為個人從事會減損生產力或增加貧窮風險的行為，如未婚生子、單親、中輟及失業等。

貧窮文化理論（culture of poverty theory）認為窮人必須以特殊的生活形態來因應艱困的環境，逐漸發展出一種貧窮次文化，並透過社會化過程將這個次文化傳給下一代，因而缺乏掌握脫離貧窮機會的能力。貧窮情境理論（the situation view of poverty）認為窮人的行為態度並非造成貧窮的原因，而是反映他們貧窮的處境。貧窮文化理論的論述預設窮人必須先改變自己，才能脫離窮困的情境；而貧窮情境理論認為只要情境改變，窮人就會有機會改善自己的貧窮處境，不會因為窮人的特質而受到阻礙。

行為理論基本上都從個體層次來探究「窮人在哪些方面與一般人有差別」，本質上仍脫離不了「歸咎個人」的保守派論述。很多學者因而轉向探究造成貧窮的結構性因素，包含人口及經濟脈絡所造成的機會與限制的變化。

政治的解釋認為貧窮是政治角力的結果。既得利益的菁英階層設法透過剝削及社會排除來壟斷機會與資源的分配，另一方面，不同的集體行動者會運用共同利益及意識形態來動員較弱勢的階級，組織成工會或政黨來對抗既得利益階級。階級的對立與角力最後會決定誰可以掌控國家機器，並透過創造及修改制度來保障資源分配的正當性。

整體來說，貧窮無法單靠個人的努力或國家政策而被消除，貧窮有行為、結構及政治上的多重成因，這些多重成因在社會底層中交織作用，致使貧窮家庭陷於貧窮的惡性循環。消除貧窮的方案，應同時考慮多重措施，評估各種公共政策的交互作用及整體影響，很難從單一的因素來得到解決。

▌二、台灣所得分配的長期趨勢

　　所得不平等是最普遍的一種分配不平等，用吉尼係數（gini coefficient）來衡量所得不平等，臺灣的所得差距從 1980 年開始攀升，呈現線性成長趨勢（圖 5-2）。近年來財富有越來越集中於前百分之一及百分之十最富有者的趨勢。台灣的所得集中趨勢比起美國、中日韓三個東亞國家來說，相對較低（見圖 5-3）。先進國家的經濟不平等都從 1980 年代開始擴大，主要原因是資訊技

吉尼係數

（gini coefficient）

用來衡量一個社會所得不平等程度的指標，係數的數值越大代表所得差距越大。

**圖 5-2 台灣的實質薪資、吉尼係數及前 10% 的所得占比，
1980-2018**

資料來源：中華民國主計處家庭收支調查；世界不平等資料庫（World Inequality Database）。

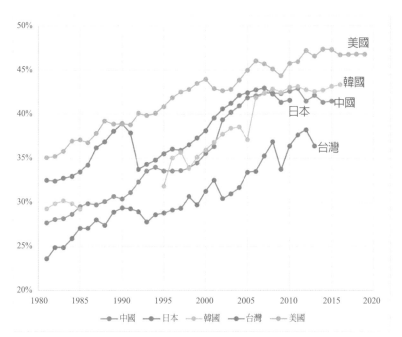

圖 5-3　美國與東亞各國前 10% 的所得占比

資料來源：世界不平等資料庫（World Inequality Database）。

術革命及全球化的經濟所導致的生產和市場集中，但工會力量式
微，高階主管報酬的成長，政府的效能低落及教育的不公平等非
技術因素也扮演重要的角色。

　　具體來說，影響所得不平等的因素包括：（1）政府的控制，
如土地政策、賦稅措施與社會福利等所得移轉政策。政府可以透
過累進稅率使高所得者的累積財富減少。（2）經濟結構與勞動市
場的變化，如資訊科技的興起，使得獲利較高的科技產業與傳統
製造業，形成兩種不同的勞動市場，增加了產業「間」的所得差
距。近年來企業的縮編與外包、委外風潮，產業外移造成失業率
提高及部分工時人員增加，都是近年來所得差距擴大的重要成因
之一。（3）人口與階級結構的變化，如遲婚、不婚、離婚與人口

老化，使得單親或單身族群等較容易落入社會底層的人口比例增加。（4）勞動力組成的變化，如女性的勞動參與率、勞動人口的老化、教育擴張所帶來的勞動力素質改變，以及外籍移工及新移民的增加，都影響了近年的所得分配。（5）勞工政策與勞資雙方的相對力量，如近年來左派政黨及工會的效能下降，也是不平等擴大的重要因素之一。（6）資本的累積優勢（cumulative advantage），不平等的擴大與各種資本的累積和「再投資」有關，在市場競爭中產生「富者越富」的馬太效應（Matthew Effect）（McCall and Percheski 2010; Yu and Su 2008）。

🔍 **問題與討論 5-2**

　　教育體制的變化對於所得分配有重要的影響。台灣戰後經歷義務教育的延長，技職體系的擴張，以及 1990 年代後期高等教育的快速成長等三個發展階段，分別對於所得差距造成哪些影響？

伍 不平等的結構會改變嗎？社會流動與不平等的再製

　　分配不平等，是檢視同一時間點內，社會結構中資源分布不均的情形；機會不平等，則是探討各階層是否有公平的機會在社會階梯中向上流動。如果社會的分配過度不均，會形成優勢階級比較容易維持優勢地位，而劣勢階級永遠居於社會底層的不流動情形，則不平等的結構可能會被「再製」（reproduction）。

　　所謂「社會流動」（social mobility），是指一個人在不平等階

再製（reproduction）
支配階級以其優勢資源來重製可以維持其支配地位的社會結構之過程。

梯上，上下移動的情形。一般又分成代間流動（intergeneration mobility）及代內流動（intrageneration mobility）。代間流動指的是不同世代之間階級地位的變化；代內流動則指不同時間點，個人社會位置的變化。一個社會的流動性（social fluidity）越高，代表社會的機會結構越開放。相反的，如果每個人的社會地位大部分都是與生俱來的，很難透過後天的努力而改變，則我們說這個社會是一個階級界線十分嚴峻（rigid）的社會。

一、社會流動的三角問題

社會流動的模型是由父母地位（Origin）、子女教育（Education）及子女地位（Destination）三個變數所組成的三角問題（OED triangle）。O 代表一個人成長過程中父母的社會經濟地位或階級地位；E 代表子女的教育成就；D 代表子女的職業地

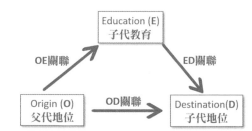

問題一：父母的社會經濟地位（家庭背景）如何影響子女的成就？

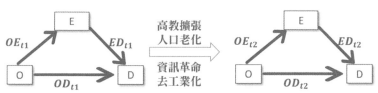

問題二：經歷了從 t1 到 t2 的社會變化，OE, ED, OD 三者的關聯產生何種變化？

圖 5-4　社會流動的 OED 三角問題

位、階級或收入等。這個三角問題包含三部分：（1）社會流動的幅度（level），例如家庭對於子女教育與子女地位的影響有多強？又可細分成家庭與子女教育的關聯（OE association），子女教育與子女地位的關聯（ED association），以及父母地位與子女地位的直接關聯（OD association）。（2）社會流動的模式（pattern），例如哪些階級之間的流動比較困難？（3）社會流動的趨勢（trend），社會的流動率是越來越高，還是越來越困難？在社會變遷的過程中，OE, ED, OD 三者的關聯產生了什麼變化？

二、代間地位流動：地位取得研究

　　Blau 和 Duncan（1967）指出，在現代社會中職業最能代表一個人在社會的地位。職業比收入更容易測量，也比較不容易變動，因此被社會學家認為是信度及效度較好的地位測量方法（Ganzeboom and Treiman 1996）。兩代之間職業地位的相關程度，可用來衡量兩代之間的地位流動（intergenerational mobility）。

　　在地位的代間流動上，父代對於子代的直接影響（direct effect）不大，大部分是透過父母代影響子代教育，進而影響子代職業地位所產生的間接影響（indirect effect）。教育同時是影響向上流動及地位再製（reproduction of status）的重要因子（Hout and DiPrete 2006）。例如學校教育可以增加個人的人力資本，在勞動市場得到更高的報酬（即 ED 關聯高），進而增加其向上流動的機會；但若只有家庭出身背景好的人才能取得高學歷（即 OE 關聯高），則學歷在勞動市場的報酬率（return to education）越高（OE 及 ED 的關聯同時都很高），反而會再製家庭社經地位的不平等（見圖 5-4）。

　　較富裕的家庭有能力提供好的教育環境，對子女的教育有直

接的正面影響（Kuan 2018; Park et al. 2016）。文化資本與社會資本較高的父母，可以透過教養方式及較高的教育期待直接影響子女的教育。如果沒有其他外力的介入，則家庭資源的差異會透過影響子女教育來再製子女的社會地位（Bourdieu 1977）。Bowles和 Gintis（1976）認為，學校的考試篩選基本上反映了中上階層的文化，致使不熟悉中產階級文化的學童較不易在學校有好的表現。因此學校教育會再製（reproduce）社會的階級結構（Hout and DiPrete 2006）。反之，若環境資源分配得當，則可以透過學校及社區資源，來改善或補償因為家庭資源差異所造成的不平等，具有降低不平等的作用。例如國家可以透過提供優質的免費公立學校教育來改善貧窮或偏鄉地區子女的教育機會。

▌三、代間階級流動

　　社會學家認為比較能捕捉現代社會多面向不平等的綜合測量指標為「階級」。最常用的階級分類為 Erikson and Goldthorpe（1992）二位學者所提出的 EGP 階級，他們按照：（1）僱傭身分（雇主／受僱者／自雇），（2）職業技能程度（有無技能，技能高低），（3）是否為管理者（有無管人，管幾名員工），（4）白領上班族還是藍領工人等僱傭關係中的重要面向，將所有職業分成不同階級類別。父母的階級背景是否影響下一代的生命機會？例如醫師世家的子弟，是否比農家子弟更有機會成為醫師？代間階級流動的分析認為一個人會不會成為醫師，除了與家世背景有關之外，還與不同世代當中，醫師這個「位置」的絕對數量變化有關。社會學家將這種因為職業結構改變，造成兩代之間階級地位發生變化的情形，稱為「絕對流動」（absolute mobility）。儘管農家子弟成為醫師的機率，會在對醫師需求增加之下而成長，但相

對於醫師世家的流動機率可能仍然沒有改變，因此必須將產業升級或教育擴張等結構性變化所造成的絕對流動納入考量之後，再比較每個階級的相對流動機率，才能看出一個社會的機會結構是否有本質性的變化。社會學家將不同階級背景對於個人相對流動機會所造成的「淨」影響，稱之為相對流動（relative mobility）。

四、社會流動的長期趨勢

早期的「自由派的工業化理論」（liberal theory of industrialism）或「現代化理論」（modernization hypothesis）認為工業化會使得社會結構趨於「開放」，削弱家世背景對於個人成就的影響。反之，承襲馬克思主義的社會學者則認為，工業化使得勞資雙方的相對力量越來越懸殊，階級壁壘越來越深，向上流動越來越困難，社會因而越來越趨於封閉（Erikson et al. 1992; Featherman and Hauser 1978）。台灣在急速的工業化過程中，階級流動主要還是受結構流動的影響，隨著經濟發展、教育普及，社會流動持續上升；但經濟發展速度趨緩、教育普及率高之後，社會流動的速度已經趨緩。蘇國賢、喻維欣、林宗弘等學者進行的流動表分析顯示，台灣的階級結構與流動模式在過去二十年來已經趨於穩定，且與歐美後工業國家沒有太大差異（Yu and Su 2008；林宗弘 2009）。

陸　結論：階層化的新興議題與台灣本土研究

階層化的研究雖然是社會學中較為傳統的領域，但新的議題及方法不斷挑戰舊有的理論。以下提出幾個值得本土研究的重要

議題：

一、高等教育的擴張與不平等

　　高等教育的擴張為社會流動最重要的影響因素之一（Hannum et al. 2019；蔡淑鈴 2004；關秉寅、彭思錦、崔成秀 2019）。高教擴張是降低家庭社經地位差異所造成的教育不平等？大學是否可以成為降低不平等的等化器（equalizer）（Torche 2011; Zhou 2019）？張宜君和林宗弘（2015）發現，高教擴張雖有助於低社經地位家庭的子女上大學，但中下階層的子女大量集中在學費較貴、資源較差、繼續升學機率較低的私立學校。其次，過去的研究發現，父母對於子女地位的直接影響（OD 關聯）在高學歷者中最弱（Breen and Luijkx 2007; Hout 2012; Torche 2011），由於高等教育的擴張會增加人口當中高學歷者的比例，因此間接減少因為 OD 關聯所造成的不平等（Breen 2010）。最後，隨著高等教育的擴張，一方面由於大學生供過於求，可能會導致學歷的貶值（devalue），縮小不同學歷之間的垂直距離；另一方面，因為自動化及資訊化所帶來的以技能為主的技術變革（skill-based technological change）需要更高階的人力，也有可能擴大「有技能、高學歷」員工與「一般技能、低學歷」員工之間的薪資差異（Tsai and Xie 2011, 2008）。整體而言，高教的擴張會影響不同社經地位家庭的子女上大學的機會，並帶來不同教育層級之間相對人數的變動，而各層人數在質與量上的組成變動，也帶來教育報酬率（return to education）的變動，進而影響不同教育層級之間的垂直距離（gap）（見圖 5-5）（Bloome, Dyer, and Zhou 2018）。高教擴張的這些不同機制如何同時影響台灣社會的不平等與社會流動，是一個值得研究的重要議題（關秉寅、彭思錦、

崔成秀 2019）。

■ 圖 5-5　高等教育擴張所帶來的相關問題

▍二、不平等的因果機制

　　除了入學機會是否公平的問題之外（differential selection），另一個重要的問題是：大學是否具有提升學生能力的效果（college effects or college "premium"）？有些學者認為大學擴張讓部分原本無法上大學的中低社經地位家庭的子女，有機會進入大學學習，相對於原本就被期待讀大學、來自文化資本較高的中上階層家庭的學生，他們在大學階段的受益更多（Brand and Xie 2010: 274; Tsai and Xie 2008）。另有學者指出，大學擴張選擇性地錄取了中下階層中，較為聰明、努力且動機較高的一群優異學生，因此他們的學校表現及社會流動會高於來自中上階層家庭背景的學生，造成大學教育有助於中低階層社會流動的虛假因果關聯。

　　這是影響不平等因果機制的一個重要方法上的問題。例如學歷對於地位取得的影響，究竟是因為增加了人力資本、社會資本，因為學歷被視為能力的訊號（signal）（Araki 2020; Liu and Sakamoto 2002; Ishida, Spilerman, and Su 1997），還是因為條件

較好的學生自我選擇進入好學校所導致的效果（selection effect）（Zhou 2019; Kuan and Peng 2021）。研究不平等的學者發現，很多表面上看起來的因果關係，其實是選擇效果。如何用科學的方法釐清這些環境脈絡（contextual effects）的因果機制，是目前階層化研究最重要的課題之一。

參考書目

林宗弘，2009，〈臺灣的後工業化：階級結構的轉型與社會不平等，1992-2007〉。《臺灣社會學刊》43: 93-158。

張宜君、林宗弘，2015，〈台灣的高等教育擴張與階級複製：混合效應維續的不平等〉。《臺灣教育社會學研究》15(2): 85-129。

蔡淑鈴，2004，〈高等教育的擴展對教育機會分配的影響〉。《台灣社會學》7: 47-88。

關秉寅、彭思錦、崔成秀，2019，〈臺灣高教擴張對年輕世代職業地位及薪資的影響：反事實的分析〉。《人文及社會科學集刊》31(4): 555-599。

Araki, Satoshi, 2020, "Educational Expansion, Skills Diffusion, and the Economic Value of Credentials and Skills." *American Sociological Review* 85(1): 128-175.

Blau, Peter M. and Otis D. Duncan, 1967, *The American Occupational Structure*. New York: Wiley.

Bloome, Deirdre, Shauna Dyer, and Xiang Zhou, 2018, "Educational Inequality, Educational Expansion, and Intergenerational Income Persistence in the United States." *American Sociological Review* 83(6): 1215-1253.

Bourdieu, Pierre, 1977, "Cultural Reproduction and Social Reproduction." Pp. 56-69 in *Power and Ideology in Education*, edited by J. Karabel and A. H. Halsey. New York: Oxford University Press.

Bowles, Samuel and Herbert Gintis, 1976, *Schooling in Capitalist America: Educational Reform and the Contradictions of Economic Life*. New York: Basic Books.

Brand, Jennie E. and Yu Xie, 2010, "Who Benefits Most from College? Evidence for Negative Selection in Heterogeneous Economic Returns to Higher Education." *American Sociological Review* 75(2): 273-302.

Breen, Richard, 2010, "Educational Expansion and Social Mobility in the 20th Century." *Social Forces* 89(2): 365-88.

Breen, Richard and Ruud Luijkx, 2007, "Social Mobility and Education: A Comparative Analysis of Period and Cohort Trends in Britain and Germany." Pp. 102-24 in *From Origin to Destination: Trends and Mechanisms in Social Stratification Research*, edited by S. Scherer, R. Pollak, G. Otte, and M. Gangl. New York: Campus Verlag.

Erikson, Robert and John H. Goldthorpe, 1992, *The Constant Flux: A Study of Class Mobility in Industrial Societies*. Oxford: Clarendon Press.

Featherman, David L. and Robert Hauser, 1978, *Opportunity and Change*. New York: Academic

Press.

Ganzeboom, H. B. G. and D. J. Treiman, 1996, "Internationally Comparable Measures of Occupational Status for the 1988 International Standard Classification of Occupations." *Social Science Research* 25(3): 201-239.

Grusky, David B., 2001, "The Past, Present, and Future of Social Inequality." Pp. 1-54 in *Social Stratification: Class, Race, and Gender in Sociological Perspective*, edited by David B. Grusky. Boulder, CO: Westview Press.

Hannum, Emily, Hiroshi Ishida, Hyunjoon Park, and Tony Tam, 2019, "Education in East Asian Societies: Postwar Expansion and the Evolution of Inequality." *Annual Review of Sociology* 45(1): 625-647.

Hout, Michael, 2012, "Social and Economic Returns to College Education in the United States." *Annual Review of Sociology* 38: 379-400.

Hout, Michael and Thomas A. DiPrete, 2006, "What We Have Learned: RC28's Contributions to Knowledge About Social Stratification." *Research in Social Stratification and Mobility* 24: 1-20.

Ishida, Hiroshi, Seymour Spilerman, and Kuo-Hsien Su, 1997, "Educational Credentials and Promotion Chances in Japanese and American Organizations." *American Sociological Review* 62(6): 866-882.

Kuan, Ping-Yin, 2018, "Effects of Cram Schooling on Academic Achievement and Mental Health of Junior High Students in Taiwan." *Chinese Sociological Review* 50(4): 391-422.

Kuan, Ping-Yin and Ssu-Chin Peng, 2021, "Time Will Tell: Revisiting the Impact of College Expansion on Income and Occupational Prestige Mobility of Young Adults in Taiwan." *Higher Education Quarterly* 75(3): 468-86.

Liu, Jeng and Arthur Sakamoto, 2002, "The Role of Schooling in Taiwan's Labor Market: Human Capital, Screening, or Credentialism?" *Taiwanese Journal of Sociology* 29: 1-56.

Park, H., C. Buchmann, J. Choi, and J. J. Merry, 2016, "Learning Beyond the School Walls: Trends and Implications." *Annual Review of Sociology* 42: 231-252.

Tilly, Charles, 1998, *Durable Inequality*. Berkeley: University of California Press.

Tsai, Shu-Ling and Yu Xie, 2008, "Changes in Earnings Returns to Higher Education in Taiwan since the 1990s." *Population Review* 47(1): 1-20.

Tsai, Shu-Ling and Yu Xie, 2011, "Heterogeneity in Returns to College Education: Selection Bias in Contemporary Taiwan." *Social Science Research* 40(3): 796-810.

Torche, Florencia, 2011, "Is a College Degree Still the Great Equalizer? Intergenerational Mobility across Levels of Schooling in the United States." *American Journal of Sociology*

117(3): 763-807.

Tumin, Melvin M., 1953, "Some Principles of Stratification." *American Sociological Review* 18: 387-394.

Yu, Wei-hsin and Kuo-Hsien Su, 2008, "Intergenerational Mobility Patterns in Taiwan: The Case of a Rapidly Industrializing Economy." Pp. 49-78 in *Social Stratification and Social Mobility in Late-Industrializing Countries*, edited by Hiroshi Ishida. Sendai, Japan: The 2005 SSM Research Committee.

Zhou, Xiang, 2019, "Equalization or Selection? Reassessing the 'Meritocratic Power' of a College Degree in Intergenerational Income Mobility." *American Sociological Review* 84(3): 459-485.

第 6 章

性 / 別 [*]

- 性別角色理論
- 二元性 / 別體制
- 父權體制
- 差異與交織政治
- 朝向性 / 別多元社會

■陳美華

* 作者感謝助理曹亦佳在本文改寫過程中協助文字編輯的工作。

摘　要

1. 性別角色說明了既存的性別角色規範，但不討論性別角色間的權力關係。

2. 生理性別與社會性別的區分，側重描繪後者是社會建構的產物，而未能洞察前者也是社會建構的結果。

3. 二元性別並不反映「自然」，而是人們持續地在日常生活中「做性別」而得以延續。性別因而是「一種情境性的實踐：在地的行為管理關聯到對特定生理性別範疇的適當態度或行為的規範性概念」。

4. 二分的性別實作讓父權體制得以鞏固，這具現在國家制度、公／私領域性別化的分工模式、性與身體政治，以及文化對女性的壓迫與歧視之上。

5. 談「女人」的共同壓迫，但也應注意「女人」這個群體內部因為種族、階級、性傾向、年齡、黨派、身障與否等差異所形成的複雜的權力關係。

壹　性別角色理論

　　男女間的不平等究竟是天生的？抑或是人為、社會化的？生物決定論強調兩性「先天」、「自然」的生理差異，並以此合理化男女在公／私領域間的不平等配置，以及異性戀才是「自然」、「正常」的性／別邏輯。然而尋找兩性生理差異的研究至今仍沒有具體結論，反而成為提供男女相似的資料庫（Connell 著、劉泗翰譯 2004）。社會建構論者則認為，男女間的生理差異，以及

因之而衍生的性別區分與性別不平等其實是社會建構的結果。首先，男女間的相似性遠高於人和其他物種的差別，但男女差異常被說成像是兩個物種。其次，單一性別內的差異，有時遠比男女差異要來得大。社會建構論者並不否認男女間的生理差異，但反對誇大這些差異並以之合理化性別分工，例如，女性的生育能力被等同於女性必須履行生殖、育兒、教養等母職責任。其中，最為人熟知的論點莫過於性別角色理論。它強調社會是環繞著一系列由男人、女人所扮演的角色所組成的，個人則透過社會化過程內化這些角色。然而，性別角色理論也經常陷入靜態描述角色的問題，忽略了現實中人們的行為遠比被描繪的「角色」還多元。同時，很多的角色配置（如男主外、女主內）已非平行、互補的關係，而是性別權力運作的結果。

二元性／別體制

1970 年代女性主義者 Ann Oakley（1972）區辨了生理性別（sex）和社會性別（gender）這兩個概念。生理性別指的是由染色體、荷爾蒙、生殖器官所決定的生物性身體，例如，男性具有 XY 染色體、較多的睪固酮，男性生殖器官包括陰莖、睪丸與輸精管；女性具有 XX 染色體、有較多黃體素與雌激素，擁有陰道、子宮、卵巢等女性生殖器官。社會性別則強調社會化過程讓男女分別養成陽剛和陰柔的不同性別氣質。此一區分在於強調性別氣質都是後天習得的結果，但也很容易誤以為社會性別是後天養成的，而與之對立的生理性別是「天生」、「自然」。這使得本來試圖呈現性別是社會建構的論點，反而變成鞏固生理性別是二元分化的既定事實，也強化了生理性別—社會性別—異性戀秩序

之間必需一致的異性戀矩陣（表 6-1）；意即生理差異是「自然」事實，那麼將生理性別視為兩相對立、互補，甚至將「異性相吸」視為如同物理界的磁場也就理所當然。

　　然而，生理性別只有兩種的論點，不論在現實或理論層次都經不起考驗。美國女性主義生物學家 Anne Fausto-Sterling（2000）指出，傳統上被稱為「陰陽人」的人，他／她們可能同時擁有兩性的生殖器官，也可能只有部分的女性或男性生殖器官。她估計，美國每年的新生兒人口中，約有 1.7% 是雙性人。然而，為了符合生理性別二分的架構，雙性嬰兒出生後，醫院經常要求父母為他／她們進行性別重新指定手術，希望能打造一個符合「正常」男性、女性的身體。手術結果卻經常不如預期，使得雙性人得多次進出醫院而身心受創。因此，她強調應允許性別曖昧的存在，不要在嬰兒出生時即指定性別，並且不應對生理性別曖昧的新生兒進行和維生無關的手術，以免造成無謂傷害。

　　雙性人或雌雄同體人的存在並非現代社會的發明，而是人類自然變異。然而，舉凡醫院、學校、公司行號的性別欄都只有男、女兩種生理性別，而沒有其它欄位。整個社會幾乎是用盡各種力量在制度上維持只有男女兩性的神話，並透過外科手術來修理各種不符兩性模型的自然變異。如同法國女性主義學者 Christine Delphy（1993）所指出的，人們經常將男支配、女臣屬的現象視為男女天生差異的根源；然而，人與人間有很多差異其實只是不同（difference），而沒有上下臣屬的分野，唯獨男女生理性別的差異一再被放大，甚至被建構成兩種截然不同的存有。她因而認為，恰恰是整個社會存在男尊女卑的意識形態，男女的生理差異才會被一再放大。

　　如果二元性／別體制並非「自然」，它為何一再延續下來？美國社會學家 Candace West 和 Don H. Zimmerman（1987）認為

這是人們「做性別」的結果。他們指出所有人出生時都會依據當時社會協定的標準而被區分為男或女。雖然，人們無法目睹他人的生理性別，但會依據穿著、舉止或外貌來判定對方為男性或女性。同時，人們在社會互動過程中也會期待他人依據被給定的生理性別來做出符合社會期待的性別實踐。社會性別因而是社會中的男女，在他／她人在場的特定社會情境中互動、實作出來的，這些實作不見得關聯到每個人內在固定的屬性或特質，而是人與人之間互動的、制度化的社會產物。West 和 Fenstermaker（1993: 156）因此將性別界定為「一種情境化的實踐：在地的行為管理關聯到對特定生理性別範疇的適當態度或行為的規範性概念」。正因為人們總是在做性別，而且是做二分的性別，才使得生理性別—社會性別—慾望這組關係被一再複製，並一直流傳下來，甚至讓人們誤以為這是「自然的」一部分。

　　Judith Butler（2002）在《性別麻煩》這本經典名著中也指出，整個社會存在著異性戀預設的思維模式，意即所有的「男人」和「女人」都必須如表 6-1 的異性戀矩陣一樣，呈現出生理性別—社會性別—慾望異性這三者間的連續性，並且將這種連續性理解為二元分化的生理性別所衍生的「自然」結果。其中，合理的「男人」、「女人」有明確的標準，而且給定的生理性別被視為是兩相對立、互補的關係，使得異性戀彷彿是「天生」、「自然的」，同性戀則是「異常的」、「不自然」。然而，Foucault 對西方性史的考察顯示，同性性行為在人類歷史上並非新鮮事，但十九世紀前，並沒有一個獨特的身分標籤來指認進行同性性行為的人。十九世紀以來性科學的「發明」，就在於它簿記式地將同性戀、戀物癖、窺淫癖等行為樣態關聯到「一個人格、一段過去、一個案史以及一個童年」（Foucault 1978: 43）這種帶有病態意涵的性身分。然而，長達一世紀的醫學研究，試圖以荷爾蒙或生理

特徵來說明同性戀「不正常」的各種努力迄今並沒有具體結果；而「同性戀」容易有精神困擾、心理不正常的指控，其實是污名與責難造成的，並不是「同性戀」本身所致。美國精神醫學會因而在 1973 年將同性戀從《精神疾病診斷與統計手冊》中移除（王秀雲 2018）。

表 6-1　異性戀矩陣

	生理性別 （sex）	社會性別 （gender）	慾望 （desire）
男人 （man）	男性 （male）	陽剛特質 （masculinity）	異性戀 （heterosexuality）
女人 （woman）	女性 （female）	陰柔特質 （femininity）	異性戀 （heterosexuality）

問題與討論 6-1

　　請以周遭的親友為例，討論他／她們如何在日常生活中做性別？有沒有哪些性別實作具有顛覆性別體制或異性戀霸權的效果？如果這些性別實作具有顛覆性，那麼我們可以透過什麼樣的制度設計，使這些性別實作得以持續？

 參　**父權體制**

一、國家

　　70 年代的女性主義者試圖回答女性為何被男性支配的問

題，並提出父權體制的概念來解釋。英國女性主義學者 Sylvia
Walby 將父權體制定義爲：「一組男性支配、壓迫並剝削女人的
社會結構與實踐的體系」（Walby 1990: 20），並可以從國家、生
產關係、性與文化等層次來討論它的運作。強調父權體制是一組
社會結構和實踐的體系，意味著穩固的性別階層是社會制度、人
爲安排的，而非生物命定的結果，因此也是可以被改變的關係。
同時，當我們說社會上存在父權壓迫時，所要對抗的並不是個別
男性，而是一整組不斷複製女性屈從於男性的文化、制度與性別
配置。

從國家權力由誰把持的角度來看，女性主義者認爲男性全面
性地掌握政治、經濟、社會與文化權力，使得男性得以控制女
性。聯合國（UN Women Headquarters 2019）發布的「2019 年婦
女參政地圖」調查顯示，全球 152 個國家元首中，女性只有 10
位；全球 193 個行政首長中，女性行政首長也只有 10 位。以民
族國家的尺度來看，採政黨比例代表制的北歐國家擁有比較高的
女性參政比例。同時，當女性參政比例達到「關鍵多數」時（例
如有 30% 以上的女性國會議員），才有機會促使女性的需求被看
見（彭渰雯 2018: 162）。法律也常是國家制度化性別不平等的場
域。雖然台灣同婚已合法化，但同性伴侶在共同收養小孩、使用
人工生殖科技以建立親子關係的議題上，仍懸而未決，跨國同性
伴侶的結婚權也被排除在外都是明顯的事例。

▎二、性別分工

「男主外、女主內」的意識形態讓女人生、養、育下一代被
視爲女性天職，日常煮飯、洗衣、打掃、購物、安排家庭聚會、
顧老育幼等也常由女性來執行。然而，女人在家庭中往往扮演著

提供溫暖食物、床舖、休閒、甚至免費的性等餵養生產者的再生產勞動，但這些勞務的輸出經常是無酬的。女人的再生產勞動表面上服務私領域中的男人與孩童，卻具有支撐整個勞動市場與國家持續運作的效果。女性主義者因此認為資本主義與父權體制都是構成當代女性壓迫的根源，並且主張育兒、顧老等照顧成本應由社會共同承擔，而非交由女人來承受。

此外，公私部門也常藉由招募、甄選的過程，將女性從特定行業排除，形成性別分工。社會學家將不同性別分據不同產業的現象稱為職業水平隔離；同一行業中，男性占據管理階層、女性集中底層的現象，則為職業垂直隔離（張晉芬 1995）。通常那些符合女性特質的工作大多是低薪、低技術、低成就感，導致女性集中在低收入區塊。女性在職場中的不利處境，進一步造成女性受僱者容易因為結婚、生育，或工作遭遇挫折時退出職場。

迄至 2017 年，台灣 72% 的女性就業人口集中在服務業（勞動部統計處 2018），但服務業並不必然有利於女性就業。女人就必須展現女性特質的文化框架，使得服務業女性在操演關心、溫暖等情緒勞動時，常被視為是女人「天性」，而非勞動表現的一部分。僱主受益於員工的「貼心」服務，但員工並不會獲得額外的薪給。此外，多數雇主偏好篩選面貌姣好、身材勻稱的員工，並透過在職訓練、內部規則動員員工，或者要求化妝、穿制服來呈現企業自身的風格或美學品味。這些企業對理想員工的要求一方面導致員工的情感成為工作的一部分，她們的身體也成為妝點企業形象的「門面」（Witz et al. 2003）。

何謂情緒勞動？

　　Arlie R. Hochschild（1983）指出，社會中存在著明確的情感規則（feeling rules），具體規範人們在各種場合中的情緒或情感。參加婚禮必須看起來快樂，在葬禮要顯得難過，違背這些情感規則就會觸犯社會禁忌。因此，人們必須依照場合來管理自己的情緒，以便符合社會期待。Hochschild 將這種情緒管理被整合到就業市場，成為企業賺取利潤的方式時，稱為情緒勞動。

▌三、性與身體政治

　　「個人的即政治的」口號是第二波婦運最重要的關鍵字。它強調最私人的、最親密的場域也是父權的場域。女人的性與身體如何被男性支配成為最核心的課題。女性經常必須忍受性騷擾、過度追求、偷拍、肉搜、強暴等性暴力不一而足，即便是面對男友或丈夫也可能無法決定是否進行安全性行為、自行決定墮胎，甚或遭受約會強暴、婚姻暴力。此外，婚齡女性被逼進入異性婚、為丈夫傳宗接代也是一種制度化的性與情感暴力。父權體制因而不只是一個男人壓迫女人的結構，也是一個異性戀支配的結構。

　　女人的性與身體難以自主，和主流社會對性的雙重標準密切相關。人們總愛強調性是「天生」、「本能」的論點，但這只適用於男人，女人的性被視為是被動的。性的雙重標準也被用來合理化男人對女人的侵害，強暴迷思就是一例。總是要找到一個完美的、（性）純潔的受害者，女性的指控才有正當性。反之，衣著暴露、有道德瑕疵的女性，常被視為是「自找的」。這種雙重標準也導致女人在面對性邀約或性互動時，不僅無法展現主導地

位，被制約的被動位置甚至預先剝奪了說不的權利。

　　性也深受社會主流道德的形塑，同時。美國女同志女性主義者 Gayle Rubin（1993）指出當代西方社會存在著性階層化的現象，意即異性戀的、婚姻內的、一夫一妻、生殖的、不涉金錢交易的性就是好性；同性的、非婚的、多 P、非生殖、金錢交易的性則是壞性（見圖 6-1）。此外，實踐壞性的人，常被標籤化為不正常、道德偏差；實踐好性的人，則可以獲得道德獎賞。她認為，民主社會中，性也應具備多元性。判斷好、壞性應擺脫不必要的道德枷鎖，從性伴侶對待彼此的方式、為對方考量的程度、有無強迫，以及性可提供的愉悅的質與量來判斷。

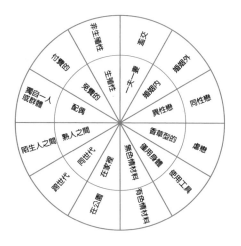

內圈	外圈
美好的、正常的、自然的、受祝福的性	邪惡的、反常的、不自然的、受詛咒的性
異性戀	同性戀
香草型的	虐戀
僅用身體	使用工具
無色情材料	有色情材料
在家裡	在公園
同世代	跨世代
熟人之間	陌生人之間
配偶	獨自一人或群體
免費的	付費的
生殖性	非生殖性
一夫一妻	濫交
婚姻內	婚姻外

圖 6-1　性階層

四、語言與文化

　　語言用來勾勒人們對外在世界的理解，它向來不是性別中立的。「美麗」、「漂亮」指向女人，「英俊」、「瀟灑」指向男人。語言也是施展性別權力的場域。用「狐狸精」、「第三者」、「小

三」來指稱與有婦之夫交往的女性，也使之成為道德責難的對象；過去丈夫毆打妻兒是公權力不該介入的「家務事」，但在家庭暴力防治法通過後，這是殘害女人與兒童人身安全的國家大事。此外，服飾、化妝、儀態、攝影與電影等也都是傳遞性別關係的符號系統。男女不同的服飾裝扮，不只代表兩性衣著風格差異，也是人們爭取可以穿些什麼的奮鬥歷程。王秀雲（2019）針對1960、70年代，台灣身體治理的研究指出，警察取締頭髮過長、外表「不男不女」的男性，其實和文化上對「奇裝異服」的排斥，以及冷戰時期台灣當局企圖遏止「西洋歪風」的國族政治有關。衣著是性別規範的標的，但也具有凸顯個人的性與性別認同的正面意涵。晚近隨著同志運動的發展，各類印著彩虹標幟的衣物或飾品成為標示同志認同的符號，而刺青、耳洞、舌環、肚臍環等各類身體整飾，都是人們打造性／別認同的一部分。

問題與討論 6-2

　　公廁作為公共建築，它的設計與規劃對我們的日常生活有相當程度的影響。請依妳／你在各類公共空間使用公廁的經驗，討論公廁的設計反映了哪些性別權力關係？具多元性別觀點的友善公廁可以如何設計？

肆　差異與交織政治

　　父權體制描繪了「女人作為集體」所承受的性別壓迫，但「女人」作為整個理論模型的源頭，似乎總是已經有了固定的預設？現實中，「女人」是高度異質的。因此在理論化女性壓迫

時，種族、膚色、階級、性傾向、年齡、是否身心健全等社會差異，如何對個別女性造成不同性質的壓迫，成為重要課題。交織性（intersectionality）的概念在這樣的脈絡下出現，並成為深具影響力的理論取向。

何謂壓迫？

女性主義政治哲學家 Iris M. Young（1990）提出壓迫的五個面向：剝削、邊緣化、無力感、文化帝國主義與暴力。剝削係指個人或群體的勞動成果為他人所掠奪。邊緣化是個人或群體被排除在外，無法充分參與社會，如老人、失業者與障礙者。無力感指個人或群體欠缺社會影響力，例如，藍領勞工少有成就感，在社會上也無足輕重。文化帝國主義是優勢群體掌握意義詮釋的能力，進而抹消特定群體的文化或觀點，如男權社會中視女性月經為不潔。此外，被壓迫群體通常會遭遇制度性暴力，男同志無端被騷擾、毆打，女人忍受被強暴的恐懼都是例子。

女性主義內部關於差異的討論，源自於黑人女性主義對白人女性主義的不滿。bell hooks（1984）認為第二波婦運其實充滿白人中產階級女性的偏見。例如，家庭被視為父權的場域，而女性解放就是進入職場從事有酬工作。然而，對黑人女性而言，在歐美這種充滿種族主義的社會中，家庭反而是黑人女性可以感受「尊嚴、自我價值與人性化」的場域（hooks 1984: 37），也是抵抗種族主義的庇護所。同時，這種否定家庭的現象，也暴露出這個運動本身的階級特徵。畢竟即便逃離父權宰制的家庭，中上階層女性仍然可以透過制度、社會結構來保障自身的利益，或透過市場來滿足照顧需求，但勞工階級女性並沒有這類選項。再者，將外出工作視為女性解放的表徵，也漠視黑人女性和勞動階級女性早已在從事底層勞動或奴僕工作的漫長勞動史。

Kimberle Crenshaw（1991）以美國黑人受暴婦女為例指出，尋求庇護與收容的黑人女性通常是失業或無法穩定就業的女性，因而庇護中心在隔離男性施暴者的同時，也必須能解決她們的經濟需求；但美國的庇護中心經常預設白人為服務對象，服務方案較側重心理諮商與輔導，而無法滿足黑人受暴婦女的需求。此外，美國婦運和反種族主義運動的運動策略，也分別影響黑人女性受暴婦女的能見度。例如，婦運偏好強調所有女人都可能是受暴者，於是宣傳上較少觸及黑人女性；反之，反種族主義運動有意識地避免黑人男性是家暴者的污名，也較不願意揭露黑人家庭家暴的問題。

交織性的分析相當有助於揭露邊緣女性的壓迫，但也經常讓人誤以為壓迫是可以加加減減的數學題。因此，晚近學者強調分析性別和階級、種族、性傾向等社會範疇間的互動過程，關注這些範疇如何相互模塑彼此，進而產生一組更為複雜、動態的權力圖像。同時，性別、國族、階級這三者間的關係並非各自獨立的範疇，而是彼此環環相扣、互為背景、相互鑲嵌的關係，這使得她們和本地的受暴婦女經驗了截然不同的家暴處遇歷程。透過這類交織性的分析，我們可以看見「女人」本身就包含了各種不同的群體，並認知到主流女性主義視角的局限性。唯有如此，我們才有能力思考更為適切的解放路徑。

伍 朝向性／別多元社會

性／別作為社會建構與日常實作的產物，意味著我們可以打造不同的性／別秩序，甚至是想望一個不以性／別作為分類人群、製造壓迫的社會生活。過去四十年來，台灣婦運透過一系列

的國會修法運動確立了性別平權的原則。同婚合法化更揭示，台灣社會不僅強調性別平等，也跨越性傾向藩籬，確認同性親密關係的正當性與合法性。這些變化中的性／別關係意味著，父權體制不論是在制度或文化層面確實有消減的趨勢，但是我們也很難不注意到，性／別區分仍是組織社會很重要的一部分，同時，種族、階級、性傾向、年齡、身心健全與否仍然明顯地在女人內部造成相當不同的生存條件。如何在制度上保障異質性／別主體，在文化上不斷挑戰、突破性／別二分的框架，將是台灣社會削減性／別階層化最主要的課題。

參考書目

王秀雲，2018，〈疾病與「天生如此」的戰場：近代醫療科學史中的同性戀〉。收於陳美華、王秀雲、黃于玲主編，《欲望性公民：同性親密公民權讀本》，頁 125-149。高雄：巨流。

王秀雲，2019，〈「不男不女」：台灣「長髮」男性的治理及其性別政治，1960s-1970s〉。《台灣社會研究季刊》112: 99-146。

中央通訊社，2003，〈台東某國中十三位原住民學生出現性別錯亂〉。3 月 14 日。

行政院主計總處，2017，《婦女婚育與就業調查報告》。https://ebook.dgbas.gov.tw/public/Data/771217174890V10W9I.pdf。

張晉芬，1995，〈綿綿此恨，可有絕期？——女性工作困境之剖析〉。收於劉毓秀主編，《臺灣婦女處境白皮書：1995 年》，頁 145-180。台北：時報。

張晉芬，2014，〈性別勞動平權的進步與檢討〉。收於陳瑤華主編，《臺灣婦女處境白皮書：2014 年》，頁 171-208。台北：女書文化。

勞動部，2019，《國際勞動統計》。https://www.mol.gov.tw/statistics/2452/2457/。

勞動部統計處，2018，《近年我國女性勞動參與狀況》。https://www.mol.gov.tw/media/5759086/ 近年女性勞動參與狀況.pdf。

彭渰雯，2018，〈婦女運動與政治〉。收於黃淑玲、游美惠主編，《性別向度與臺灣社會》（3 版），頁 149-69。高雄：巨流。

Butler, Judith, 2002, *Gender Trouble: Feminism and the Subversion of Identity*. New York: Routledge.

Connell, R. W. 著、劉泗翰譯，2004，《性／別 Gender：多元時代的性別角力》。台北：書林出版。

Crenshaw, Kimberle, 1991, "Mapping the Margins: Intersectionality, Identity Politics, and Violence Against Women of Color." *Stanford Law Review* 43(6): 1241-1299.

Fausto-Sterling, Anne, 2000, *Sexing the Body: Gender Politics and the Construction of Sexuality*. New York: Basic Books.

Foucault, Michel, 1978, *The History of Sexuality, Vol 1*. Trans. by Robert Hurley. London: Penguin.

Hochschild, Arlie R., 1983, *The Managed Heart: Commercialization of Human Feeling*. Berkeley: University of California Press.

hooks, bell, 1984, *Feminist Theory: From Margin to Center*. Boston, MA: South End Press.

Oakley, Ann, 1972, *Sex, Gender and Society*. Aldershot, UK: Gower.

Rubin, Gayle S., 1993, "Thinking Sex: Notes for a Radical Theory of the Politics of Sexuality." Pp. 3-44 in *The Lesbian and Gay Studies Reader*, edited by Henry Abelove, Michèle Aina Barale, and David M. Halperin. New York: Routledge.

UN Women Headquarters, 2019, Women in Politics: 2019. https://www.unwomen.org/en/digital-library/publications/2019/03/women-in-politics-2019-map.

Walby, Sylvia, 1990, *Theorizing Patriarchy*. Oxford: Basil Blackwell.

West, Candace and Don. H. Zimmerman, 1987, "Doing Gender." *Gender and Society* 1(2): 125-151.

West, Candace and Sarah Fenstermaker, 1993, "Power, Inequality and the Accomplishment of Gender: An Ethnomethodological View." Pp. 151-174 in *Theory on Gender/Feminism on Theory*, edited by Paula England. New York: Aldine.

Witz, Anne, Chris Warhurst, and Dennis Nickson, 2003, "The Labour of Aesthetics and the Aesthetics of Organization." *Organization* 10(2): 33-54.

Young, Iris Marion, 1990, *Justice and the Politics of Difference*. Princeton, NJ: Princeton University Press.

第 7 章

族群關係

■ 王甫昌

摘　要

1. 與族群相關的爭議和衝突仍然不時出現，理解過去與現在的族群現象仍是重要工作。

2. 過去族群研究較重視探討「族群團體」的起源與文化特性，1960 年代後美國社會學的族群關係研究強調優勢族群剝削或排除弱勢族群的不對等關係之形成、維持與轉變，種族主義思想及相關的偏見或歧視因而成為族群關係研究的核心。

3. 1980 年代後，族群關係的概念被引進來重新理解過去的省籍問題，將族群階層化體制視為族群問題的根源，而出現了「台灣四大族群論述」。

4. 民主化轉型完成後，檢討過去威權體制的轉型正義工作，以及如何真正消除「多元文化主義」所引發的爭議，引發了新世紀新形態族群爭議。

問題與討論 7-1

在課程開始前，請同學思考及討論下列問題：

一、在目前 30 歲以下的年輕世代之間，已經難以辨認彼此的族群身分背景的狀況下，還有族群問題嗎？族群還有意義嗎？為什麼？

二、不同於年輕世代，年長世代似乎仍有明顯的族群身分標記、認同與意識。這是世代的差異？還是生命階段的差異？為什麼？

三、在目前一般人們的日常生活中，在何時、何處、何種狀況下，可以感受或意識到族群差異、問題，甚至衝

突的存在？（提示：飲食的差異？語言、文化的差異？經濟的競爭？選舉季節？平面及電子媒體的報導？政論節目對於時事的討論？社群網路？同溫層？）

前言

「族群」仍然是當下容易引發爭議的重要議題。目前中央政府機關設有兩個族群事務專責機構（原住民族委員會、客家委員會）。2000 年以後，官方文獻或學校教科書也往往用「多元族群」及「移民社會」描述住民組成及社會性質；一般民眾似乎也大多接受台灣有「四大（或五大）族群」。然而即使有這些共識，不同群體、世代對於台灣有哪些「族群」，什麼構成族群問題，以及是否還有族群問題，仍然存有相當歧見。

「族群關係」的研究取向、概念與議題：以美國為例

美國社會是由移入的優勢者支配原有住民，並且持續有新移民進入，一向被認為是種族及族群問題複雜、族群關係或理想形態不斷變化的國家。整體來說，美國族群現象研究比較具有系統性。

▎一、由「族群團體」到「族群關係」

　　1960 年代以前，美國族群研究較局限於關心（歐洲）移民在「新大陸」的適應狀態，並且受到「同化主義」（assimilationism）意識形態影響，強調美國是民族大熔爐，可以將不同移民的原有文化特質去蕪存菁，融合出更優秀的美國民族及文化。因此，族群研究聚焦於理解爲何特定移民團體無法融入主流社會，研究重點在移民團體本身的文化或社會特質上。當時美國社會中認定的「族群團體」主要是來自中歐、東歐與南歐的後到移民，是處於主流社會與文化邊緣，等待被同化的社會群體（Hirschman 1983）。相反的，較早移入美國成爲主流的西北歐移民後裔，不會自認爲、也通常不被視爲「族群團體」。至於美洲大陸的原住民、美國西南地區的墨西哥後裔，以及由非洲大陸引進作爲奴隸工人的非洲裔，則被視爲「種族團體」而非「族群團體」。

　　然而，1960 年代以後，隨著越來越多歐洲以外移民到來，族群並未在工業化或現代化中喪失重要性。許多都會地區或工業化社會中，反而出現強調族群身分、族群認同、甚至族群政治動員現象。在衝突論衝擊下，社會學者也逐漸轉向研究「族群關係」。相較於過去關注「族群同化」現象，「族群關係」解釋重點放在優勢族群爲剝削或支配弱勢族群，建立族群階層化體制，以及維持這種體制的社會機制，造成族群階層化體制變遷的原因。

　　這也使其他群體遭受到的種族壓迫開始受到關注。美國建國之初，美洲原住民或早期非歐洲移民，沒有完整而平等的公民權利，也根本無法歸化取得美國國籍。美國南方各州的白人主流社會對黑人及其他有色人種採取種族隔離政策（吉姆克勞法），直到 1965 年才被「民權法案」及「投票權法案」取代而走入歷史。

族群團體（ethnic group）
擁有共同的文化傳統，並且有某種程度的群體意識，自認爲與其他社會群體不同的一群人。通常是指社會中人數較少或居於社會邊緣的文化群體。

▍二、族群關係的核心：種族主義思想

「種族主義」思想因此是美國族群關係研究中的核心概念，不只針對「種族團體」，也可運用於其他「族群團體」；「種族主義」主要意義在於（優勢者）看待及對待他群體的方式，而不是被看待及對待的對象本身有何特質。Feagin 和 Feagin 將美國社會中「白人菁英為了安排社會秩序、增進自身群體財富、隔離及壓迫他者，而將某些群體界定或建構為優秀或低劣的種族」，稱為「種族化」（racialization）（Feagin and Feagin 2008: 5）。不僅是想法而已，種族主義思想也經常成為優勢族群合理化歧視或排除弱勢族群的制度與行為。這種認為人類群體可以分類、排序、排除的想法，是種族主義思想的原型。

二次世界大戰後，「聯合國」檢討德國納粹的種族主義思想，古典種族主義思想漸漸被世人唾棄。然而，這並不表示種族主義思想跟著消失，只是以更精巧或狡猾的方式達成同樣「分類、排序、排除」之目的。事實上，只要將上述種族主義思想定義中「體質特徵」加上「或文化特性」，「種族」改為「群體」，就可以理解或掌握更多當代新形態「種族主義思想」的不同面貌。

Feagin 和 Feagin（2008: 12-13）提出了「種族主義思考架構」（racial frame）的概念：「一套有組織的種族主義理念、刻板印象、形象、情感及歧視他者的傾向。」提供一套「全方位的詮釋架構，影響了我們如何評價日常生活事件，以及我們與不同種族化群體的接觸經驗」。在這種思考架構中最常提到的元素是「偏見」或「刻板印象」。根據美國學者 Allport（1979: 6）的定義，偏見是指「在缺乏充分證據的狀況下，對他者的負面看法」。族群偏見包括對特定族群武斷而強烈的錯誤認知及負面情感，抱持

種族主義思想
（racist ideology）
一種認為人類不同群體的體質特徵與其文化或智識特性有關，因此可以區分出優秀或落後的種族的意識形態，經常被用來合理化對於比較落後的種族的排除或消滅。

偏見（prejudice）
在缺乏充分證據的狀況下，對他者所持有的負面看法，通常是強烈、武斷、不會輕易改變的態度或想法。

偏見態度者即使面對與看法相反的證據，也不會改變原有看法。「刻板印象」則指偏見中的認知面向，是對特定族群團體抱有超越證據能負荷的過度概推化印象（Feagin and Feagin 2008: 13）。族群偏見或刻板印象通常源自於主流社會或媒體的形塑、建構與傳播。

　　「歧視」則指種族主義思考架構的行為面向，通常是針對特定族群團體或其個別成員的差別待遇，目的在傷害或是剝奪其利益，包括幾種類型：「個人性歧視」指由個別或少數行動者對特定族群成員的差別待遇（Marger 2003: 78）。這一類行動其實是針對「族群身分標籤」，而不一定是針對個人，雖然有可能是行動者實現其偏見的態度，但也有可能本身沒有偏見，只是順從社會規範的期待。「制度性歧視」則指被整合到社會制度中、合法的歧視，相對於個人性歧視，儘管制度性歧視最初建構時必然有明顯的排外意圖，但就個人而言可能是無意圖、甚至無意識的歧視行為，因為個人只需順從社會規範或法律，就可能產生歧視的行動與後果。

三、偏見及刻板印象的理論與族群運動

　　過去偏見或刻板印象的理論大致可以分為心理學及社會學解釋。心理學解釋偏重偏見的態度外在化心理功能（Feagin and Feagin 2008: 14），其中較著名的理論包括「挫折攻擊論」及「威權人格論」。前者強調族群偏見可以投射個人心理焦慮到外在目標上，後者指出具有威權性人格特質者不敢直接挑戰挫折的來源（權威者），於是找尋弱勢群體作為代罪羔羊。這些都是從個人心理特徵、狀態或人格缺陷來解釋族群偏見。社會學的解釋若由微觀層次出發，較強調偏見是個人順從其參考團體的社會規範之結

歧視
（discrimination）
針對他者在社會稀有資源，包括收入、機會或職位等，給予的差別待遇行為。

果，通常只是反映行動者接受或順從的觀念。若由鉅觀層次出發，則較強調優勢群體對於弱勢者的偏見與刻板印象，有助於合理化剝削或壓迫。

此外，弱勢者如何回應或反抗優勢者也是當代族群關係研究中的重要課題。1950 年代美國的民權運動是弱勢族群（特別是黑人）反抗種族主義偏見及種族隔離制度之主要行動。不同社會脈絡中回應與對抗方式各不相同，但多數都以發起「族群運動」進行。政府或優勢族群回應的方式也有很大差異，有些以一般的政治民主化改革回應（如果弱勢族群並非人口少數），有些（特別是針對人數較少的弱勢族群）為了消弭過去累積的不利狀況，設立了配額制度保障弱勢族群的教育、參與公共事務、就業或取得住宅的機會。這一類政府保障弱勢族群機會的制度性機制，通常被稱為肯認行動（affirmative action）。這個名稱最初來自美國總統甘迺迪 1961 年簽署的一項行政命令，要求聯邦政府在僱用政府員工時，必須採取積極作為以確保弱勢族群就業機會的平等，讓申請者不會受到差別待遇。

肯認行動
（affirmative action）
或優惠保障制度
為了彌補弱勢族群（或其他弱勢群體）在社會稀有資源（包括收入、機會及職位等）上長期累積的不平等位置，所採取的積極補正行動，包括優先考量、優惠或配額保障制度。

參 台灣的族群關係

人們以族群概念理解或認知不同語言文化群體之間的差異與關係，其實是相當晚近的現象。

一、台灣社會中族群概念的出現

中文「族群」一詞在台灣社會中出現，最早可以追溯到社會人類學者衛惠林 1950 年探討阿里山曹族（現稱為「鄒族」）三族

群的文章。1980 年代中期以前，「族群」專指台灣原住民族內部的不同群體分類，人類學者芮逸夫討論台灣族群時，詳細區分並描述了台灣原住民十個族群的體質與文化特徵。占台灣人口 98%的漢人，雖可區分為閩南人、客家人及戰後來台的外省人，但是因為有共同體質特徵及文化，因此並無族群差異（芮逸夫 1968：499）。

1987 年前後台灣社會學者開始用族群指稱「本省人」與「外省人」，或是「閩南人」、「客家人」之間的關係時，立即引發激烈辯論（特別是張茂桂、蕭新煌 1987；參見王甫昌 2008）。然而，1980 年代末到 1990 年代初「台灣社會中誰是弱勢群體？」引發激烈爭論，卻讓族群問題正式進入公共場域。1990 年代後隨著「台灣四大族群」政治論述出現（張茂桂 1997），民眾大多接受了四個主要族群的說法。「族群」於是由人類學家分類原住民的專用名詞，轉變為一般人理解台灣社會住民組成的普遍化名詞。然而，「族群」也帶來新的族群關係意涵。

▌二、「台灣四大族群」論述內涵

現有住民依照移住時期與語言文化可分為四個族群。「原住民」是最早住在台灣的南島語族後裔，早在十七世紀就已定居台灣。日本官員及學者認為台灣原住民按語言、文化及體質差異，至少可以分為七到九族。戰後國民黨政府大致上沿用日人分類，在 1950 年代到 2000 年間正式分為阿美、泰雅、布農、賽夏、魯凱、排灣、卑南、鄒、雅美（達悟）九族。2000 年後陸續認定邵（2001）、噶瑪蘭（2002）、太魯閣（2004）、撒奇萊雅（2007）、賽德克（2008）、拉阿魯哇（2014）及卡那卡那富（2014），構成現行十六族分類。目前官方登記原住民身分者約占

台灣人口 2.26%。

「福佬（閩南）人」是十七世紀後，來自中國福建省南部及廣東省西部使用閩南語的漢人移民後裔。不過，語言腔調與文化區分在日治末期已經漸漸難以區分，被視爲同屬福佬人，目前約占台灣總人口 70%。

「客家人」主要是來自廣東東部及福建西部客語移民的後裔，移入台灣的時間與福佬人相差不多或稍晚。由於客語和福佬話有明顯差異，加上分類械鬥的遷移，造成許多客家人漸漸集中居住而得以保存語言與文化，目前約占台灣人口 13% 到 14%。

「外省人」是 1945 年後從中國移入的大陸各省移民及後裔，來自 35 省，使用至少七種方言。在 1992 年戶籍法修正取消本籍登記之前，這些移民及後裔都擁有大陸省分及縣市之本籍。相對的，前述原住民、福佬人及客家人擁有台灣省各縣市或北高兩個院轄市的本籍籍貫。1992 年官方統計 12.95% 民眾擁有台灣以外的外省本籍。

「四大族群」論述更界定了族群之間沒有核心、邊陲或高下優劣之分，「多元平等」的理想族群關係，是 1970 到 1980 年代不同族群運動爭取族群集體權利，互相激盪產生的結果。

三、戰後台灣族群階層化體制的形成

二次世界大戰後，台灣經歷日治時期現代化洗禮，政治與文化和祖國已有相當差異。前來接收的官員又以「征服者」姿態，更帶入任用自己人、貪污等傳統政治文化，引發台人不滿，而在 1947 年發生二二八事件。國民黨政府由中國大陸調派軍隊鎮壓，並在清鄉時殺害或逮捕許多台灣菁英，進一步加深隔閡。

不過，形成族群階層化系統更重要的因素，是遷台後重建的

中央政府體系。1949 年國民黨政府在內戰中失利後，當時有近百萬大陸各省軍民隨著政府來台。國民黨政府遷台後重建中央政府體制，仍然維持全中國的架構，讓人口超過百分之八十七的台灣省籍人士，仍然維持先前中國 35 省中的一省之比例。立法院遷台後，1950 年共有 527 位立法委員，其中台灣省籍僅有 8 位。這些 1948 年選出的中央民意代表都在 1954 年凍結改選，直到 1969 年後才有增補選，更要到 1991 年才進行全面改選。台灣人參與中央政府的權利受限引起許多異議人士不滿（薛化元 2001）。

　　國民黨政府也強力推動「中國民族主義」的文化與教育政策，將台灣本地語言與文化視爲阻礙國家團結的「方言」與低俗文化。尤其原住民的社會與文化更被視爲野蠻、落後，需要教化改變。1950 到 1960 年代間，國民黨政府在台灣創造了大陸各省籍人士在政治與文化權力上居於優勢位置的族群階層化系統（張茂桂 1993）。省籍隔閡與緊張，以及對本省人的政治權利與文化歧視，成爲當時最重要的族群問題。不過，構成本省人的三個群體間，遭受問題各不相同。原住民由於人數最少，與漢人文化差異最大，不但受到嚴重族群偏見，社會經濟地位也最不利。福佬人、客家人之間語言文化差異明顯，過去社會關係也不甚和諧，但是 1980 年代前省籍問題遮蔽下，閩客分歧並未成爲普遍而顯著的族群問題。

四、1970 年代以後族群（政治）運動的挑戰

　　1971 年國民黨政府被迫讓出聯合國的中國代表席次，讓族群階層化系統出現轉變的契機。爲安撫戰後新生代本省籍政治菁英，蔣經國以「擴大延攬人才」政策，刻意提拔台籍青年進入政

治菁英位置。這些當時被戲稱爲「吹台青」的政策，包括增加行政院內閣中的台籍官員、任命首位台籍台灣省主席，以及開放中央民意代表增額選舉。

這些迫使國民黨政府進行政治改革的危機，也被非國民黨的台籍政治菁英視爲追求政治民主化的機會。另一方面，「吹台青」政策卻導致外省籍青年認爲政治發展前景受限（王甫昌 2008，2016）。

1970 年以後的民主運動，由於帶有本土化意涵，不可避免地涉及改變族群政治權力分配現狀，因此屬於族群運動。1979 年高雄美麗島事件國民黨政府大舉逮捕黨外人士，促成新一代青年投身政治反對陣營，並在 1983 年提出「住民自決」訴求。這讓不少年輕外省籍菁英擔心民主化後，外省人將成爲政治上少數，部分更因此開始建構外省第二代是台灣政經弱勢者的政治論述，要求未來新國會中必須設置大陸省分代表，引發其他族群菁英不滿，更在 1987 年激起民進黨籍立委的反駁。

「原住民（族）運動」在 1980 年代登場。1983 年四位原住民大學生發行《高山青》雜誌，試圖喚起原住民青年對山地社會的關懷。黨外編聯會更在 1984 年成立少數民族委員會支持台灣原住民族運動，原住民知識菁英也在同一年組織原住民族權利促進會（夷將・拔路兒等 2008）。原住民運動工作者也試圖對抗國家及媒體對原住民的污名化及貶抑，例如《高山青》雜誌中一篇反駁教科書「吳鳳神話」的文章。

客家菁英也在 1987 年創刊《客家風雲》雜誌，1988 年號召客家民眾參與「還我母語」大遊行。客家運動一方面受到政治反對運動發展，特別是 1986 年民主進步黨成立、1987 年政府宣布解嚴的鼓舞，而試圖反抗過去國語政策對於客語的打壓；另一方面卻也因爲民進黨挑戰國民黨政府獨尊國語的語言政策，似乎流

露出「福佬沙文主義」而深受刺激。

五、民主化轉型對族群關係的影響，1987-2000

在民主化選舉壓力下，族群運動的相互刺激，漸漸促成主要政治行動者在 1990 年代後重新檢討、協商與調整政治結構、文化語言政策或是過去的習慣。過去福佬人習慣自稱「台灣人」，稱福佬話為「台灣話」或「台語」，這些都讓客家菁英覺得受「福佬沙文主義」排斥。當時仍在野的民進黨面對客家菁英質疑，提出以「福佬人」、「福佬話」稱呼替代「台灣人」、「台語」，並在 1992 年提出「台灣四大族群」論述，強調族群之間應有平等關係（民進黨中央黨部 1993；楊長鎮 2008: 43-56）。

1987 年後的民主化改革逐漸改變了原先的族群階層化系統。在首位本省籍總統李登輝主政時期，促成了 1991 年國民大會代表、1992 年立法委員全面改選，且新國會不設置大陸省分代表，1994 年開放北高兩市及台灣省省長選舉，1996 年總統直選。不但完成民主轉型，也有效化解過去本省籍政治菁英認為參政權利受限的不滿。另一方面，1990 年代國民黨政府在語言、文化及教育內容上本土化轉向，1997 年教育部在國中實施「認識台灣」課程，並在高中實施「同心圓」（台灣、中國到世界）史觀的歷史教育。

民主化進展同時促使政府較積極回應其他弱勢族群訴求。國民黨政府 1994 年將「原住民」名稱入憲，1996 年成立「原住民族委員會」。1997 年修憲：「國家肯定多元文化，並積極維護發展原住民族語言及文化。國家應依民族意願，保障原住民族之地位及政治參與，並對其教育文化、交通水利、衛生醫療、經濟土地及社會福利事業予以保障扶助並促其發展，其辦法另以法律定

之。」2000 年首度中央政府政黨輪替後，民進黨政府在 2001 年成立客家委員會。這兩個族群事務專責機構也負責推動修法，提出保護少數族群語言文化，或改善其經濟社會地位的國家政策。

肆 民主轉型後新世紀台灣的族群問題

　　族群問題在台灣民主轉型後並未就此消失。雖然結構性歧視制度已經改變，但是各種族群偏見、歧視言論或行為仍不時出現。要理解這些新問題，必須區分不同族群所面臨的不同族群問題。

　　第一個層次是部分外省人面對政治民主化與本土化轉型的強烈反應。1988 年蔣經國病逝，李登輝繼任總統後，國民黨內部分外省籍第二代菁英成立「新國民黨連線」，1993 年更脫離國民黨成立新黨。引發衝突的原因已經不是先前外省人擔心作為少數受到排擠，或者參政權受限的重分配政治問題。1986 年後外省人在 1989 年增額立委選舉中獲得超過人口比例的席次，外省籍的宋楚瑜、馬英九分別贏得 1994 年台灣省長、1998 年台北市長選舉，尤其馬英九後來贏得 2008 年及 2012 年總統選舉，更象徵著台灣選民已能跨越族群界線。這些選舉勝利大幅化解了過去外省人的憂慮。相對的，許多外省人不滿的是台灣政治民主化與本土化已經走向實質的「台灣獨立」，並產生污名化外省人認同與歷史記憶的認可性政治問題，這表現在三個議題的衝突上。

　　首先，國家未來走向的爭議。1994 年省市長選舉中，新黨台北市長候選人趙少康提出「中華民國保衛戰」對抗民進黨 1991 年通過的「台獨黨綱」，導致外省人受到「賣台」、「不愛台」的批評。隨著中國崛起，國家認同爭議更成為重要分歧。

重分配政治（politics of redistribution）

如何分配社會中稀有資源，包括收入、機會及政治職位等的政治性活動。

認可性政治（politics of recognition）

處理與個人或群體認同有關的記憶、歷史，以及用以界定「我（們）是誰」的基本特質的政治性行動。

其次，如何詮釋及定位台灣歷史上不同統治者貢獻的爭議。1997年新黨的李慶華與統派中國史學者批評新的國中教科書試圖「切斷台灣與中國的臍帶」、「對日本殖民統治歌功頌德」及「淡化兩蔣對台灣的貢獻」，反映「台灣中心」史觀與「中國中心」史觀的對抗（王甫昌 2001）。再者，有關「轉型正義」的爭議。2000年首度政黨輪替、民進黨執政後，檢討威權時期各種人權侵犯狀況的轉型正義成為重要政治與社會課題。不論是早期對二二八事件、白色恐怖的平反與補償，或是 2016 年民進黨再次執政後對於國民黨「不當」黨產問題的檢討與追究、調整軍公教年金等，都讓不少外省人覺得是針對他們進行政治清算（張茂桂 2008）。

　　以上爭議反映部分外省人認為民主轉型後，其國家認同、歷史記憶或在台灣社會的位置與貢獻受到污名化。第二個層次是客家人及原住民面臨的新族群問題，其中最明顯的是如何落實「多元文化」強調尊重各族群文化特殊性之理想。如何調整既有政治體制與法律規範，以真正落實對原住民傳統領域、自治區、傳統文化或生活方式的尊重，仍然經常引發爭議。

　　最後，漸漸被視為台灣「第五大族群」的新移民，似乎成為新的弱勢族群（夏曉鵑 2018）。2018 年底台灣約有 54 萬多名（約占台灣人口的 2.3%）主要來自中國及東南亞國家的女性婚姻移民，需要至少四到六年才能取得完整的公民身分與權利，期間公民權益受到相當大限制。不過，由於台灣與中國的特殊關係，來自中國的婚姻移民需要更長時間才能取得公民身分，由於涉及不同國家認同而成為新的族群爭議焦點之一。

轉型正義

（transitional justice）
經歷民主轉型的國家，對於過去威權或獨裁統治的檢討、反省與彌補行動，通常包括回復名譽、賠償、追究、挖掘真相。

伍　結語

　　除了新移民女性處境還能用過去優勢族群對弱勢族群的剝削與排外之分析概念，或適用「多元文化主義」解決方案之外，台灣面臨的新族群問題似乎需要新的分析架構、概念或理論解釋。以文化特質分類「族群」、加以排序，並以隱晦方式達成社會排除的狀況仍然屢見不鮮，也是現代新族群問題的癥結所在。這些被西方研究者稱爲「新種族主義」（Barker 1981）或是「嫌惡型種族主義」（aversive racism）（Dovidio and Gaertner 1998），是比較精巧且不易辨識的種族主義。

　　在新民主化政體下，重新審視、追究、補正或調整過去不公義的眞相或法規制度，當然是打造健康的民主社會時重要而必要的工作。但是民主化轉型後，不少「外省人」對自己的身分被污名化或排外，而有強烈的不安與反應。如果說台灣民主化最重要的意義是以新的「差異但平等」的族群關係概念，取代過去「族群同化主義」的不平等關係，那麼在民主化轉型後，如何化解外省人「被排除」的不安，仍是非常重要的一環。追求轉型正義之際，如何避免陷入創造另一種排除的陷阱，是值得深思的課題。

問題與討論 7-2

課後的討論問題：

一、一名「客家人」和一名「閩南人」因為搶停車位而發生口角，終致大打出手的衝突事件，是「族群衝突」事件嗎？在何種狀況下是？在何種狀況下不是？構成族群問題或衝突的要素是什麼？（提示：衝突者的身分背景？群體間的差別待遇？對於制度性不平等的認知？）

二、目前由民間及政府推動的「轉型正義」工作中，經常引發新的族群爭議。這些轉型正義工作如何影響族群關係？推動轉型正義有助於（台灣的）族群和諧嗎？為什麼？

三、目前政府政策對於原住民的優惠或補償政策（包括原住民學生入學考試的優惠或加分制度），經常引起爭議。你認為引發爭議的原因為何？這些措施合理嗎？為什麼？

參考書目

王甫昌，2001，〈民族想像、族群意識與歷史：《認識台灣》教科書爭議風波的內容與脈絡分析〉。《臺灣史研究》8(2): 145-208。

王甫昌，2008，〈由若隱若現到大鳴大放：台灣社會學中族群研究的崛起〉。收於謝國雄主編，《群學爭鳴：台灣社會學發展史，1945-2005》，頁 447-521。台北：群學。

王甫昌，2016，〈由「地域意識」到「族群意識」：論台灣外省人族群意識的內涵與緣起，1970~1989〉。收於蕭阿勤、汪宏倫主編，《族群、民族與現代國家：經驗與理論的反思》，頁 181-256。台北：中央研究院社會學研究所。

民進黨中央黨部，1993，《多元融合的族群關係與文化：民主進步黨的族群與文化政策》。台北：民進黨中央黨部。

芮逸夫（Ruey, Yih-Fu），1968，"The Ethnic Groups of Taiwan." 收於芮逸夫，《中國民族及其文化論稿（中冊）》，頁 499-522。台北：藝文印書館。

夷將・拔路兒等編著，2008，《臺灣原住民族運動史料彙編（上）》。台北：行政院原住民族委員會、國史館。

張茂桂，1993，〈省籍問題與民族主義〉。收於張茂桂等著，《族群關係與國家認同》，頁 233-278。台北：業強。

張茂桂，1997，〈臺灣的政治轉型與政治的「族群化」過程〉。收於施正鋒編，《族群政治與政策》，頁 37-71。台北：前衛。

張茂桂，2008，〈多元文化主義在台灣與其困境〉。收於沈憲欽編，《知識分子的省思與對話》，頁 311-325。台北：時報。

張茂桂、蕭新煌，1987，〈大學生的「中國結」與「台灣結」──自我認定與通婚觀念的分析〉。《中國論壇》289: 34-53。

薛化元，2001，〈中央民意代表延任與台灣本土政治精英的態度：以（臨時）省議會在野派為中心（1950～1969）〉。收於張炎憲、曾秋美、陳朝海編，《「邁向 21 世紀的台灣民族與國家」論文集》，頁 147-166。台北：吳三連台灣史料基金會。

楊長鎮，2008，《從反抗到重建：國族重構下的台灣族群運動》。台北：國家展望文教基金會。

夏曉鵑，2018，〈解構新自由主義全球化下的「台灣第五大族群──新住民」論述〉。收於黃應貴主編，《族群、國家治理、與新秩序的建構：新自由主義化下的族群性》，頁 311-353。台北：群學。

Allport, Gordon W., 1979, *The Nature of Prejudice*. Reading, MA: Addison-Wesley Publishing

Company.

Barker, Martin, 1981, *The New Racism: Conservatives and the Ideology of the Tribe*. London: Junction Books.

Dovidio, John F. and Samuel L. Gaertner, 1998, "On the Nature of Contemporary Prejudice: The Causes, Consequences, and Challenges of Aversive Racism." Pp. 3-32 in *Confronting Racism: The Problem and the Response*, edited by Jennifer L. Eberhardt and Susan T. Fiske. Thousand Oaks, CA: Sage.

Feagin, Joe R. and Clairece Booher Feagin, 2008, *Racial and Ethnic Relations*, 8th edition. Upper Saddle River, NJ: Pearson Education.

Hirschman, Charles, 1983, "America's Melting Pot Reconsidered." *Annual Review of Sociology* 9: 397-423.

Marger, Martin N., 2003, *Race and Ethnic Relations: American and Global Perspectives*, 6th edition. Belmont, CA: Wadsworth/Thomson Learning.

第 **參** 篇

社會制度

第 8 章

家 庭

- 我們的社會如何定義家庭
- 家庭作為生產單位
- 家庭作為分配單位
- 從家庭到社會不平等
- 變遷中的家庭關係

■ 喻維欣

摘　要

1. 在主流意識形態中，家庭作為一個指涉社會關係的抽象概念有三個要件：婚姻關係、性別、血緣。

2. 社會學研究中的家庭形態與結構，通常是在單一居住場所的假設下，透過對有婚姻或血緣關係（或法定親子關係）的同居人之間關係的分析而進行分類。

3. 家庭除了有消費功能外，同時也是生產單位。新家庭經濟論提出，個人花費時間及勞力投入家庭，以生產對個人有價值的「家庭貨品」；社會學者雖同意家庭的生產功能，卻對新家庭經濟論的多項假設有所質疑，認為忽略了家庭中的權力關係、性別角色、個人與家庭利益的衝突等等。

4. 家務勞動是維持家庭正常運作並確保成員生計與健康的重要活動，然而女性與男性在家務分工及決策上都相當不均。社會學對這種不平等狀態的解釋，包括：資源交換論、父權社會對女性的剝削論、階級文化及社會性別角色論，以及做性別理論等。

5. 家庭也具備分配的功能。除了日常生活中的資源移轉外，家庭透過繼承或分家進行上一代對下一代財富及權威的移轉。在父母年老、子女有能力取得社會資源後，家中資源的流向常會逆轉，轉為由子女對父母提供勞力、情緒或經濟上的支持。

6. 家庭內的資源並非平均分配給所有成員，家長的父權態度、子女的性別組成、出生序、家庭規模，都可能影響家中各成員分得資源的多寡。

7. 家庭內的活動對社會不平等有直接影響。譬如：家庭對勞

動投入的需求使女性成員常面對家庭與工作之衝突，影響
她們在職場上的競爭力，造成勞動市場內性別不平等。不
同階層家庭也常有不同的子女教養方式，上層階級往往透
過教養方式將其優勢傳給下一代。

8. 婚姻關係的轉變是改變現代社會家庭形態的主要因素之
一，由於經濟結構及價值觀改變，晚婚、不婚、同居、離
婚、再婚等愈來愈常見，近年社會學者對東亞社會的晚婚
少子趨勢日漸重視，提出多種不同解釋。

9. 台灣在 2019 年立法通過同性婚姻，正式認可家庭形態的
多元性。即使不考慮同性家庭，一夫一妻與親生子女同住
的傳統家庭，目前並沒有一般人以為的普遍。傳統家庭之
外的非主流家庭形態在今日台灣社會內已占家戶總數的一
半，顯現主流意識形態對家庭的定義與了解需要大幅修正。

壹　我們的社會如何定義家庭

　　家庭對大多數人而言是個熟悉的概念，我們很少去思考家庭
的定義。主流意識形態定義家庭時，大抵假設家庭有三個要件：
婚姻關係、性別與血緣。大部分人將法律認可的婚姻關係當作家
庭的起始點。這種將婚姻等同於家庭的看法，使得社會中的非主
流家庭形態不易被多數人所接受。性別是另一個考量家庭組成的
重要因素，台灣社會對家庭的組成及延續是以父系連結為基礎，
除少數特例外（如入贅），兒女皆從父姓。此外，大部分人心目
中的家庭是由有血緣關係的人組成的，使得一般人對領養接受度
低。

　　在社會學的家庭研究中，對家庭的定義通常也包含單一居住

非主流家庭
主幹及核心家庭之外
的其他各種家庭類
型。

場所的假設。這個對居住場域的假設使得客觀的操作及實證研究得以實行。譬如說在人口普查或許多社會調查中，經常要求受訪者填寫同居人口及與受訪者關係，以便區分家庭類型，如：核心家庭指一居住場所中僅有夫妻及未婚子女，主幹家庭一般也稱為折衷家庭，指在一居住場所內除核心成員外另有該夫妻的父母或祖父母，而擴展家庭則又包含了其他已婚或未婚的旁系親屬。家庭研究也用家中常住成員來區分單親家庭和雙親家庭，以了解家庭形態對成員的影響。

家庭類型
指透過家戶中同居住的成員及角色關係所做的分類，例如，主幹家庭、擴展家庭、核心家庭是以成員相互世系親屬關係分類的家庭類型；單薪家庭、雙薪家庭等是以家中成員經濟參與方式來分類；單親家庭、同居家庭、同性伴侶家庭等是以家中主軸世代的婚姻狀況分類。

問題與討論 8-1

　　醫學技術使得透過精子或卵子銀行，生育下一代的同性、異性或單親家庭愈來愈多。經由醫學技術介入而產生的家庭關係，其間所牽涉到的相關者（包括有生育及養育意願的父／母，無生養意願但有血緣關係的捐／售精卵者，介於其中的子女，以及由不同捐精者產生的同母手足）的權利、義務、責任以及其對彼此的意義，你認為應該如何界定？在未來，科學也許能使人們以複製技術來取代自然生育，你可以接受這樣的改變嗎？

貳　家庭作為生產單位

　　社會學對家庭的研究重點之一，是要解釋日常家庭活動的模式，以及家庭內成員之間如何互動，而完成必要的家庭活動。這類研究經常是從家庭作為生產單位的角度出發。

┃一、新家庭經濟論及社會學的回應與批評

經濟學者 Gary Becker 提出新家庭經濟論（new home economics）使家庭中的生產活動受到重視。他主張凡是時間都有成本，而個人在非市場勞動上所花費的時間往往多於市場勞動時間。更重要的是，新家庭經濟論提出家庭應被視爲生產單位：個人花費時間及勞力投入家庭，以生產「家庭貨品」（household commodity），如子女、成員的健康，家庭衛生，情感上的滿足、愉悅的感受等等。根據新家庭經濟論，一個家庭中的成員有共同的偏好及一致的目標，因此家中成員會依家庭整體所需，無私地投入最適量的勞力與金錢，以完成家庭產出。另外，新家庭經濟論假設夫妻依照相對優勢（comparative advantage）做完全分工時，對其家庭效益最大。Becker 認爲現代工業社會中男性在市場活動中所獲酬勞較女性高，有相對優勢，女性因爲生養子女而影響市場活動，且在家庭內勞動上有相對優勢，所以，夫妻爲完成家庭最大效益會自願性地決定由丈夫將所有時間投注於市場生產活動（即有酬工作），妻子則將時間全部投注於家事勞動，以使家庭達成最大產出。

然而，新家庭經濟論並不考慮社會中性別關係及權力差異的存在，其中許多假設亦無法在社會學研究中得到實證支持。首先，在家庭利益與個人利益衝突的情況中，在將權力關係列入考量後，我們不難想像最後「犧牲小我，完成大我」的家庭成員恐怕是最沒有權力的人，而非對全體利益而言最適合犧牲的人。同時，新家庭經濟論中所假設的利他精神是家中所有成員共享的，然而，女性因爲社會文化認定及性別角色，比男性更常被期待扮演犧牲奉獻的利他角色，因此在社會現實中，家中成員會因性別差異而有不同程度的利他考量。其次，完全分工是否對家庭而言

新家庭經濟論（new home economics）

將家庭的主要功能視爲生產維繫家庭目標的產品，認爲家中成員會爲家庭最大效能而共同努力，並做最適合的決定的一種經濟學說。

是最有效率的作法，還視大環境中的各種變數來決定。

最後，社會學研究顯示 Becker 所強調的男女性的相對優勢實證上並無根據。例如，許多勞動市場的研究發現，女性與男性各自集中的職業所需技能無明顯差異，而女性對家務或教養子女有相對優勢的假設亦缺乏實證。就個人認定的努力程度所做的統計分析，也並未發現女性因投入家事時間較多而在工作時較男性不努力；事實上，心理學實驗發現，當給予男女性同等薪資時，女性會認為應投入較多的時間和努力。

🔍 **問題與討論 8-2**

過去數十年來各種家電的發明，外食選擇的增加，對於減少家庭所需的勞力投入是否有幫助呢？還是人們對於家庭整潔的要求，甚至對教育子女的標準，都在某些家事需求減少之際增加了？同樣的，許多增加生活便利性的發明，如智慧型手機及藉由網路遠距工作，是使人們更能調適工作與家庭所需時間上的衝突，還是恰恰相反？

家務分工

（household division of labor）

家中成員對家庭生存所需勞務的分配投入狀況。家中成員對這種沒有報酬的勞務投入多寡，往往受到資源、權力、性別態度及家庭結構等因素影響。

▌二、家務分工及家庭決策

在所有工業社會中，女性與男性在家務分工上都相當不均，台灣社會中妻子所負擔的家事時間與項目也遠高於丈夫（呂玉瑕、伊慶春 2005）。除了上一節所述之新家庭經濟論，社會學者對於不平等的家務分工狀況另有以下的理論與解釋。

1. 資源交換論

　　資源交換論假定家事勞動都是不愉快的，家中成員會盡其可能地避免做家務。因此，擁有有酬工作且酬勞較高的家庭成員——通常是丈夫——對家庭的物質投入較多而權力較大，而在經濟上比較依賴的妻子，只好用投入家事的勞力來換取經濟資源。依此論述，當雙薪家庭中夫妻的薪資相近時，他們的家務分工便會趨於平等，對於家庭中的重大決策也會有相近程度的影響力。

2. 父權社會對女性的剝削論

　　主張在父權社會中男性利用優勢支配女性，使女性負擔大部分的家務，沒有餘力在勞動市場中發揮潛力，至於男性可因此持續擁有勞動市場中較高薪的工作、較高的社會聲望與權力，藉此維持父權社會中男性的優勢。依此學派的論點，家庭中的不平等分工狀況，同時是父權支配的結果與工具。

3. 社會中性別角色及階級文化論

　　強調社會中的性別角色以及對個人的影響。例如，男性應負擔「養家活口」的角色，女性則是「顧家的」、「善於照顧人的」，所以應該投入家務勞動，扮演照顧家人的角色。性別角色也會影響到夫妻對於不同家庭決策的影響程度（例如妻子對子女教育的影響力，比購買房地產的影響力大）。此派學者也認為個人的教育程度與階級文化會影響對既定社會中性別角色的認同及服膺程度。

4. 性別的展示與實踐

　　這一派學者主張個人藉由家庭內的互動得以「宣示」及「作成」個人的性別。人們對於不能展示自己的性別，或者無法了解

資源交換論
（resource exchange theory）
假設家庭成員會運用個人經濟資源來交換在家中的權力與勞力投入。在此假設下經濟資源多的成員往往能避免付出勞力，並對家庭決策有較大的決定權。

互動者的性別，會充滿不安與焦慮，所以會在家庭勞務或決策過程中補足自己在其他方面不合性別模式的行為。例如，有研究發現在妻子工作收入較高的家庭中，妻子投入的家事時間反而比先生多（Brines 1994）。另外，在非傳統男性職業中工作的男性以及非傳統女性職業中工作的女性，在家裡更會選擇傳統的、與自己性別一致的家務勞動項目（如女性洗衣服、男性洗車等）（Schneider 2012）。同樣的，做性別也可以用來解釋夫妻的家庭決策方式。

做性別（doing gender）

指在社會生活中，個人無時無刻不在利用行為互動來展示自己的性別。性別不只是個人所被規範的社會角色行為，個人是有主體意識、主動地建構與他人間相對性別認同，性別是在做的過程中被展示出來的。

> 　**課堂活動 8-1**
>
> 　　試用繪圖的方式，以妻子收入占家庭收入的百分比為橫軸，以家務時間為縱軸，說明不同理論對於夫及妻的家務時間變化會做怎麼樣的預期。

參　家庭作為分配單位

　　家庭中的成員會透過勞力工作而取得社會資源，此資源經過家庭內重新分配的過程再投注於個人，由此造就了個別成員的教育成就、社會地位或財富累積等等。家庭的存在使得沒有勞動能力的人，如老人、小孩等，都有機會透過家庭媒介而取得生存所需的資源。

一、家庭中財富及權力的傳承

　　現代社會對女兒的重視度提高，加上法律保障女兒的繼承

權，使得傳統繼承及分家規則中的性別原則受到挑戰，但性別仍
可能影響家庭財富分配，如家族企業傳承。這種家庭分配機制強
化了社會中男女性的財富不均，使女性在經濟上必須依賴男性。

　　除了財富，家庭中也可能有權威的移轉，將家族事務的決定
權交給下一代。在傳統華人社會中，權威移轉的規則為交給長
子，亦即由性別及出生序兩者共同做決定，但財富的移轉則是均
分給諸子。

▍二、家庭內資源的分配過程

　　大部分研究較少注意到家庭內的資源分配情況。Greenhalgh
（1985）在早期對台灣家庭的研究中指出父母視女兒為短期投
資，只能在婚前賺錢回饋家庭，而兒子為長期投資，可一輩子奉
養父母，因此女兒經常被迫提早結束教育，以便出外工作，並
用女兒賺的錢供兒子接受更多的教育，兒子長期而言能賺更多
的錢回饋父母。然而，後期研究發現 Greenhalgh 對父權傳統的影
響恐有誇大。近年來平均所得提高、生育率下降，台灣家庭對
兒子和女兒的教育資源分配上的差異已大幅減小，1970 年代之
後成立的台灣家庭中，女兒甚至比兒子更有教育優勢（Yu and Su
2006）。

　　家庭內資源分配的不平均也與家庭在不同時期所擁有的可分
配資源有關，在台灣及其他後開發國家中，排行較後面的孩子，
不論男女，常有機會接受比兄姊更高的教育，因為他們在學時，
父母的經濟程度往往較穩固，而兄姊也已長大，可以幫助弟妹。

三、老有所養──家庭資源的反移轉

台灣家庭對年邁父母的照顧，較傾向於以長期投資爲基礎的永續交換關係。過去從父母處得到較多資源的子女，往往較常探視父母或給父母較高額零用金；就短期而言，父母若在日常生活中給予子女必要的幫助，如照顧孫兒女，也會提高子女對父母的經濟及情感上的回饋（Lee, Parish, and Willis 1994）。這種兩代間的家庭動態，基本上是以互利合作、擴大長期利益爲基本精神。不過，性別角色在台灣家庭中也相當重要，大多數老年人是由兒子而非女兒照顧，女兒只在兒子提供資源不足時加以補助（Lin et al. 2003）。然而，隨著世代變遷，女兒的教育程度及經濟能力提高，這種由兒子及其配偶照顧扶養父母的傳統是否會持續尚待研究。近年在中國城市的研究就發現，有經濟能力的女兒往往比兒子更會資助父母（Xie and Zhu 2009）。

當社會經濟發展較成熟，個人有能力透過長期投資的方式儲蓄老年經濟資本時，不同世代間的相對經濟能力差異隨之減少。同時，現代國家民主化過程往往使國家必須以福利制度來換取民眾支持，對老年照顧的相關福利因此提高，使年長父母不需要依賴子女經濟援助，這種種制度上的改變都會對家庭內世代間資源分配的流向與數量造成影響。台灣近年來年輕世代薪資成長少，許多年輕人沒有父母般的財力，甚至需要父母幫忙才能成家立業，在這樣的情況下，兩代間的交換模式也會有所改變，進而造成其他社會變遷（例如祖父母可能愈來愈不願意長期照顧孫子女）。

肆 從家庭到社會不平等

　　家庭不但是生產及分配單位，也是社會不平等的根源之一。以下介紹兩個常見的家庭研究議題以及與社會不平等的關係。

一、家庭與工作衝突

　　在對雙薪家庭社會支援較薄弱或工作時間較無彈性的社會中，女性較常在家庭負擔最大的時期（如家中有嬰幼兒時）放棄工作職場或者轉換到兼職工作。此外，家庭壓力最大的階段往往在時間上與個人事業進入軌道，亟需衝刺的時期相重疊（25 至 35 歲），女性在此家庭階段退出職場對於終身職業成就不免造成傷害。即使女性決定留在職場，家庭與工作的衝突也與她們的工作報酬相關。以單一職場隨機指定進行的一項實驗發現，當白領工作者可以自由決定工作的時間及地點，他們感受到的家庭與工作衝突較小，身心壓力較小，對工作滿意度較高，而且生產力並不受影響。此外，彈性工作對紓解男女性的家庭與工作衝突都有顯著的效果（Kelly et al. 2014）。不過，當人們可以選擇是否運用彈性工作或其他家庭福利政策（如育兒假）時，許多工作者，尤其是男性，通常不會選擇使用，因為唯恐會對職業生涯產生負面影響。至於彈性工作時間、地點對藍領工作者較不適用，如何改善他們的家庭與工作衝突，尚待進一步研究。

家庭與工作衝突（family-work conflict）指個人因為家庭與職場中的不同角色要求而面對的時間與精力上的衝突。

問題與討論 8-3

　　北歐國家以社會福利制度周全聞名，家庭福利政策中包括相當長的有給產假、育嬰假，以及容許父母輕易轉換到有彈性的部分時間工作等政策，對於減少家庭與工作衝突有很大的幫助，北歐國家中育有幼兒的女性勞動參與率因此特別高。然而，也有不少研究指出，相對於美國，北歐國家中女性較常從事傳統上女性集中的職業，在職場上的升遷機會及擔任主管職位的機會也較少。學者認為北歐家庭福利政策使雇主不願意給女性非傳統、有升遷機會的職位，因為她們可能在育兒時期只做短時間工作或休長期育嬰假。想想看，台灣在推行試圖減少家庭與工作衝突、改善女性經濟地位的政策時，如何能避免陷入北歐國家所面對的困境？

二、父母對子女的教養

嚴酷教養
父母用體罰、吼罵或其他嚴厲方式（如不准吃飯）來教養子女。

計畫栽培（concerted cultivation）
中上階層積極計畫子女的休閒活動，通過參加各種才藝體能活動來培養子女人格、表達能力及文化資本的教養方式。

　　家庭是父母教養子女的場域。父母通過教養，將上一代的意識形態或階級優勢傳給下一代，重製社會階層並鞏固既有利益。家庭同時扮演社會控制的角色，經由社會化及獎懲方式確保偏差行為不會發生，社會秩序得以維持。許多社會學研究著眼於從家庭背景解析偏差行為、社會成就或意識形態。之前台灣對教養方式的研究著重體罰的使用，吳齊殷、高美英（1997）發現台灣家庭主張以體罰或嚴厲方式教養子女比西方國家多，且上一代的嚴酷教養方式常透過「潛移默化」而傳承到下一代；但教育會減低父母受上一代嚴酷教養的影響。近年來子女人數減少，教養態度也隨之改變，美國學者 Lareau（2011）提出「計畫栽培」

（concerted cultivation）的概念，形容中上階層透過參加各種才藝體能活動來培養子女人格、表達能力及文化資本的教養方式，至於勞工階級則讓小孩在不挑戰父母威權的情況下自然成長。藍佩嘉（2019）對台灣父母教養方式的研究中發現，現今台灣家庭教養策略也因為階級而異，但在同階級內另有分歧。所得高、重視小孩的競爭流動的父母，有能力去計畫栽培小孩的國際競爭力，使下一代至少能保住階級地位。這種教養方式的分歧可能會增加台灣社會中的階級流動難度。

課堂活動 8-2

　　與一起上課的同學交換成長經驗，討論有多少人有過參加才藝體能活動的經驗，以及家中一般假日或寒暑假的休閒活動是什麼？不同家庭父母教養子女的方式相似嗎？如何解釋不同的成長經驗呢？過去參加的活動與現在小孩的活動相似嗎？

伍　變遷中的家庭關係

　　社會及文化價值觀的變遷使家庭的種類更為多樣化，傳統式的正常／不正常的二分判斷，以及過往以婚姻關係、性別、血緣關係所定義的家庭關係，都必須接受挑戰及調整。

一、轉變中的婚姻關係與婚姻品質

　　婚姻關係的轉變是改變現代社會家庭形態的主要因素之一。

現代社會中教育程度提高，文化價值觀轉變，工作形態也有所變革，這些變化使得婚姻結合所提供的經濟效益之重要性相對減低；妻子不必依賴丈夫的農作勞力以確保食物來源，沒有妻子的男性也能在市場上購得煮食打掃所需的勞力。

　　在此脈絡下，社會學研究對婚姻的情感性效益愈來愈重視。一部分美國學者主張婚姻提供個人較多社會互動機會、長期情感支援，以及經濟穩定性，對個人的生理及心理健康都有正面效應。另一派學者則強調，婚姻對個人身心健康的效果取決於婚姻品質，長期處於不好的婚姻關係中不僅危害個人心理健康，也使個人在老年時的生理健康比同儕差。陳婉琪（2014）的台灣研究也發現，不好的婚姻關係使子女長期焦慮，往往在父母離婚後心理狀況才變好。

婚姻品質
夫妻主觀認定的、對婚姻的滿意程度，以及從婚姻中所能得到的愉悅與幸福感。

　　蔡明璋（2004）的研究顯示，台灣夫妻間的親密關係與家務分工的平等程度呈正相關，感情愈好、愈親密的夫妻，愈不會以傳統性別角色來決定家務分工，而丈夫投入家務的時間也會比較多。不過，這也可能是因為較平衡的家務分工、較平等的夫妻關係使婚姻品質較好，並使夫妻有更高的親密程度。

二、晚婚、不婚、同居、離婚、再婚

　　台灣近年有晚婚、不婚的趨勢。許多學者及媒體論述都以女性教育及就業機會提高、對婚姻的工具性價值的依賴減少，來解釋東亞國家初婚年齡提高、生育率急速下降等現象。然而，並非所有的東亞國家近數十年來都經歷了同等的女性經濟資源提升，但女性初婚年齡提高、生育率下降等趨勢卻雷同，使人不禁質疑這種著重女性經濟資源的觀點。其他解釋視晚婚、不婚為教育擴張的結果，例如教育擴張使兩性就學期間增加，而延後婚齡。台

灣晚婚及低生育率的研究也常強調年輕人經濟前景不佳，而育兒費用日漸提高，造成不敢生育或失去結婚的動機。研究確實發現有購屋的已婚者比沒有房產者早生育，而在房價高期間購屋的家庭也會因所剩資金少而延後生育（林佩萱、張金鶚 2016）。不過，長期而言，台灣家庭所得與生育率並非正相關，而育兒費用較高的國家也不見得生育率就較低，所以育兒費用是否能解釋台灣晚婚及低生育率趨勢還需研究證實。與居住狀況相關的另一解釋是，東亞社會中未婚成年子女與父母同住的習俗使子女缺少結婚動機，因而晚婚。比較可能情況的是，與父母同住的年輕人心理上對伴侶的需求較小，所以找對象時標準較高，因此不容易建立及保持親密關係（Yu and Kuo 2016; Yu, Lin, and Su 2019）。當然，台灣未婚成年子女與父母同住的趨勢，並未在近年突然增高，所以這趨勢不能解釋趨向晚婚及低生育率的社會變遷，只能說同住習俗使得已然減少吸引力的婚姻，更沒吸引力，助長了晚婚、少子的趨勢。

在受高等教育女性逐漸晚婚的同時，社會中的性別角色仍然要求男性在婚姻中提供主要經濟資源，使得經濟能力弱、工作不穩定的男性，在婚姻市場上比以往更不具吸引力。台灣社會中常聽聞這些男性利用全球經濟體系中的相對優勢來吸引東南亞籍、中國籍女性的例子，這些以新移民為母親所組成的家庭，使台灣的家庭形態更加多元，也使研究不同形態的家庭所面臨的相對優、弱勢更為重要。

除了晚婚、不婚，台灣的離婚人數日漸增加。1970 年代中期以來離婚率大幅提高，增加的速度在 1990 年代尤為迅速。美國的趨勢研究指出，離婚率並非無限度成長的，而是在高度成長後有趨於穩定的傾向，這可能是因為社會中始終存在一定比例的、相信持續婚姻必要性的人口。台灣的離婚率在過去數十年間

似有穩定趨勢。離婚率提高自然會使再婚人數及單親家庭增加。西方社會中因為婚姻基礎及價值的改變，性觀念的開放，以及社會價值的多元化，未婚和單親家庭數目不少，但在台灣社會中，未婚生養子女仍不為社會接受，單親家庭常是離婚的結果。單親家庭的社會效應之一為貧窮家庭的增加，女性原本在職場上便因為性別歧視而得到較低的薪資，而離婚後既行家庭財產分配法則往往不能保障女性獲得應有的、合理的財產比例，法律又無法確保贍養費的定期支付，使得失去配偶支援而得獨自負擔子女養育費用的母親，經常落入貧窮家庭的行列。

另一個變化是同居關係的增加。離婚率提高及婚姻之工具性價值減弱，使婚姻關係受到懷疑及挑戰，有更多人選擇以同居方式滿足雙方互動及相伴之需求。

三、同性婚姻

近年來世界各國對同性戀及同志的接受度都逐漸增加，贊成同性婚姻者認為人人都有結婚的權利，不該因為性傾向而遭受歧視；反對者認為同性婚姻不符傳統家庭定義，直接挑戰主流家庭中十分重要的性別及血緣關係，且主張同性家庭的下一代會受不良影響。台灣在爭議多年後，在2019年通過確保同性婚姻之法律，成為亞洲第一個提供同志婚姻權的國家。然而，現行法律仍不准許同性已婚者收養無血緣關係子女（而異性父母不受此限），同性婚姻仍非全然平權。這種對血緣的要求不但表示社會對血緣與家庭的看法還是很傳統，也顯示了立法者仍然假設同性與異性家庭的親子關係有本質上的差異。

然而，最近一項針對台灣年輕人親密關係的研究發現，同性關係的穩定度及建立關係的要因都與異性關係相似（Lin, Yu, and

Su 2019），顯示親密關係本質一致，不因兩人性別同或異而有不同。此外，既有研究並不支持同性家庭對後代有負面影響的論述。美國一項對收養家庭的研究發現，收養子女的父母親可能有更高的教養子女意願，對子女投注的心力往往不比有血緣關係的父母親來得少（Hamilton, Cheng, and Powell 2007）。西方其他對同性家庭子女福祉的研究，迄今都無法證明同性家庭本身對後代有不良影響；在大多研究樣本中，父或母有同性關係經驗的家庭都是較不穩定、有離婚經驗的家庭，這些家庭特質比起同性家長本身，對子女更可能有負面影響。依此推論，在同志去污名化、同性婚姻合法化後，同性家庭的穩定性應會提高，而選擇生育或收養子女的同性家庭應比主流家庭父母更有意願教養子女，因此，未來研究者可能會發現同性家庭後代相較之下，各方面表現更好。

　　許多對同性家庭的爭議是與反對者堅持保持傳統家庭模式相關。不過，我們平常假設的有父母、未婚子女、有或無同住之祖父母組成的家庭，其實並沒有我們想像中的普遍。非主流家庭，如單親家庭、無子女家庭、單身家庭、隔代家庭（祖父母和未婚孫子女）以及無親屬關係家戶的數目，過去數十年來不斷地成長。根據 2010 年的普查資料，單親家庭、無子女家庭、隔代家庭、單身家戶及無親屬關係家戶等非主流家庭，共占了 49% 的全國家戶組成。傳統觀念中的主流家庭，可能很快就會成為統計上的少數了。

參考書目

呂玉瑕、伊慶春，2005，〈社會變遷中的夫妻資源與家務分工：台灣七〇年代與九〇年代社會文化脈絡的比較〉。《台灣社會學》10: 41-94。

林佩萱、張金鶚，2016，〈沒有房子不生孩子？買了房子不敢生孩子？購屋對家戶婚後生育時間影響之研究〉。《臺灣社會學刊》59: 93-138。

吳齊殷、高美英，1997，〈嚴酷教養方式之代間傳承〉。收於張苙雲、呂玉瑕、王甫昌主編，《九〇年代的台灣社會：社會變遷基本調查研究系列二》，頁 215-247。台北：中央研究院社會學研究所。

陳婉琪，2014，〈都是為了孩子？父母離婚負面影響之重新評估〉。《臺灣社會學刊》54: 31-73。

蔡明璋，2004，〈台灣夫妻的家務工作時間：親密關係的影響〉。《台灣社會學》8: 99-131。

藍佩嘉，2019，《拚教養：全球化、親職焦慮與不平等童年》。台北：春山。

Brines, Julie, 1994, "Economic Dependency, Gender, and the Division of Labor at Home." *American Journal of Sociology* 100: 652-688.

Greenhalgh, Susan, 1985, "Sex Stratification: The Other Side of 'Growth with Equity' in East Asia." *Population and Development Review* 11(2): 265-314.

Hamilton, Laura, Simon Cheng, and Brian Powell, 2007, "Adoptive Parents, Adaptive Parents: Evaluating the Importance of Biological Ties for Parental Investment." *American Sociological Review* 72: 95-116.

Kelly, Erin L., Phyllis Moen, J. Michael Oakes, Wen Fan, Cassandra Okechukwu, Kelly D. Davis, Leslie B. Hammer, Ellen Ernst Kossek, Rosalind Berkowitz King, Ginger C. Hanson, Frank Mierzwa, and Lynne M. Casper, 2014, "Changing Work and Work-Family Conflict: Evidence from the Work, Family, and Health Network." *American Sociological Review* 79: 485-516.

Lareau, Annette, 2011, *Unequal Childhoods: Class, Race, and Family Life*. Berkeley: University of California Press.

Lee, Yean-Ju, William L. Parish, and Robert J. Willis, 1994, "Sons, Daughters, and Intergenerational Support in Taiwan." *American Journal of Sociology* 99(4): 1010-1041.

Lin, I-Fen, Noreen Goldman, Maxine Weinstein, Yu-Hsuan Lin, Tristan Gorrindo, and Teresa Seeman, 2003, "Gender Differences in Adult Children's Support of Their Parents in Taiwan." *Journal of Marriage and Family* 65: 184-200.

Lin, Zhiyong, Wei-hsin Yu, and Kuo-hsien Su, 2019, "Comparing Same- and Different-Sex Relationship Dynamics: Experiences of Young Adults in Taiwan." *Demographic Research* 40: 431-462.

Schneider, Daniel, 2012, "Gender Deviance and Household Work: The Role of Occupation." *American Journal of Sociology* 117(4): 1029-1072.

Yu, Wei-hsin and Janet Chen-Lan Kuo, 2016, "Explaining the Effect of Parent-Child Coresidence on Marriage Formation: The Case of Japan." *Demography* 53(5): 1283-1318.

Yu, Wei-hsin and Kuo-hsien Su, 2006, "Gender, Sibship Structure, and Educational Inequality in Taiwan: Son Preference Revisited." *Journal of Marriage and Family* 68(4): 1057-1068.

Yu, Wei-hsin, Zhiyong Lin, and Kuo-hsien Su, 2019, "Parent-Child Coresidence and Experiences of Romantic Relationships: Evidence from Young Adults in Taiwan." *Chinese Sociological Review* 51: 173-206.

Xie, Yu and Haiyan Zhu, 2009, "Do Sons or Daughters Give More Money to Parents in Urban China?" *Journal of Marriage and Family* 71(1): 174-186.

第 9 章

教育

■陳婉琪

摘 要

1. 現代學校教育擴張，功能論認為此乃因應整體社會知識技術提升的需求；社會控制論主張此乃因應資本主義運作的需要；地位競爭論則認為，教育擴張是社會群體間彼此競爭的結果。

2. 現代教育制度最常被討論的主要功能：傳遞知識與文化、社會化，以及分配社會位置及機會。

3. 現代教育體制為何成為最重要的社會分類篩選器？常見解釋包括人力資本論、信號理論，以及地位團體偏好。

4. 因美國民權運動、民權法案而衍生的「教育機會平等」報告，讓教育公平性成為各國長期高度關注、甚至爭論不休的議題。階級、種族族群及性別，都是此議題所包含的關注面向。

5. 教育體系扮演向上流動的階梯，為個人提供社會流動的機會；但家庭出身背景仍深深影響個人的教育成就，因此，教育亦為階級複製的重要機制。

6. 各國教育制度有其相似性。新制度理論認為，制度模仿及追求「現代性」的文化價值觀，是解釋這種組織制度相似性的主因。但不同國家的教育制度，也有一些重大差異。經常被討論的一個因素是「制度分流的時間點」，分流時間愈早，個人接受專業訓練的時間愈多、制度效率愈好，反之則否。然而，有效率的分流制度很可能同時造成不公平。

7. 如何解釋東亞國家激烈的教育競爭？有人提出「後發國家」效應，認為在現代化理想下亟需快速追趕的壓力下，正式教育成為通往現代化部門的唯一門票，誘因高，因此競爭

激烈。另有學者強調東亞文化裡獨特的「努力觀」，為學習
活動加諸了極大的壓力，影響東亞學子的心理健康。

8. 教育改革之動向經常如同鐘擺般循環、來回搖擺，很大的
原因是我們交付給學校教育制度的目標往往多重且彼此衝
突。這些衝突的根源來自平等教改追求的「政治平等」與
效率教改所隱含的「社會不平等」之間的矛盾。

　　本章簡介社會學理論及實證研究如何有助於了解現代教育制
度，對台灣過去半世紀的教育變遷，又能提供什麼洞見。這個研
究領域通常被稱為「教育社會學」，是社會學裡相當重要，也頗
有歷史的一個次領域。

教育社會學：研究內容、起源及理論

一、教育社會學研究些什麼？

　　教育社會學發展至今，絕大多數研究者集中心力於探討「現
代國家的學校教育制度」。

　　想想以下問題：諸如：「現代學校教育制度」是怎麼開始
的？哪些因素形塑教育制度今日的樣貌？它為社會提供哪些功
能？如果功能／目的不只一種，那麼不同的目的之間會互相衝突
嗎？它如何影響社會裡的每一個人？社會上的不同群體又如何試
圖影響或操控它？學生與老師在教室相遇，大家都來自社會的某
個角落，帶著各自的群體特質，於是我們也想問，教室裡發生了
些什麼樣的互動？各國的教育改革，又為何總是爭議不斷？面對

教育制度，我們到底要求些什麼、渴望些什麼？以上全都是教育社會學所關切的問題。

▎二、教育社會學之起源及理論

社會學早在學科形成初期，就開始關注教育這個主題。舉例來說，古典社會學理論三大家之一的涂爾幹，就特別關切「教育制度如何回應社會變遷」這個問題。涂爾幹對社會穩定的高度關注，使得他特別重視教育體系的研究，並親身參與法國國民教育體系的形塑及發展。

教育社會學最常被引述的早期理論，分別從社會學古典三大家的論述所延伸出來；這些理論也被拿來解釋現代學校教育制度的發展，或是教育為何擴張。

功能論：認為社會整體如生物有機體，部分之存在（就如器官或體內系統），必定由於它能夠為社會整體運作提供不可或缺的功能。學校之所以擴張，驅動力經常是由於社會變遷產生了某種需求等待被滿足。在知識累積及技術進步的趨勢下，勞動力市場所需的技能提高，人們也隨之需要接受更多教育與訓練。

社會控制論（馬克思式的衝突論）：資本階級與無產階級的衝突對立，是馬克思論述重要的一部分，因此，被特別關注的「衝突」，指的是階級間的衝突。Bowels 和 Gintis（1976）的研究即此派經典。現代學校教育為何擴張？他們認為這是由於資本主義國家為了訓練出一批溫馴聽話的勞動力人口，來為資本階級服務。也有人將此派別稱為「符應理論」（correspondence theory）。

人力發展計畫與台灣的高中高職分流

　　國民黨威權統治時代，有很長一段時間，部分重要教育發展不是由教育部來規劃，也不是看民間對教育的需求，而是被放置在經濟發展計畫之下。舉例來說，1966年開始的第一期人力發展計畫，由行政院國際經濟合作發展委員會（後來改成經濟建設委員會，簡稱經建會）所主導。政府透過此系列發展計畫，將當時高中職六比四之學生人數比，在短短不到十五年間，扭轉成三比七（高中生占三成，高職生占七成），理由是因應工業化及經濟發展對基層人力的大量需求。

　　後來的研究評估指出，這項強行扭轉高中職比例的政策，成效並不如預期，且可能還帶來不少副作用。譬如研究發現不論高中或高職生，失業率均偏高；此外，高中升學窄門可能導致國中階段之升學競爭過於激烈（羊憶蓉 1994）。

　　在這個例子中，教育不僅需提高人力資本之功能，且被政府視為經濟發展的工具，期待扮演「符合政府規劃之經濟發展需求」的角色。

　　馬克思觀點看似相當有道理，但人們不免懷疑它是否過於窄化學校的功能與意義。很多時候，國家透過各類型的專業教育培育社工、教師、醫師等專業人才。政府也推動各種教育平等政策，這些未必與資本階級利益有直接的關聯。

　　地位競爭論（韋伯式的衝突論）：雖然強調社會的衝突面向，卻不特指階級衝突。此派別以 Randall Collins（1979）為代表。 Collins 在其著作《文憑社會》中主張，教育擴張是社會群體間彼此競爭的結果。一旦學歷的取得能通往好的工作機會，文憑就如文化貨幣，且人人都想透過教育的管道向上爬升。在競爭激烈、需要足夠供給來滿足眾人教育需求的情況下，學校自然就會越來愈多。類似軍備競賽的過程導致了文憑的通貨膨脹，也就是文憑的貶值。此外，因競爭所引起的教育擴張，也可能導致教育內容與職業工作需求脫節，因為這種擴張並不完全來自勞動市

場的技術需求。

　　生活在升學競爭激烈的東亞社會，我們不免對 Collins 的論述有所共鳴。台灣於解除戒嚴令後不久，民間出現了強大的教改呼聲，除了要求國家提升教育品質之外，「廣設高中大學」也是其中一個重要的訴求。在大眾競求教育機會的氛圍下，之後十年台灣進入了高等教育快速擴張的時期（見圖 9-1），而這也成為大眾憂心大學文憑供過於求、文憑貶值的現象根源。

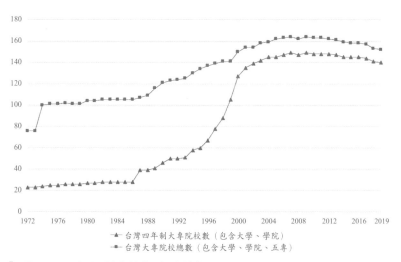

圖 9-1　歷年台灣高等教育院校數目：1972-2019

資料來源：教育部統計處，2020。

問題與討論 9-1

　　1990 年代後期到 2000 年初期，短短十年間，台灣經歷快速的高等教育擴張，增加了非常多的大專院校。許多人認為大學生滿街跑，必然導致文憑貶值。但也有人認為知識累積、技術進步的速度飛快，整體社會對專業分工及人力資本的需求同時也在增加，未來社會對人才的需求與以往大不相同，高教擴張事實上乃世界趨勢，可能有其必要性。你認為呢？

貳　學校教育的目的

　　對社會整體運作來說，學校教育制度提供什麼功能？以下三種是教育制度最常被討論的主要功能：傳遞知識與文化、社會化、社會分類篩選。

一、傳遞知識與文化

　　從最早建立現代學校制度的西歐國家來看，當今學校知識源於三種不同的利益動機：一是提供基礎識字訓練，對國家有利益；二是貴族為子女提供統領社會的培育準備；三是教會及各類專業欲傳承職業專業。以上分別是小學、中學、大學的歷史源頭（Brint 2017）。變遷至今，世界各國之初等教育都有類似的樣貌。中等教育經常區分為學院路線的菁英準備，以及非菁英的職業準備。高等教育亦經歷相當大的變遷，由過去的菁英式文史哲訓練，轉變至科技、商業、科學等領域，成為大學主導社群的

現況。

▌二、社會化

　　社會化下一代，是學校教育的另一個重要目的。我們可將學校社會化的「內容」區分為三個面向：一、行為控制；二、形塑價值觀；三、文化風格養成。有時，規範或價值觀會隨著時代而有所改變。

　　另外有研究者注意到菁英教育的社會化，不同於一般制式教育。學校設立目標通常是培育未來領導人才，對象經常是富裕或具家世背景的高端人口，因此其社會化內涵包括：自律、獨立思考及創新能力、得體合宜的人際互動、體能鍛鍊及藝術涵養，甚至特定的文化風格（但視各國教育文化不同而有所差異）。

　　在台灣也可以很清楚觀察到學校社會化模式的轉型。伴隨著1990年代教改呼聲而起的早期實驗教育，拒斥體制內的規訓式教育，事實上也帶有菁英教育的理想元素（但並不同於西方先進國家那種講究文化資本的菁英教育）。

▌三、社會分類篩選

　　現代教育體制剛開始建立時的主要目的為社會化（社會控制）與教育（公民基礎能力之培養）。然而長期演變下來，社會分類篩選（social sorting）反而成了教育制度最重要的功能，不同的人被分配到不同的社會分工職業位置上；在社會分工位置的分配過程中，文憑成為一種關鍵的分類標籤。

　　這麼一來，接下來該問的是：現代教育體制為何成為社會分類篩選器？文憑為何成為分配社會地位及資源的關鍵因素？有了

高學歷文憑，爲何平均薪資就比較高？針對這些問題，常出現的有三種解釋。首先，人力資本論（human capital theory）是 1970 年代之前最盛行的解釋，「受教育＝人力資本提高＝生產力高＝企業認爲值得聘用」。其次，信號理論（signaling theory）比較不相信學校教育的效果，傾向認爲學歷取得只是較有能力／智力／學習力的指標信號而已，「取得文憑＝能力高＝值得被聘用」。最後，地位團體偏好（status-group preference）則和前兩個觀點不一樣，對「高學歷＝高生產力」抱持懷疑，主張大學畢業生被錄取，只是因爲主管認爲他／她們跟自己是同類族群而已（在文化上有親近性，行爲舉止或喜好彼此接近）。

以上的觀點可能因領域而有不同的解答，不論如何，越大型的企業對有效率地篩選人才之需求就越大，在職涯初期來說，文憑的確提供一個簡便的作法。

有很長一段時間，學者激烈辯論著：以現代學校教育作爲社會運作的關鍵角色，在現代化的過程之下，究竟是個人能力重要，還是家世背景重要？這類的爭辯形成兩種不同的論述，分別是要在教育體系裡成功，個人的能力外加努力最重要（意即「選人唯才論」，meritocracy）？或者，學校只是一個傳承複製優勢家庭背景的地方（意即「社會再製論」，social reproduction）？

不過，這需要靠實證資料來檢證社會流動的多寡。從長期累積的實證研究來看，「選人唯才論」和「社會再製論」這兩個理論都可得到部分佐證，但各自只抓到銅板的其中一面。更簡白地說，教育體系的確扮演向上流動的階梯，但家庭背景仍深深影響教育成就。從分類篩選的角度來說，教育體制爲個人提供社會流動的機會，同時也是階級複製的場域。

人力資本論（human capital theory）

主張人力是經濟生產中十分重要的生產要素，也需被視爲一種資本財。具備相關知識技能、工作效能高的人力，對提升整體生產效能的重要性，並不比原料、土地或廠房設備來得低。教育經常被視爲投資人力資本之最重要方式。

信號理論（signaling theory）

經濟學家所發展出來的概念，指某些外顯條件成爲傳遞訊息的工具。最常被應用在就業市場，舉例來說，學歷被用來作爲「傳遞一個人具有相當能力」的信號。

選人唯才論（meritocracy）

指選才以個人的努力及才能爲主要原則，而非以出身家世背景等條件來決定。亦有人翻譯成「功績主義」，以「功績」一詞來表達個人能力或成就（merit）。

社會再製論（social reproduction）

指上一代的社會階級或社會關係透過傳承、經濟優勢、教育優勢等各種方式複製在下一代身上。

教育制度的同與異

　　已發展國家的現代教育制度，有相當多的共通點，也有不少差異。爲何會有共通樣貌？制度差異又展現在哪些方面，並且造成什麼影響？針對這兩個問題，社會學家都提供了一些答案。

一、同：新制度理論

　　以世界各國基礎教育所提供的知識課程來看，課程安排幾乎像是一套標準化課程，主科都相同（都是國家語言／文學及數學），比重都差不多（譬如數學的比重較科學高）。學校運作也有相當多的共通點：被規範的標準課綱，上下課時間的明確區分，年級劃分、分科學習，校長／教師之層級區分及分工。

　　John Meyer 及同僚發展出「新制度理論」（neo-institutionalism）來解釋這種相似性（Meyer et al. 1979）。Meyer 主張「文化因素」才是現代學校這種模式不斷被複製貼上的主因，而非馬克思重視的經濟因素或 Collins 強調的競爭因素（是的，使用「複製貼上」在此稍顯違和，但這正是 Meyer 的原意：組織模式是被模仿複製出來的）。

　　Meyer 認爲這樣的教育制度樣貌，背後源自於現代性的概念：爲了取得「現代國家」的地位，各國治理者不得不全盤接受這樣的概念，將基礎教育視爲達成國家進步的重要基石。在此文化概念的驅動之下，加上制度模仿、制度擴散、組織同形化等常見運作原則，現代學校體制的建立及運作便有了全球性的結構樣貌。

▍二、異：歷史比較取向的教育研究

　　社會學家透過歷史取向的教育制度比較研究，辨識出「制度分流的時間點」是不同教育體系的關鍵差異，而這與教育目的之設定、國家歷史背景脈絡都有關係。

　　早在 1960 年代，Turner（1960）便將美國、英國兩種教育體制拿來做對比，並發展出兩個概念，分別指涉兩個國家因為各自強調的文化價值觀不同，而有不同的教育制度設計及相應的社會流動遊戲規則。

　　首先是競賽流動（contest mobility）。美國是一個強調「機會」的國家。教育制度設計也反映出這種價值觀，個人在制度裡移動的彈性比較大，篩選的次數比較少，而且能夠延遲至多晚就多晚，並且比較不信任篩選標準（按照單一篩選標準容易有遺珠之憾的意思）。換句話說，在美式體系裡，要取得教育成就、成為社會菁英，就要經過一次又一次的公開競賽，最後看誰能得到什麼樣的報酬。

　　其次是舉薦流動（sponsored mobility）。對比之下，英國教育體系裡的流動沒有那麼開放，想要拿到最後的「菁英地位」，需要有人來推薦和擔保。以教育制度設計的重點在於「盡早篩選」及「不開放轉換彈性」。換句話說，早早進入菁英軌道的人，幾乎已得到未來的菁英地位門票。

　　兩種制度，選了公平（為每個人保留機會）就喪失部分效率（不浪費任何教育資源在學生未來用不到的知識技能上），選了效率就喪失部分公平性。前者對大器晚成者較有利，後者則是早慧者較占優勢。

肆 教育機會（不）平等

　　東亞國家多數人所信任的考試制度，並沒有大家想像的那麼公平。「台灣社會變遷基本調查」合併資料顯示，出生於 1960 年代（屬於聯考世代）的人，若成長家庭背景並非農工階級，上大學機率達 22.6%；父親若為勞動階級，僅有 8.5% 能夠取得大學文憑；農家背景子女當中，比例更降至 5.3%。

　　特定社會群體在教育過程中長期持續處於不利處境，社會學將之稱為「結構性不平等」的社會問題，階級、種族／族群、性別是最常被探討的不平等三大命題。近年來性取向、身心障礙身分的教育不平等也得到許多關注。

　　教育機會不平等的根源，通常源自兩類因素：一是該群體自己的資源，二是整個社會如何看待該群體。前者很容易理解，但後者是如何影響教育機會？簡單地說，老師與學生帶著各自的生活經驗進入校園與教室，因此，整個社會的偏見或刻板印象，也總會悄悄潛入校園醞釀發揮。各類因素加總起來，因而造成特定群體的教育成就弱勢。以下針對此議題當中階級、族群及性別三大命題，分別說明相關研究。

　　首先，在階級層面，不同社經地位的家庭擁有不同資源，非物質的面向影響更大。譬如，高學歷家長更能掌握教育內容及體制運作知識，也擁有豐富的「文化資本」（cultural capital）。中產階級家長也較有能力利用各種策略來獲取有利資訊（如家長網絡、志工參與），甚至介入學校運作。相較之下，勞動階級家長並不習慣與權威（如學校老師）互動，一場親師座談會下來可能講不上幾句話。此外，教師經常偏好和自己文化較接近的中產階級學生（整潔、有禮貌、表達佳、有文化素養），進而影響師生互動（Lareau 2003；藍佩嘉 2014）。

文化資本（cultural capital）

指有助於一個人向上社會流動之文化形態的、非物質的資產。所有不容易一蹴可幾的（需要長時間涵養的）文化區隔，包括知識、教養、興趣、學歷、行為風格、語言與說話方式等等，都可以含括在內。

　　除了家長的資源及老師的偏見，學生自己也可能是造成教育成就階級差異的重要因素。不同背景的孩子對學校教育會有不同的反應，譬如來自勞動家庭的青少年經常刻意疏離學校，拒絕學校灌輸的價值觀及提供的學習軌道。總地來說，儘管教育的階級差異在不同社會展現不同風貌，但根源有其共通性──階級差異總是會展現在知識、態度與動機上，重重累積，反映在最終的教育成就上。

　　其次，在種族／族群層面，種族或族群的教育機會平等問題，在像美國這類種族問題嚴重、移民人數眾多的國家，是非常重要的研究主題。事實上，「教育機會平等」（Equality of Educational Opportunity）這個今日已成為各國共同重要課題的概念用詞，就是源自一份因為關切種族議題而進行的國家級研究報告標題（經常簡稱為 Coleman Report）。

　　早期有社會學家提出自願性及非自願性少數族群的區分，解釋了一部分黑人及原住民的弱勢。族群位階關係，有時不論做什麼，都無法改變這種深深鑲嵌的族群位階關係。相對的，最被歧視的少數族群，也會發展出一些回應方式，但這些回應方式可能導致惡性循環，讓主流社會持續抱持既定印象及偏見。

　　與美國滿布歷史傷痕的黑白問題相比，台灣的族群議題沒有那麼沉重，但也是教育機會平等的重要課題。有一段時間，研究者曾聚焦於探討外省族群的教育取得優勢（例如，家庭職業背景、語言資本、公職福利）。不過隨著族群融合，這個主題越來越不重要，目前比較受關切的是原住民及新移民子女的教育發展（劉千嘉 2015；陶宏麟等 2014）。

　　最後，在性別層面，女性大多被排除在公共領域之外，並不被支持或鼓勵追求教育成就。

　　目前較被關注的性別議題，是教育的「性別隔離」（gender

性別隔離（gender segregation）
通常指教育或勞動市場中，特定性別特別集中在某些領域的性別不平衡現象。

segregation），亦即特定性別集中在某些學科領域。台灣高中裡區分自然組／社會組的分組制度，就顯示了相當不平衡的性別分布。曾有調查顯示，約有三分之一的中學生認為「男生比女生更適合就讀自然科學」，而這樣的想法會影響選組行為。選組行為連帶著影響日後科系的選擇自由，也反映在日後的薪資報酬上。這為「今日女性已有出色的教育表現，為何平均薪資總是低於男性？」這個問題提供了重要的解釋。

台灣高中文理分組制度中之性別議題

　　陳婉琪（2013）利用台灣國中至高中之追蹤樣本資料，分析高中生選組的前因與後果。選讀自然組或社會組，對個人有什麼影響？這份研究針對這個提問得到兩項結論：一、高中選組顯著影響個人能力發展。在「先備能力及成就動機」相同的情況下，選讀自然組的學生，各方面的能力測驗分數比社會組學生提升更多，男女皆然。二、由於性別影響選組，自然組效應也導致高中男生能力的進步幅度比女生更大。

　　哪些因素會影響高中生的個人分組選擇呢？這份研究發現，個人是否相信「男生比女生更適合念自然科學」，會顯著影響日後的選組行為。除此之外，過去（譬如國中階段）接觸過的教師之性別，也會影響學生日後的選組行為。女性數學老師乃「違反大眾普遍信念」的實例，相較於「總是被男老師教數學」，國中女生若接觸過女性數學教師，更有可能做出突破普遍信念的選擇（自然組）；相反的，「總是碰到男數學老師」會讓男生更傾向做出傳統的選擇（自然組）。

　　每個學生都有各自的獨特性，眾多領域也需要多樣的能力組合。高中課程安排，不能有自助餐式的複雜組合，而只能讓學生在兩個套餐當中做選擇嗎？上述研究讓我們了解，台灣這種二擇一的僵固選組制度傳統，在性別刻板印象普遍流傳的社會脈絡裡，有可能扮演性別位階關係之強力維護者的角色。

伍 東亞國家教育之獨特性

台灣與同樣位於東亞的幾個國家（如日本、韓國、中國）有許多的共通點。最明顯、可能也最值得討論的，或許就是考試制度下的升學競爭及應試文化了。

針對東亞教育現象，以下簡述社會學研究提供的兩種解釋論點。

第一種解釋為 Ronald Dore（1976）提出的「後發國家論」，已開發國家雖然也有文憑競求現象，但後發展國家的情況特別嚴重。在後發展國家中，高教文憑的投資報酬率高、誘因大，造成競爭激烈，但提供基礎教育的資源與能力跟已開發國家相比，卻又相對不足，便容易造成教育過程中「工具（考試）取代目的（教育）」、「篩選功能凌駕於學習功能」的現象。

第二種解釋則為社會心理學者提出的「東亞文化裡的『努力觀』」。對照美式文化與東亞文化，後者有著強烈相信「努力比能力更重要」的「努力觀」。學生學習不好，不是因為天分不佳，而是因為努力不夠。除了努力觀之外，亞裔家長也更重視教育的價值，更相信教育有助於促進流動或維持優勢地位，並將這份對教育的信仰付諸於行動。這種特別重視努力、重視教育的價值觀，可說是東亞國家獨特的教育競爭現象之文化基礎（Stankov 2010）。

陸 教育改革

教育改革動向經常有個週期循環，就像鐘擺一樣。更有學者明白指出，教育體制運作之所以無法很有效率，那是因為我們交

付給它彼此衝突的目標任務。

　　有一類改革為爭取教育機會的平等，賦予現代教育制度的目標是「政治平等」，主張教育的目的是讓每個公民不因出身背景差異，都有同樣的機會發展自己最大的潛力；可以將之暫稱為「平等教改」。另有一類改革，追求的是社會經濟運作效率，主張教育體制的運作需要有效率、不浪費國家資源地讓每個人適才適性地被分配到適當的位置，可以將之暫稱為「效率教改」。不過，重視效率與分工，背後隱含的往往是「社會不平等」，因為重視分流其實就是強調教育體制的位階差異，而早早分工的結果，通常就會強化階級複製。

　　要注意的是，當然不是每種改革作法都可符合以上這種簡化二分類。做此區分是為了要凸顯：許多改革雖各有良善本意，但卻經常彼此衝突牴觸。當教育體制的篩選要顧及平等性及多元能力時，難免就會拉下卓越標準，降低運作效率。這些目標衝突的根源來自「政治平等」與「社會不平等」之間的本質矛盾。舉例來說，台灣曾試圖走向鬆綁大學學費的統一規定，讓各大學擁有更多自主權，以提升效率，但此方向遭遇「反高學費運動」強烈的杯葛抗議。這是平等訴求抵制效率訴求實踐方案的一個明顯例子。

　　從最新實證研究來看，不同推動方向其實都各有優點及成效：一、學校需要某種程度的運作自主性，才能夠有足夠的彈性去尋找自己的定位，以滿足不同的學生需求。另一方面，某種程度的國家介入也不可或缺，統一的標準能確保所有未來公民都能獲得良好的學業能力。二、社會需要培育足夠的社會科學優秀人才，才有能力發展推動「以證據為本的政策制定」（evidence-based policymaking），亦不會讓高難度的教育政策制定流於「盍各言爾志」的主觀判斷，或是爭議不斷。

課堂活動 9-1　教育爭議議題之分組辯論

- 辯論題目：108 課綱改革及「學習歷程檔案」新制有助於／無助於高中生培養因應未來社會需求之能力（說明：題目亦可調整成其他具爭議性之教育議題，尤其是牽涉「公平」與「效率」的權衡，或者「學力／程度」與「壓力／競爭」的取捨）。

- 活動準備及時間：使用一堂課的時間進行，前 20 分鐘供各組討論與彙整論點，各組成員需事先蒐集相關資料。

- 辯論規則：

  (1) 全部學生分為六組：有三種角色（老師、家長、學生），學生先按意願選擇扮演某種角色，再選擇正方或反方。助教需調整各組人數使之平衡。

  (2) 正反持方互相採申論一輪、詰問一輪。

  (3) 申論時間 3 分鐘，剩下 1 分鐘按鈴一響，剩下 30 秒按鈴兩響，時間到按鈴三響提醒。

  (4) 詰問時間 2 分 30 秒，剩下 1 分鐘按鈴一響，剩下 30 秒按鈴兩響，時間到按鈴三響提醒。

  (5) 各組需記錄己方論點、對方問題及己方回應，課堂後繳回。

參考書目

羊憶蓉，1994，〈教育與經濟發展〉。收於《教育與國家發展：台灣經驗》，頁 44-71。台北：桂冠。

教育部統計處，2020，大專校院概況表（80 ～ 108 學年度）。https://depart.moe.edu.tw/ed4500/cp.aspx?n=1B58E0B736635285&s=D04C74553DB60CAD 。

陳婉琪，2013，〈高中生選組行為的原因與結果：性別、信念、教師角色與能力發展〉。《台灣社會學》25: 89-123。

陶宏麟、銀慶貞、洪嘉瑜，2014，〈臺灣新移民與本國籍子女隨年級的學習成果差異〉。《人文及社會科學集刊》27(2): 289-322。

劉千嘉，2015，〈移徙與流動：都市原住民的代間流動現象〉。《高醫通識教育學報》10: 93-125。

藍佩嘉，2014，〈做父母、做階級：親職敘事、教養實作與階級不平等〉。《台灣社會學》27: 97-140。

Bowles, Samuel and Herbert Gintis, 1976, *Schooling in Capitalist America: Educational Reform and the Contradictions of Economic Life*. New York: Basic Books.

Brint, Steven, 2017, *Schools and Societies*, 3rd edition. Stanford: Stanford University Press.

Collins, Randall, 1979, *The Credential Society: An Historical Sociology of Education and Stratification*. New York: Academic Press.

Dore, Ronald, 1976, *The Diploma Disease: Education, Qualification and Development*. Berkeley: University of California Press.

Lareau, Annette, 2003, *Unequal Childhoods: Class, Race, and Family Life*. Berkeley: University of California Press.

Meyer, John W., David Tyack, Joane Nagel, and Audri Gordon, 1979, "Public Education as Nation-Building in America: Enrollments and Bureaucratization in the American States, 1870-1930." *American Journal of Sociology* 85(3): 591-613.

Stankov, Lazar, 2010, "Unforgiving Confucian Culture: A Breeding Ground for High Academic Achievement, Test Anxiety and Self-doubt?" *Learning and Individual Differences* 20: 555-563.

Turner, Ralph H., 1960, "Sponsored and Contest Mobility and the School System." *American Sociological Review* 25(6): 855-867.

第 10 章

宗 教

■黃克先

摘　要

1. 在包括台灣在內的現代社會中，宗教依然是處處可見的現象，但不少人認為宗教不再重要。本章透過反省這種反差，同時介紹宗教社會學的基本知識。

2. 傳統宗教社會學認為，宗教應包括與神聖相關事物的信念與實作所形成的統一體系，它會形成一個宗教群體；但這樣的定義本身就是在特定時空脈絡中爭奪詮釋權的社會行動。

3. 世俗化理論典範長期主宰宗教社會學，認為在走向現代的過程中，宗教對各社會領域、社會組織以及人們意識的影響力，將漸漸減弱甚至消失。然而，這個典範已在幾個方面受到批評或挑戰，研究指出現代社會的宗教樣貌與世俗化理論預測的並不相同。

4. 1970 年代起在世界各地都能看到的「宗教公共化」趨勢，是違反世俗化理論預測的宗教現象之一。這個現象反映出政治與宗教在歷史長河中糾纏複雜的關係，絕不因世俗化趨勢而告終，不論在台灣、兩岸關係，或全球政治上，依舊是值得關注的議題。

5. 在當前的社會變遷過程中，宗教權威及宗教傳統的影響力都在下降，個人則擁有更大的自由度追求宗教，在日常生活中透過信念與實作，與人以外的力量產生關係，而這種產生關係的社會行動仍無所不在遍布世界各地，包括台灣社會。

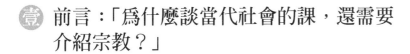 前言：「爲什麼談當代社會的課，還需要 介紹宗教？」

「爲什麼談當代社會的課，需要介紹宗教？」有人視宗教爲現代社會中的明日黃花，重要性大不如以往。然而，根據台灣歷史最悠久、最具學術嚴謹度的「台灣社會變遷基本調查」，以 2019 年的調查數據來說，台灣人裡沒有宗教信仰的比例僅占13.2%，最多人回答信仰的是民間信仰，占 49.3%；次多的是佛教，占 14.0%；接著是道教，占 12.4%，這三個本土宗教合起來約占總人口 75% 左右，這樣的比例二十幾年來都沒有太大變化，至於基督教與天主教共占 6.8%。同時，台灣社會中宗教活動豐富熱鬧，曾被 Discovery 頻道稱爲世界三大宗教盛事的大甲鎮瀾宮媽祖遶境進香，每年吸引百萬人以上參與；在宗教自由得到充分保障的台灣，各類宗教推陳出新、生根茁壯。根據內政部的統計資料指出，2016 年時台灣的寺廟與教堂總數合計爲15,251 間，比便利商店還要多；宗教多元程度名列全球第二高，僅次於新加坡。在公共領域的影響力及能見度，在近幾年來與日俱增。生活周遭充斥的各種賣座的大眾文化產品——不論是過去（如《紅衣小女孩》、《粽邪》）；來自本地或外來（如《鬼滅之刃》、《聖☆哥傳》）——也見證了人們除了俗常的世界外，還想像各種人外力量，並且也透過日常的實作（例如 YouTuber 算命問事，觀看或閱讀星座運勢解析）來經歷與體驗它／祂們。

那麼，爲何不少人覺得宗教日益不重要？我們將追問：「具有何種社會特質的人會覺得，爲什麼在當代還需要討論宗教？」，「在什麼社會的人會覺得，爲什麼在當代還需要討論宗教？」然後再問，爲什麼是具有這樣社會特質及身處這樣社會的人會如此覺得。最後，我們可以再想想，上述回答反映了宗教什

麼樣的社會學特質。以下，先從不同面向依序介紹宗教的要素、歷史演變、當代發展，然後在結論時依據介紹的內容回應在這裡的這些提問。

貳 「宗教」是什麼：基本元素與定義宗教作為一種社會行動

宗教（religion）

傳統的經典定義 1：關於神聖相關的事物的信念與實作所形成的統一體系，相信這套信仰及實作的人會形成一個宗教群體。

在宗教多元化及個人化的台灣當代情境下的定義 2：宗教是個體與人以外的力量的交往，在此交往過程中——或援引宗教傳統與組織提供的資源為參考，或與他人及物共同協作——他／她藉由實作，打造另類實在界與基本實在界的交纏關係，以回應自身的現下處境並展望另類可能。

宗教是存在於人類歷史上最悠久的社會制度之一，在不同時期、社會、文化中以各異的樣貌出現。因此，如何定義宗教，一直是個困難且有爭論的問題。然而，在社會學的傳統中，對宗教提出最經典且影響最深遠之定義的就是涂爾幹，在此我們以其定義為起點來討論何謂宗教。他認為宗教是與神聖（the sacred）相關的事物、信念（belief）與實作（practice）所形成的統一體系，相信這套信念及實作的人會形成一個宗教群體（religious group）。以下分就這四個定義宗教的關鍵要素來進一步討論。

首先，宗教總是關乎神聖的。在不同脈絡裡，人們會用各種稱呼來指涉神聖，例如上帝、神明，它與凡俗的截然區分；神聖不會只存在於人心靈的概念層次，還會具體顯現於世界上的各種事物上，包括時間、空間、物件、人物等。由於聖俗必須被截然區分，因此總有各類禁令圍繞在被認為神聖的事物，若違背就會被認為是褻瀆。例如：在作為神聖空間的宗教場所內必須脫帽，在作為神聖時間的慶典時必須禁食。

信念，則是描述關於什麼是神聖的、聖俗之間的關係為何的思想體系，它解釋了這個世界如何因神聖事物的介入而產生秩序，為原本人類難以得到確切答案的存在式問題——包括人從哪裡來？死後往哪去？為何要生活在這個世界上？提供解答，並且

賦予人類生命及世界萬物與神聖相關的意義。信念經常被寫下爲文字，同時經過專家編纂及宗教權威認可後成爲經典，例如：伊斯蘭教的《古蘭經》。

　　信念之於人，不會僅停留在腦中，而必然會被實現在具體的生活世界裡而成爲實作，亦即應對神聖的信念所採取的慣常作法。例如祈禱是最常見的宗教實作之一，普遍存在於各種宗教傳統之中。實作若更體系化（成爲一組邏輯相互連貫的實作）、標準化（該怎麼做，有一套明確的標準）且例行化（每隔一段固定的時間就要執行），則會成爲儀式。例如在民間信仰中廟宇每年在固定時期會進行進香儀式，到祖廟或母廟割引香火。

　　相信一套特定信念及實作的人們會形成一個宗教群體。不同宗教形成的群體會有信徒互動密度、組織化程度的高低差異。例如在基督宗教傳統裡，信徒往往組成教眾團體（congregation），成員每週見面一次以上且彼此熟識，運作上有各類規範，組織架構也很明確。這樣的團體內部會形成相對緊密的連帶：信徒在行爲及道德要求上需要遵守清楚的規範，而成爲一個涂爾幹所謂的道德社群（moral community）。然而，也有些宗教群體內彼此關係較鬆散、缺乏明確組織。

　　傳統一般認知的宗教，原則上都具備上述的四項特質，只是程度有所差異而已，但在當代社會情境中，宗教的樣貌已更加多元，例如本章所討論到的宗教，不見得每個都具備上述四項特質，即使具備程度也不一；同時，定義本身就是種爭奪詮釋權的社會行動，自有其特定的時空及社會脈絡，其中蘊含著權力關係。

問題與討論 10-1

　　近年來，日益盛行的寵物溝通，是否是種宗教？在影視圈中，對於如防彈少年團或許光漢的偶像崇拜，是種宗教嗎？請依照本節對宗教具備的四項元素，討論上述問題。

當代世界走向世俗化？宗教在消失？：世俗化理論及缺陷

　　在西方走向現代的過程中，西方啟蒙時代的思想家認為，曾經主宰著當時社會各領域──包括政治、經濟、文化、學術、家庭──的宗教，將隨著科學理性的傳播及普及而逐漸式微，甚至消亡；而這種想法也普遍存在於早期的社會學理論家的著作裡。這個一般被稱為世俗化理論（secularization theory）的典範，曾主宰 1970 年以前的宗教社會學發展，至今仍可在許多社會菁英或學者、大眾媒體有意無意的表達中發現，以下簡述該理論的內涵。世俗化理論可分為三個層面，首先是最鉅觀的社會層面，隨著社會發展愈來愈複雜，各個領域逐漸分化出去而出現運作的自主邏輯，不再像舊時代一樣受到宗教權威的左右。其次，在社會組織層面，各領域自會追尋本身的功能理性，盡可能完善該領域及其下組織的功能，或者追求更有效率地執行功能，即使在宗教這個次領域內部也是如此。最後是，微觀的個體層次上宗教不再主宰人們的文化、思想及意識，在人們社會化的過程中，宗教扮演的角色將逐漸消失。相較之下，國家主導的世俗教育體制、資本主義下的消費文化將發揮更大的作用。

世俗化理論
（secularization theory）
該理論認為走向現代的過程中，宗教對各社會領域、社會組織以及人們意識的影響力，將漸漸減弱甚至消失。宗教即使不消失，也會逐漸私人化（privatization），即限縮在私領域及個人內心，自公共領域中絕跡。

　　然而，在半世紀以來這樣的典範受到了來自幾個不同面向的挑戰。首先，在個人生活層次上「宗教主宰前現代社會人們」的想像並不那麼可靠，史料顯示中世紀的社會中，一般人並沒有想像中那麼虔誠，教會對人們日常生活的影響也沒那麼大。其次，宗教在當今的影響力並不像世俗化理論設想的那樣，普遍走向衰退。在歐洲以外的許多地方，宗教發展得十分興盛，即使是被認為十分現代化的國家，如美國及亞洲已開發國家。換言之，歐洲宗教發展的軌跡不見得普遍適用其他地方。此外，在一些被認為宗教衰退的地方，仍會發現人們與神聖的關係依舊十分密切，只是信仰者思考、實作及結合的方式與以往大不相同，改以另類宗教、新興宗教、靈性運動或更俗常的方式出現。

　　另外一種批判世俗化理論的角度來自「宗教經濟學」（religious economy）或宗教市場理論，認為世俗化論者只關注宗教的需求面、消費者，卻忽略了供給面及宗教廠商。論者認為基本上人類對宗教的需求是穩定的，各個地方在宗教發展上之所以會有高有低，主要是因為宗教供給面是否進行管制的問題。歐洲教會之所以發展停滯，是因為許多國家的宗教市場內有政府力量的介入，美國則是個近乎完全自由、去管制的宗教市場，各種宗教團體為求生存相互競爭，在教義、儀式、組織、社區經營上推陳出新，希望吸引到更多的信徒。（Stark and Finke 2000）。

> **課堂活動 10-1**
>
> 　　請挑選一個在台灣社會中普遍可見的宗教團體或信仰，或是你生活周圍的某個教會或宮廟，試著從宗教經濟學的角度分析它為何發展得好？

宗教經濟學
（religious economy）
將宗教現象比喻為經濟現象，認為宗教徒就是消費者，選擇宗教跟選擇其他商品一樣，都會考慮能自宗教中得到什麼報償（reward）及需要付出的成本（cost），因此是理性的選擇。宗教市場的供給端由一個個像廠商（firm）般的宗教團體組成，在一個完全競爭的市場中，宗教團體推陳出新以吸引信徒，得到他們貢獻的時間、勞力與金錢，才能讓團體持存。但宗教市場往往還有國家的管制，無法呈現上述完全競爭的狀態，因此會有沒有效率或宗教需求得不到滿足的情況出現。

肆　宗教與政治：邁向公共化、基本教義派的興起與結社民主

　　1970 年代中期以後一個個震撼世界的現象，也一再證明宗教不必然走向私人領域，也會因為歷史機遇、國家—社會關係的改變而公共化。例如：1979 年教士何梅尼透過革命與公投，推翻了君主政體而建立了神權統治的伊斯蘭共和國，隨後根據伊斯蘭教導推行一系列的社會改革。美國的宗教右派勢力在 1970 年代末期興起並成立全國性組織，在日後選舉中扮演舉足輕重的角色。1989 年前後，當時天主教會教宗若望保祿二世及波蘭當地的天主教徒，幫助團結工聯推翻了當時的波蘭共產政權。在香港 2014 年的雨傘運動及 2019 年的反送中運動裡，也看得到基督教神職人員提供運動者靈性支持或開放教會供休息的舉動，年輕一代基督徒更積極參與並視之為宗教實踐。至於在世界許多地方都有民族主義與當地的主要宗教結合，興起反對或甚至迫害其他少數族裔或少數宗教徒的運動。

　　在台灣，過去在威權政府統治時期，宗教團體若不是全力支持政府的主張或政策，就是盡可能避免談論政治，只有少數例外敢公然挑戰政府，例如基督教的長老教會、新約教會。1980 年代後隨著經濟發展及民主化，宗教團體蓬勃發展，成為連結眾多群眾、資源豐沛的人民團體，在選舉中是政治人物極力拉攏的對象，因此屢屢可以看見候選人造訪廟宇、法會、教會；雖然各團體領袖意識形態有明顯差異，信眾投票的模式也有藍有綠，但政教之間多仍保持一定距離。到了 2010 年後，基督教會積極介入如性別平等教育、婚姻平權相關法案的動作明確，相較以往組織動員更積極、策略更靈活，除了透過制度性管道發聲外，並成立組織持續關心議題，發起數十萬人走上街頭，這樣的力量希望以

保守基督教信仰的教導為本，扭轉被世俗力量掌控的政治山頭。該宗教形態不再局限在個人靈修及教會內的牧養，逐漸走向以往被認為與宗教無關的場域實踐信仰，如政治、媒體、教育、職場（黃克先 2018）。

這種宗教影響力「重返」或興起於公共領域的現象中，很重要的一股力量是「基本教義派」（fundamentalism）。這個字眼原本是指二十世紀初期在基督教內部出現的保守派人士，他們厭惡教會受到科學及人文思潮的自由化影響，主張應回歸到基本、單純的信仰，以字面理解聖經得出的教導，作為社會生活的基本原則。在二次世界大戰後整個世界走向現代化、西化的過程中，許多不同宗教傳統的地方，都出現了類似的運動，展現了一種圍城文化（enclave culture）及善惡二元對抗的宇宙觀，認為自己身處的生活環境在多元文化、移民、世俗教育的衝擊下，已「世俗化」到面目全非，懷念令人驕傲的過往及宗教經典裡描繪的烏托邦，因此在具有神才魅力的宗教領袖號召下，面對「邪惡」力量的步步進逼，必須奮起奪回政治及社會發展的主導權。至於具有基本教義派傾向的團體具體要採取什麼作法，則有很大差別，從發動「聖戰」進行恐怖攻擊或在鄰里施行暴力，組成政黨投入民主選舉，走上街頭示威抗議，運用文宣推廣理念，成立媒體平台等都有可能。

然而，我們還可以從另一個角度，即前述涂爾幹所謂「道德社群」與托克威爾的結社民主觀，來看待宗教的公共角色或宗教與政治的關係，而台灣的案例可貼切揭示這種可能。二十世紀後半葉，台灣社會從威權體制走向民主政體是舉世公認的「奇蹟」，而「奇蹟」的發生正好與同一時期活躍的本土宗教運動息息相關。慈濟、佛光山、法鼓山、行天宮等團體雖然繼承傳統佛教及民間信仰，但也進行了創造性的轉化，提供了適切的心靈習

基本教義派

（fundamentalism）

意指各宗教傳統內排拒現代性的宗教團體，厭惡身處的世界受到科學、人文思潮及其他世俗因素的影響而變得複雜、墮落，主張應回歸到基本、單純的信仰，以字面理解宗教傳統經典並以此指導生活中的方方面面。

性（habit of the heart）（例如：勤於感恩的教導，眾生平等觀，放捨我執的修行參禪，聞聲救苦的人道救援），協助大批新興的中產階級信徒，在都市化、工業化、全球化的劇烈社會變遷下走向多元複雜但疏離的現代都會生活，學會與原本可能相互敵視、衝突的不同階級與族群共同生活。在當代社會中不論是資本主義的消費文化，或是強調個體權利保障的自由主義民主體制，都一再強化個體權利的重要；倘若人人各謀己利、強調個性、相互競逐有限資源，彼此如何能共同生活在一起？宗教在當代若能從傳統模式中轉化，以新的方式提供與時俱進的超越性原則及道德連帶，便能為社會帶來新的可能。

問題與討論 10-2

　　請同學回想自己國、高中的求學經驗中，是否曾在校園的課程教材或活動裡，遇見宗教的元素或宗教人士。接著根據這樣的經驗進一步討論，教育與宗教重疊在一起有什麼好處，有什麼壞處？

伍 後「宗教」時代的來臨：信仰者在日常生活中「做」宗教（do religion）

　　我們今天在思考宗教時，不應被過往傳統西方基督宗教的模式或世俗化理論所限制，只認為宗教就是看：（1）宗教場域內發生的事，（2）宗教權威（通常是神職人員）說及做的事，（3）宗教經典及具權威的詮釋，（4）所謂神聖時間內發生的事（如儀式性活動、崇拜聚會）。現今世代的宗教，不只存在於以上情境，

也會在以往被認為一般人（不論是所謂虔誠或不虔誠）在世俗的時間（即日常生活中）、空間（如醫院、法庭、慈善機構、國會、學校）中的實作中找到（Ammerman 2007）。

　　這樣的關注轉向，對於身在華人宗教脈絡裡的我們而言，將更為適用，畢竟我們的傳統宗教本來就是彌漫（diffuse）在社會之中，依附於如家庭、宗族、地域社群、職業團體、國家等社會制度之上，制度性宗教的力量相對於西方薄弱且邊緣許多（Yang 1961）。由於宗教組織及宗教權威本來就不那麼制度化，力量也沒有那麼強大，信仰者的能動性強且遊走在各類非排他性的宗教傳統之間，通過實作運用不同宗教的元素來解決眼前問題，其宗教權威從未取得主導地位，宗教團體也並非那麼組織化，信徒的自主性極高而遊走在各種宗教傳統之間。以下將概論其中三種新形態宗教模式的可能。

一、靈性團體與相關實作

　　在被認為最世俗化或被測得宗教性最低的地區（如北歐及西歐）與群體（如高知識分子或底層階級）中，有愈來愈多人投向靈性追求。他們雖然不會進到如教堂這類宗教場所，不參加禮拜彌撒或各種儀式性的宗教活動，自稱宗教對他們的生活並不重要，也不隸屬於任何宗教團體，但卻有豐富的與超自然接觸的經驗，時常閱讀討論宇宙如何運作以及闡述人生意義的書籍，也會參與讀書會或分享團體，認識志同道合的人，平日生活中會從事一些儀式性行為，如靜坐、做瑜伽、默觀、預測命運、靈療、與非人的存在（包括動物、超自然力量或其他）溝通等。從傳統宗教的角度來看，他們很不宗教，但若依照本章最初的宗教定義來看，卻是很宗教的。這群人有些自認為是無神論者或不可知論

靈性（spirituality）
在西方脈絡下，會特別強調靈性是不受到宗教傳統或組織的約束或決定下，個體與超自然或人外力量之間的交往。據此，宗教與靈性是具張力的對立概念。但在東方脈絡下，兩者之間的界線常是模糊的。及至當代宗教多元及個人化的台灣情境下，更是如此。

者，有些對每個宗教傳統都接納，有些則覺得自己是追求靈性的人，不願被傳統宗教的想像限制住。這群人可稱爲追求靈性但不隸屬宗教的（spiritual but not religious）群體。相對於這群靈性追求的「消費者」，目前在台灣也有不同類型的靈性供應商，規模小至都市鬧區咖啡店裡駐店的塔羅占卜師；自行租場地以推銷療癒修身產品的靈性工作室，大至自成派別、開設課程、出版相關書籍的靈修組織（如：奧修運動、中華新時代協會、「光的課程」共修團體與「奇蹟課程」讀書會）。

▌二、在宗教傳統或組織的脈絡下，個體追求信仰的另類可能性

　　雖然靈性追求者中有不少人對傳統的「宗教」十分反感，但也有人認爲靈性追求與傳統宗教的共通性遠大於歧異性，同時投身在傳統宗教活動及靈性追求的實作上，在信仰上也出現揉雜各教及靈性傳統的綜攝（syncretic）色彩，而在全球化的年代裡，這種揉雜變得更加便利且具正當性。例如，即便在傳統的宗教組織內，也產生了靈性轉向，更強調個體與超驗之間的直接接觸，打破既有宗教階序裡由神職人員中介的狀態，不再拘泥於傳統教條及固有實作的範圍。又例如，社會中的弱勢及邊緣人，或因成長之文化環境的差異、現處物質條件的限制，無法徹底地信奉宗教組織定義的正統信仰，或踐行宗教權威眼中的正確儀式，因此被外界認定爲沒有（真實或正確）信仰的人。倘若仔細觀察，我們仍可能發現他們具備創意及自我救贖意涵的宗教信仰。在新興的社群媒體興起後，這種跨地域的連結變得更方便，改變了傳統宗教的組織運作方式及內涵，例如：有些乩童開始用 LINE 來凝聚離鄉背景的信徒，迅速回應他們的日常疑難並提供情感支持；

瘋媽祖進香的新一代信徒運用臉書進行連結，形成儀式性團體而嵌入到民間信仰的廟際場域裡，改變了媽祖廟會活動的風格。這些都是值得進一步觀察的重點。

三、在「非宗教」領域中發現宗教

即使是傳統的宗教團體，如今也常會基於信仰理念，而進入以往被界定為世俗非宗教的領域，例如前述的台灣新銳基督教會，便積極涉入政治、職場、社福、教育等領域；如慈濟、佛光山等被稱為「人間佛教」的團體，也在環保、藝術、教育等領域耕耘甚深。一些新興宗教，為拋棄「傳統宗教」意象帶來的包袱，或避免被宗教場域裡的「正統」團體指為搶信眾的「異端」，因此喜歡在宗教理念與實作的實質內容以外，罩上世俗非宗教模式的外衣，刻意模糊了過去社會分化下被清楚認定的制度性界線；因此宗教的元素便滲透到政治、經濟、家庭、教育、文化藝術裡。因此，當我們從事一些所謂文化活動、另類教育、新興醫療、直銷等經濟活動裡，也會察覺得到這些活動涉及人外力量，或立基在另一套與日常世界相左的實在界觀念上。這些宗教或有制度性核心的部分，可明確指出它的教義理念、儀式及宗教團體，但它的影響也擴散、瀰漫到此制度性核心之外，甚至進入過去認為「世俗」的場域裡散布理念、實作並招募「業餘」參與者，以非宗教的外貌展現在社會大眾面前，背後卻隱含豐富的實質宗教內容。

從以上這些案例的討論中可以發現，宗教在當代社會中的身影無所不在，不必然完整具備傳統宗教社會學定義的四元素，有時缺乏「宗教團體」或該元素較弱，有時並不那麼清楚可見隸屬於哪個宗教傳統，有時沒有那麼系統性的信念，有時則是崇拜

的「神聖」與世俗之間的界線並不那麼清楚。然而，新典範揭示著在宗教日益多元化且個人化的大環境下，我們對宗教的理解，應回歸到「做」宗教的個體。我們不應再把宗教等同於是宗教傳統或宗教組織，而應將之視為是個體與人以外的力量（神、鬼、妖、魔、怪或其他非實體之存在）的交往，在此交往過程中他／她藉由實作，打造另類實在界與基本實在界的交纏關係，以回應自身的現下處境並展望另類可能。這個交往的過程中，人們會援引過往的宗教傳統或宗教組織提供的資源為參考以進行該互動，但卻不必然受它們左右；他／她可能發展出與他人或物共同努力的協作，只是這協作不必然會導向高度制度化的組織，也可能以鬆散網絡或社群的形式存在，該協作的範圍在日新月異的通訊科技幫助下，不局限於面對面的生活世界，也可能擴及至不同文化下的全球社會的任一角落。

陸　結語：回返與前進

「為什麼談當代社會的課，還需要介紹宗教？」因為宗教在當代社會依然非常重要。從本章的討論，我們可以從以下幾個角度來回應。第一，世俗化理論的說法依舊深深影響著受過一定現代教育的人，尤其在台灣，但這種說法往往使人無視或忽視宗教在當代社會中的遍在及力量。第二，我們對於「宗教」的想像可能較偏狹，停留在傳統宗教（特別是制度性宗教、基督宗教式）的那一種宗教模式。第三，當代人宗教性的表現，或許比我們想像中的更廣，不再只是上教堂、拜廟進香或讀宗教經典。第四，從生命歷程的角度來看，通常年紀愈大宗教性愈強。一般而言，人生中宗教性最低的時刻是初期成人階段，因為剛離開原本協助

固守宗教傳統的原生家庭而自立，進入社會或學校為實現個體的
夢想而努力，且人生中面臨的磨難及不測較少發生。在討論過程
中，以各種宗教為例相互對照，帶入比較的視角；同時特別引介
台灣宗教社會學至今豐碩的研究成果，帶領讀者對這塊生養我們
的宗教豐沃之地有更深的認識，體會為何每逢選舉，想獲得人民
選票的政治人物需要跑廟和進教會？為何那麼多台灣人奉獻自己
的時間及金錢在宗教上？為何許多人會自我宣稱因為信了教或某
個神，改變了自己的人生？這一切的答案，絕非一句「迷信」、
「無知」可輕鬆帶過。身為一名社會學的修習者，理應遵循社會
學前輩的提醒，「只要人們認定情境是真實的，那情境就效果而
言就是真實的」，因此值得我們深入研究。對於信仰者所述，研
究者必須盡可能理解，同時抱持著方法論上的不可知論態度，對
超自然是否存在這個問題先存而不論，畢竟，該問題已超出了我
們學科探問的極限。

參考書目

黃克先，2018，〈全球化東方開打的「文化戰爭」：台灣保守基督教如何現身公領域反
　　對同志婚姻合法化〉。收於陳美華、王秀雲、黃于玲主編，《欲望性公民：同性親
　　密公民權讀本》，頁 229-250。高雄：巨流。

Ammerman, Nancy T., ed., 2007, *Everyday Religion: Observing Modern Religious Lives*. Oxford:
　　Oxford University Press.

Stark, Rodney and Roger Finke, 2000, *Acts of Faith: Explaining the Human Side of Religion*.
　　Berkeley: University of California Press.

Yang, Ching Kun, 1961, *Religion in Chinese Society: A Study of Contemporary Social Functions of
　　Religion and Some of Their Historical Factors*. Berkeley: University of California Press.

第 11 章

醫 療

- 前言
- 健康與疾病的社會分布
- 醫療照顧的社會組織
- 生病經驗與病患行動
- 當代趨勢與挑戰

■ 曾凡慈

摘　要

1. 醫療社會學關注社會結構條件的不平等所造成的健康差異，意即這種差異應該是可以避免的。過去研究已經發現不利的社經地位、種族／族群身分，乃至於性別與性特質，都可能對群體的身心健康產生有害影響。

2. 「健康的社會決定因素」與「不健康的生活方式」是經常用來解釋健康不平等的兩大取向：前者強調物質剝奪及不平等的身心後果，但不容易提出具體有效的改革方案；後者則聚焦在分析人所選擇的（不）健康行為，可能導致忽略結構限制與譴責受害者的問題。

3. 作為現代性意識形態的產物，西方醫學常被冠上「現代醫學」之名，以示科學、理性與進步，從而與傳統醫學有別。醫療社會學提醒我們將不同的醫療體系都視為特定時空脈絡下的知識與實作系統，分析它們之間何以呈現興衰消長趨勢，以及民眾如何在日常生活中經驗到多元的醫療選擇。

4. 相較於醫療專業多聚焦在疾病本身，社會學者則更關切病痛，意即病人、家屬以及更大的社會網絡如何認識、回應症狀與它所帶來的身心限制（例如病人必須遵循「生病角色」，或應對「污名」的負面影響），以及如何設法與之共同生活（因此可能發展出「常民知識」或特定的行動策略）。

5. 當代社會日益加劇的「醫療化」趨勢，不僅持續改寫我們對於健康與疾病、自我認同與親屬關係，乃至於對「生命」本身的既定認識，更帶來新的風險與倫理議題。

壹　前言

社會學為什麼要關心健康或病痛？那難道不是醫學專屬的議題嗎？事實上，出生、死亡、傷病或健康，雖然都是生理過程與現象，卻同時受到社會文化因素的影響。例如，1960 年代的台灣，國家憂心過多人口不利於經濟成長，努力推動家庭計畫來節制婦女的生育數量；但時隔半世紀後的今日，生太少或不生反而被認為是一種「國安危機」。另一方面，死亡同樣不完全是「自然」

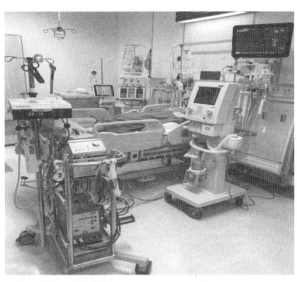

醫院裡的臨終（圖片提供／CY 王醫師）。

現象，否則我們就不會看到家屬面對是否要讓末期親人依賴人工呼吸器維持表面生命徵象，還是該同意放棄維生醫療，在兩難之間苦苦掙扎。

什麼叫做生病、生病如何處理、照顧模式怎麼安排，都是社會整體組織方式的一部分。在 1970 年代出生的台灣小孩，就算功課老是寫不完、上課坐不住，大概只會被認為是生性頑皮需要嚴加管教。然而，如果同樣狀況的小孩是生長在 2010 年代，十之八九會有人建議家長帶去精神醫療門診，檢查孩子有沒有注意力不足過動症。

健康與生病並非單純的生物事實，也與人們如何認定有關。它們也不只是個人議題，而是存在制度性與文化性因素，影響其發生或維持、形塑人們認識與對待的方式，更帶來特定的社會後果。研究這些現象的知識領域稱為「醫療社會學」（medical sociology）或「健康與病痛的社會學」（sociology of health and illness），核心議題包括（但不限於）：（1）各種疾病及死亡率的不平等，以及與階層化面向（特別是社會經濟階級、性別與族群）的關係；（2）健康照護的社會組織；以及（3）生病經驗、醫病關係與病患行動等等。

貳　健康與疾病的社會分布

一、區分「健康差異」與「不平等」

每個人的身體條件都有高矮胖瘦的先天差距，不同社會群體的健康與罹病狀況亦有區別。這裡要注意的是：並非所有的「差異」都屬於「不平等」。有些差異是可接受的，像是老年人的死亡率高過年輕人；但有些差異則是源自社會不平等而導致的，例如，同齡長者的死亡率有貧富差距、某些職業的勞工更容易罹癌、特定地區居民更可能因意外傷亡。

這些可被稱為「健康不平等」的狀況，癥結在於不公平與不正義的社會處境，從而需要透過集體層次的改革來設法避免。因此，我們必須考慮哪些社會結構條件讓人們無法過上健康的生活，或難以取得基本健康與公共服務的資源。

健康不平等
並非單純的健康差異，而是特指基於社會不平等而導致的健康差距（health disparity）。

二、誰受苦？社會階層與健康

社會學對於健康、病痛與死亡的分析，經常連結到社會階層的概念，也就是觀察個人或群體的社會經濟地位（包括教育程度、職業層級、收入等指標）如何影響健康。我們很容易想像

國家整體的經濟發展程度，會強烈影響人民健康、壽命、乃至於主要的疾病形態：低度發展國家的人民，受瘧疾、寄生蟲、痢疾與營養不良所威脅的機會，可能遠高過心臟病和癌症，後者對他們來說太過「奢侈」，更屬於那些活在先進國家、醫療資源更普及、壽命也更長的人。但在相對富裕的國家，Wilkinson 與 Pickett（2019）則強調社會內部的貧富不均程度對人們健康的負面後果，他們認爲可能是相對低地位的人感受到更多壓力，導致影響他們的幸福感、壽命，以及身心疾病的發生率。其中最讓人吃驚的或許是肥胖症。人們經常以爲愈有錢的人也愈容易肥胖，事實卻呈現相反的圖像──在已開發國家，幾乎都是窮人的肥胖率比富人高。台灣的調查亦呼應社會階層對健康的影響，像是職業類別的社會地位愈低，死亡率愈高；甚至就連意外死亡的比例也與社經條件有關，例如居住地區的整體社經狀況愈劣勢，孩子也愈容易因交通事故死亡（邱淑媞、Marmot 2017）。

三、種族與族群

　　種族、族群與健康的關係，亦與社會階層密切相關。根據美國 2011 年的統計，黑人的平均餘命比白人短 4.8 年。除了黑人的社經地位整體比較低，也跟種族主義的歷史有關。1930 年代，美國公共衛生署刻意對罹患梅毒的黑人隱瞞病情，以進行不治療的觀察實驗，希望增進對於梅毒的自然病程以及在不同種族身體上發展差異的科學知識。這個惡名昭彰的「塔斯基吉梅毒實驗」（Tuskegee Syphilis Experiment）在四十年後才爲媒體揭露，重創黑人對美國政府與醫療體系的信任，到現在仍無法彌補。在台灣，原住民的健康狀況也與全體國人有顯著落差，根據 2015 年的統計，原住民族的平均餘命爲 71.9 歲，比全國平均少了 8.3

歲；在十大死因方面，原住民的標準化死亡率也在每個項目上
都高於全國，就連新生兒與嬰兒死亡率都比全國數據高過將近一
倍。

四、性與性別

　　女性的平均壽命幾乎在所有國家都比男性長，卻似乎更容易
生病，醫療服務的使用率也比較高，堪稱「男人死得早，女人
病得多」。傳統的勞動分工，可能使男性較易因粗重勞動或交通
事故而導致意外；社會建構的陽剛氣質也常鼓勵男性「忽略風
險」，讓他們更傾向以菸、酒、藥物或物質濫用來抒解壓力。相
對上，女性則更易受到各種精神疾病的衝擊，例如苦於憂鬱症的
比例大抵是男性的兩倍左右（World Health Organization 2009）。
生物醫學致力於尋找女性更易罹患精神疾病的生理機制，但值得
注意的是，性別歧視的社會結構可能讓她們蒙受更多壓力與痛
苦。例如：女性在家庭、教育與職場上更易遭受不公平的對待，
也更可能受到暴力與社會地位低落的傷害。

　　此外，性別與性少數群體（gender and sexual minority）亦經
常遭遇來自異性戀體制的歧視與傷害，而必須承受比主流群體更
高的健康風險，也可能因此更不願意尋求醫療照護，導致更差的
疾病預後。台灣就曾發生跨性別者在就醫時，因外貌與證件照片
差異而遭到當眾受辱的案例，顯示出醫療現場的性別敏感與友善
性仍需加強（黃志中、莊瑞君 2013）。

五、健康與疾病的社會模式

　　解釋健康與罹病差異的兩種學界觀點，分別是「健康的

社會決定因素」與「不健康的生活方式」。前者強調「物質剝奪」的不利後果，例如貧窮的人無法取得達到健康所需的飲食、物品和服務，並且更可能曝露在有害的環境中，包括髒亂擁擠的居住環境或具危險性的工作條件等等，特別是在發展程度較低的國家更是如此。已開發國家則經歷了「流行病轉型」（epidemiological transition），意即隨著整體的社會經濟條件能夠滿足人民維持健康的基本需求，原本以傳染病為主的流行病分布，會逐漸轉向以慢性病為主。此時，比起物質剝奪，更需要考慮社會不平等帶來的身心後果，如何導致不同群體的罹病與死亡率差異。

「不健康的生活方式」則是相對流行的解釋模型，強調個人層次的因素。例如在國家衛生研究院對台灣健保實施十年後的成效評估中，就以「生活習慣」解釋台北市民的平均餘命較台東縣民高出十年以上，認為是東部人民抽菸、喝酒、吃檳榔的比例更高，運動量較低（除了年輕族群沒有太大差異），肥胖程度較高，因此特定癌症、慢性疾病的比例都較高。這樣的論點常被批評為「譴責受害者」，因為許多人看似「選擇」不健康行為，事實上卻是因應結構受害的弱勢處境而出現的適應策略。以山地鄉中原住民高比例的酒癮現象來說，並非「他們就是愛喝酒」，而必須注意到：過去政府基於統治與財政需求並開展酒的公賣政

港邊的保力達 B。台灣許多從事高強度工作的體力勞動者，會習慣性地使用含酒精的提神產品，幾乎已成職場文化的一環。雖然廣告宣稱能保健強身並對抗疲勞，但卻可能對使用者造成職災風險與長期健康問題（鄭婉汝、鄭雅文 2012）。（圖片提供／劉介修）

流行病轉型
（epidemiological transition）
隨著國家的社會經濟條件能夠滿足人民維持健康的基本需求，原本以傳染病為主的流行病分布，會逐漸轉向以慢性病為主。

策，破壞了原住民依循傳統文化的用酒模式，迎來部落生活中酒的全面商品化；原住民在被迫進入的資本主義生產關係中飽經壓力與挫折，喝酒成為能夠暫時迴避難以翻身厄運的出口（陳慈立2014）。不健康生活方式的解釋取向，對於政策制定者來說是很有吸引力的。畢竟譴責人們不健康行為的成本，遠低於高額的醫療投資（效果可能不彰），或任何社會結構改革的長期方案（難以速成）。

問題與討論 11-1

　　想像你的鄰人是獨居的勞動者，長期以來都從事臨時性的體力工作，平日菸不離手，家門口也常堆著空的保力達 B 或維士比空瓶。你家人常私下對你批評這位鄰人說：「這些低階級的人明明生活條件已經很不好，怎麼還不知道愛惜自己的身體！」你會怎麼回應呢？

 ## 參　醫療照顧的社會組織

一、現代醫學／西醫的興起

　　台灣的現代醫療與西式醫院，萌生自十九世紀末的傳道醫療。當時長老教會的傳教士（知名者如馬雅各、馬偕等）主要以醫療為手段，特別是透過較具戲劇性的外科手術與西醫藥品來宣揚福音，並經常與傳統漢人文化、民間信仰，乃至中醫藥業發生矛盾和衝突。

　　日治時期的殖民政府則是以現代醫學為統治工具，致力經營

衛生行政設施與工作，並以獨尊西醫的方式開辦新式醫學教育、建立醫療管理規範，使得作爲「殖民現代性」反面的傳統醫療人口快速萎縮。透過成立醫學校，在治台五十年間培養出近三千位西醫師，並規定既有的中醫必須申請登記方可執業（且只能稱爲「醫生」而非「醫師」），但登記只限至 1901 年終，使中醫人數從一開始約二千名左右，到 1945 年日治結束時僅剩十多名。

戰後，國民政府延續日本「扶西抑中」的模式，雖然恢復中醫證照考試與發展中醫專業教育，卻仍然透過如《醫師法》等法令修訂鞏固西醫的專業支配，在健保體制的給付上也有明顯的差別待遇（例如：藥物上只給付濃縮免煎的「科學中藥」，排除許多傳統中醫認爲更重要的煎煮湯劑），使西醫依舊能維持獨大的地位（鄭惠珠 2008）。根據 2017 年衛生福利部發布的統計，中醫門診的就診人數不到西醫的三分之一。

二、民俗與另類醫療

台灣是「醫療多元主義」的社會，同時存在多種醫療體系。本小節所稱的「民俗與另類醫療」是內部高度異質的統稱，可再概分爲「神聖的」與「世俗的」：前者多發生在宗教場域內，運用超自然力量進行治療行爲，如道教宮廟的收驚、基督宗教的禱告治病等等；後者則不涉及神聖事物，借助自然物質或是身體操作，如草藥、芳香療法、整骨或跌打損傷等等。它們和中西醫一樣，各自都有專門的病因論、症狀分類與疾病名稱，預防、診斷與治療方法，以及醫療者的訓練方式，也都對受苦的人提供不同形式的協助與照顧。

選擇多元醫療的民眾不一定「昧於現代科學」，也可能是認知到現代醫學的限制，並希望尋求與個人信念和價值觀更契合的

醫療多元主義
（medical pluralism）
指一個社會中同時存在多種醫療知識與實作的體系，各自擁有不同的世界觀與運作的原則。

醫療方式。生物醫學模型經常無法解答「爲什麼是我（得了這種病）？」的終極問題，宗教醫療提供一套超自然的意義系統，幫助病人接受自己的身心狀態，或形成新的努力目標（不見得是治癒），甚至在主觀上感知到身體與情緒的改善。

三、健康保險制度

　　台灣全民健康保險制度始於 1995 年。在那之前，只有 55% 國民有資格根據自身職業身分參加勞保、農保、公保等三大保險體系，不具有職業者如老人、小孩、沒有工作的弱勢團體則被排除。全民健保打破職業類別的藩籬，形成以公民身分爲社會連帶基礎的單一體系，將全台民眾整合成一個共同分擔風險的互助社群（林國明 2003）。全民健保亦有所得重分配的效果，薪資高的人須比薪資低的人多繳一點保費（即多爲他人分擔一點風險），享用的健保服務範圍不會因繳費高低而有所差別，不再有人因無業或經濟能力有限而無法取得必要的醫療服務。台灣全民健保的制度設計屬「單一保險人」模式，所有保費統一由政府（中央健康保險署）支付給各級醫療院所，以助於控管醫療成本。不過，在政府強力控管下，醫院也會發展出各種因應方式來縮減成本，有時甚至以醫療人員權益或是臨床照護品質爲代價。

> ### 🔍 問題與討論 11-2
> 　　與同學分享自己曾經接受過中醫或其他另類療法的經驗，並比較其與西醫的差異，包括醫療服務提供者、醫病關係與看診經驗，以及治療效果。

肆 生病經驗與病患行動

一、疾病與病痛

人們如何經歷生病過程，不能被化約到單純是生物或醫療的現象，而要看它們受到什麼樣的政治、經濟、文化與制度影響。社會學家亦關注微觀層次上人們如何感知與處理疾病。首先需區分「疾病」（disease）與「病痛」（illness）兩個概念：前者是生理性的，表現在身體的器質性損傷或功能變化，常被認為是客觀的，如乳癌目前仍是台灣女性好發癌症的首位；病痛則指更廣泛地包括受疾病影響的人類經驗，其高度受到社會文化體系影響，從而具主觀面向。舉例來說，乳癌患者感受到的除了病症帶來的疼痛，還有醫療照顧導致的身心與經濟負擔，對癌症轉移甚或復發的恐懼，更須調適性別身體意象、家庭關係與工作安排，乃至於對自我的認識與對未來的期望。易言之，疾病是生理事件與醫療工作者的主要關切，而病痛則關注病人、家屬以及更大的社會網絡如何認識、回應症狀與它所帶來的身心限制，設法與之共同生活。

某些疾病在特定社會文化中會存在污名（stigma）（Goffman 著、曾凡慈譯 2010），為病人帶來羞恥感。高夫曼（Erving Goffman）在 1960 年代提出了污名概念，指稱某些會在特定的社會關係中讓人遭到貶抑的屬性。疾病就常具有這樣的特質，特別是起因不明、治療法無效的重症或身心障礙，更易被賦予負面道德意涵，從而使患者除了應付疾病本身造成的限制之外，還必須處理污名對社會身分與自我認同帶來的問題，甚至迫使患者進入「深櫃」中，掩藏自身疾病或障礙，不只阻礙他們取得需要的治療或服務，當疾病具傳染性時，也可能不利公共衛生防治。

疾病（disease）與病痛（illness）

前者是生理性的，表現在身體的器質性損傷或功能減損，經常被認為是客觀的；後者則是更廣泛地包括受疾病影響的人類經驗，高度受到社會文化體系的影響，從而具有主觀面向。

污名（stigma）

指某些身體狀況、屬性、特質或行為被認為是負面、「偏差」的；由於是「被認為的」，因此高度受到社會、文化與歷史因素所影響。

■ 二、生病角色

　　二十世紀中，美國功能論取徑的社會學家帕森斯（Parsons 1951）提出「生病角色」（sick role）概念，指一套立基在社會制度性期待的病人行為：病人（1）得以有限度地豁免平時應盡的角色責任（如學生不需要完成課業）；（2）不需要為生病這件事負責（如生病常被預設是非自願的）；但相對上，必須（3）努力康復（如不能請假之後又日夜玩樂）；以及（4）尋求並配合醫療專業的協助。如果沒有善盡這些義務就可能因此受到譴責，甚至被剝奪病人角色。

　　生病角色的概念之所以重要，在於它指出醫療除了我們一般以為的救死扶傷之外，還具有社會規範的功能，並將個人病痛與外在的制度結構連結起來。然而，隨著功能論的影響力自 1970 年代日益衰落，生病角色的概念也受到諸多挑戰。例如：缺乏醫病之間權力關係的討論、不適用於所有群體（如女性很少能因生病就豁免於家務），以及當疾病被認為是病人行為不當（如抽菸喝酒）而招致，就會被看作個人責任。

■ 三、醫病互動、病人知識與行動

　　台灣的醫病關係是如何呢？張苙雲（2005）以「社會控制的延伸」、「託付式的順從」、「隨時準備翻臉的尊敬」，以及「隱形病人」來描述，例如：醫師經常以是否影響工作能力為標準來判斷病情的嚴重度，間接支持人應該工作的社會規範；由於醫病之間的知識權力不對等，病人要不展現出託付式的順從（「醫師說的就是對的」），要不就維持表面尊敬，但隨時會因為某些狀況而翻臉求去。至於醫師對疾病的處置經常謹守生物醫學典範，將病

生病角色（sick role）指一套關於病痛的權利與義務，會形塑醫師與病人的行為，也會影響病人如何受到他人的期待。

人對疾病的主觀認知與意義賦予排除在醫療工作主線之外，等於是見「病」不見「人」。吳嘉苓、黃于玲（2002）彙整國內外研究，提出「順從、偷渡、發聲與出走」的分類架構，認為台灣的病患行動模式，由於受限於醫療場域的文化與權力結構，因此是以「不限於順從，仍難得發聲」為特色。

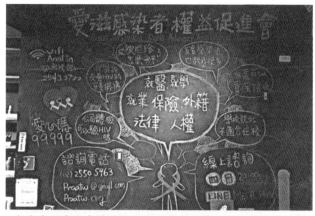

台灣愛滋感染者權益促進會，是國內第一個由感染者、親友以及認同人權的社會人士發起的團體，長期投入愛滋平權運動（圖片提供／愛滋感染者權益促進會）。

值得注意的是，特別是在慢性病況當中，病人因經常處理自身不適或長期使用某類醫療技術（如洗腎），會形成對自己身體的深刻認識——即病人知識／常民知識（lay knowledge），病人甚至有能力反思、調節醫學普遍知識的缺失（林文源 2008）。此外，病人也可能組織以生病經驗為基礎的自助團體，彼此提供情感支持與實用性的協助，甚至積極發展集體層次上的行動策略，包括對抗偏見與歧視、追求成為更具主動性的健康照顧使用者。像台灣愛滋感染者權益促進會就是國內第一個由感染者、親友以及認同人權的社會人士發起的團體，長期投入愛滋平權運動。

常民知識（lay knowledge）
指非專業的社會行動者，在日常生活中用以詮釋自己對健康與病痛經驗的見解和觀點。

問題與討論 11-3

　　想像你的國家遭受新興傳染病的侵襲，所幸幾個知名國際藥廠已快速研發出疫苗，並取得 WHO 認可。而你是一家電子工廠老闆，有三位員工分別因為身體症狀不適合、不信任倉促研發疫苗的長期安全性，以及認為自己年輕力壯感染也不會重症等理由，而拒絕施打疫苗。你擔心工廠有員工確診而導致必須停工造成損失，其他員工也擔心自己可能受影響。在國家沒有強制人民必須接種疫苗的情況下，你會怎麼做？請與同學一起討論。

伍　當代趨勢與挑戰

醫療化
（medicalization）
指原本的非醫療問題轉變為以醫療方式來界定或處置的過程，經常用來討論病痛（illness）或異常（disorder）。

　　社會學家康拉德（Peter Conrad）使用醫療化（medicalization）概念，來指涉那些過去被視為與醫療無關的生命過程或是身心狀態，現在則以醫療語言來解釋、或是用醫療方式來處理的現象（Conrad 2007）。對某些曾經被認為是偏差的行為來說，藉由醫療專業肯認行為背後有著疾病成因，等於賦予病人生病角色，讓個人有機會免於因行為表現而受譴責，並得到需要的健康照顧服務，例如孩子不是頑皮不聽話而是有過動症。然而，醫療化同時也改變了身心狀況的意義，容易讓人們傾向認為自己沒有能力（與責任）處理，從而託付給醫療專業，但醫療系統不見得總是能解決所有問題。這幾年來高度受矚目的司法精神鑑定爭議，正同時彰顯出醫療化的趨勢與困境。

　　另一方面，科學與技術的日新月異，不但推進了生物醫療化（biomedicalization）的新紀元（Clarke et al. 2003），也萌生出過去

不存在的醫療介入方式（如生物複製、基因治療），也持續改寫我們對於健康與疾病、自我認同與親屬關係，乃至於對「生命」本身的既定認識，並帶來新的風險與倫理議題。例如各種人工生殖與代孕技術，開展出我們過去意想不到的親緣結合方式，像是《背離親緣》的作者所羅門（Andrew Solomon）與丈夫分別捐贈精子給友人，從而創造出包含六個父母與四個孩子的新式「延伸家庭」。日益精密的產前與新生兒基因篩檢，迫使家長必須做出「什麼樣的寶寶適合來到人間」的道德決定，同時製造出一群檢測數值落在正常區間之外（即有疾病風險），卻又未形成症狀的「準病人」（patients-in-waiting），讓家庭承受高度不確定性及漫長醫療監管帶來的附加傷害（Timmermans and Buchbinder 著，林怡婷、許維珊譯 2016）。與此同時，新興生技市場上越來越多像是個人遺傳風險資訊、基因編輯嬰兒，精準化醫療等商品，藉由販賣人類對健康與強盛的希望，以及操弄對生病與衰死的恐懼來謀取商業利益，恐怕會鞏固甚至促成新形態的社會不平等。這些新的趨勢與發展，必然影響到不只是單純醫療的領域，也將對現有的社會學知識帶來新的挑戰。

參考書目

林文源，2008，〈專屬個人知識的轉化：以洗腎病患為例〉。收於成令方主編，《醫療與社會共舞》，頁 136-146。台北：群學。

林國明，2003，〈到國家主義之路：路徑依賴與全民健保組織體制的形成〉。《台灣社會學》5: 1-71。

吳嘉苓、黃于玲，2002，〈順從、偷渡、發聲與出走：「病患」的行動分析〉。《台灣社會學》3: 73-117。

邱淑媞、Michael Marmot，2017，《臺灣健康不平等報告》。台北：衛生福利部國民健康署、英國倫敦大學健康公平學院。

張苙雲，2005，《醫療與社會：醫療社會學的探索》。台北：巨流。

陳慈立，2014，〈台灣原住民族飲酒相關健康問題的政治經濟分析〉。《台灣社會研究季刊》97: 247-282。

黃志中、莊瑞君，2013，〈性少數的健康照護：權利與困境〉。《婦研縱橫》99: 12-16。

鄭惠珠，2008，〈中醫專業的興起與變遷〉。收於成令方主編，《醫療與社會共舞》，頁 42-50。台北：群學。

Clarke, Adele E., Janet K. Shim, Laura Mamo, Jennifer Ruth Fosket, and Jeniffer R. Fishman, 2003, "Biomedicalization: Technoscientific Transformations of Health, Illness, and U.S. Biomedicine." *American Sociological Review* 68: 161-194.

Conrad, Peter, 2007, *The Medicalization of Society: On the Transformation of Human Conditions into Treatable Disorders.* Baltimore: Johns Hopkins University Press.

Goffman, Erving 著、曾凡慈譯，2010，《污名：管理受損身分的筆記》（*Notes on the Management of Spoiled Identity*）。台北：群學。

Timmermans, Stefan and Mara Buchbinder 著，林怡婷、許維珊譯，2016，《拯救嬰兒？新生兒基因篩檢的影響》（*Saving Babies?: The Consequences of Newborn Genetic Screening*）。台北：國家教育研究院。

Wilkinson, Richard and Kate Pickett 著、黃佳瑜譯，2019，《社會不平等：為何國家越富裕，社會問題愈多？》（*The Spirit Level: Why Greater Equality Makes Societies Stronger*）。台北：時報。

World Health Organization, 2009, "Gender Disparities in Mental Health." http://www.who.int/mental_health/media/en/242.pdf (Date visited: Sep 15, 2020).

第 **12** 章

經濟與工作

■潘美玲

摘　要

1. 社會學的核心關懷是經濟發展和工作配置，如何使人能夠擁有尊嚴，以及幸福的生活。

2. 社會學三大理論家所面對的是十九世紀末工業資本主義的社會變遷，特別是資本主義的經濟活動對人類生活的影響，提出階級關係、勞動異化、形式理性和社會分工等分析概念。

3. 經濟社會學和經濟學同樣研究經濟現象，差異在於強調社會關係和社會制度在經濟上所扮演的角色。

4. 從工業化到後工業社會的資本主義經濟生產體制，主要特徵是從大量生產的福特主義，發展為彈性化和全球生產。

5. 台灣社會的經濟與工作現況以及另類經濟的可能性。

壹　前言：社會學的核心關懷

想像你是一名即將畢業後就業，正在規劃未來工作生涯的大學生。如果你看到以下的招募廣告，是否會動心？

「探索城市，馳騁並優遊城市的每個街道巷弄，享受自由的旅程。荷包的深度自己掌握，做愈多賺愈多，這筆額外收入將直接進您的口袋！彈性的上線時間，上下線時間都由您決定。」

這份外送服務員的工作，只需要一台有安全設備裝置的摩托

穿梭於大街小巷的外送服務

車，就有機會達到一個月 10 萬元的收入。然而這種高薪的背後，是血汗工作的堆積，需要犧牲休假，每天工作超過 10 小時才可能達標，以及隨之而來的，發生車禍的高風險，趕時間送達的高度壓力，等於是拿命拚來的經濟。

那麼，以下這個會是你想像中的夢幻職場嗎？

Google 這家高科技公司，由於薪水高、福利好，經常在美國最適合員工的公司評比中名列前茅。這家公司提供所謂夢幻般的工作場所，有各式精緻美味的免費餐飲，連洗衣房都有，還曾提供紓壓的專人按摩服務，以及休息的空間。員工基本上可以一星期七天，每天 24 小時都留在公司。在 Richard Brandt（2010）《Google 為什麼贏》一書中，員工指出這些福利彌補超時工作的壓力，但自我及私人空間完全被壓縮，生活變得只有工作而沒有生活，Google 令你擁有一切，但要付出個人的自由，這種工作環境就如同「天鵝絨監獄」（velvet prison）。

　　拚經濟和賺大錢的目的是為了生活，但從事經濟的行動者是活生生的人，不是機器，而人的生活無法脫離社會關係，因此，經濟發展和工作配置是否使人成為一個有尊嚴的人，以及擁有幸福的生活，一直是社會學的核心關懷。

貳　社會學的理論觀點

一、古典社會學理論

　　社會學三大理論家所面對的是十九世紀末工業資本主義的社會變遷，特別是資本主義的經濟活動對人類生活的影響，提出階級關係、勞動異化、形式理性和社會分工等分析概念。

　　馬克思（Karl Marx）觀察工廠體制對社會所帶來的衝擊，原先是技術師傅一個人完成的工作，被分成不同步驟，由不同的工人個別執行單一步驟，分工和機器工具的工廠體制構成集中生產的現象。工業化的擴張使得農民喪失土地，只能出賣勞動力維持生活，成為工廠勞動力的來源，構成資本主義興起的必要條件。

　　馬克思指出工業資本主義的發展產生了階級關係：擁有生產工具的資產階級，以及沒有生產工具的無產階級。資產階級也就是資本家，擁有資金、機器、工廠、僱傭的勞動力等，能夠繼續投資再生產的資本。無產階級就是僱傭勞工（waged labor），受僱於資本家，提供自己的勞動換取工資，並由勞動力市場供需決定工資的價格。但是勞工生產所創造的價值，遠大於勞工所得到的薪資報酬，這些多餘的部分，就變成資本家的利潤，也就是被資本家所剝削的「剩餘價值」。

　　「產業預備軍」是工人的報酬無法提升的原因：首先，企業

剩餘價值（surplus value）
勞工生產所創造的價值扣除薪資報酬所剩餘的價值，是由資本家所占有。

產業預備軍（reserve army）
處於失業狀態而積極在找工作的勞動力。

會透過各種方式提升勞動的生產率，生產率越高，所需勞動力就越精簡。其次，當時從農村釋放出來的大量剩餘勞動力，大幅增加可被僱傭產業預備軍數量。一方面，源源不斷的勞動力使資本家握有議價的權力，工人為保住工作而被迫接受低薪，並使得工人之間在勞動市場上處於競爭的關係，而無法團結起來爭取集體的利益。另一方面，由於勞動力之間的競爭，工人力求表現而提升勞動的生產率，進一步增加產業預備軍的規模。於是，產業預備軍提供資本家廉價勞動力，構成工人剩餘價值被榨取的機制。

　　馬克思也指出生產過程中對人性的自由與社會關係的異化，在勞動過程中與自我產生分離的狀態。人原來身為一個有創造力與實踐的主體，透過工作的過程與成果表現自己的能力，工作不只是維生和表達的工具，同時也是一種社會的、溝通的行動；但在資本主義的社會中，人的勞動力被轉換成商品的形式出現，工人和工人所生產出來的物品，被視為同一種事物。工人與生產工具的擁有權與工作的成果分離，使得工人的主體經驗出現與自己的工作疏離的過程。

異化（alienation）
馬克思認為在資本主義的社會中，人的勞動力被轉換成商品的形式出現，工人和工人所生產出來的物品，被視為同一種事物。工人與生產工具的擁有權與工作的成果分離，使得工人的主體經驗出現與自己的工作疏離的過程。

　　韋伯（Max Weber）關心現代資本主義的發展，強調理念和價值在社會變遷的重要性，以及工作的意義。他在《基督新教倫理與資本主義精神》（1976[1930]）書中指出，在西方宗教改革之後，新教徒透過俗世禁慾的紀律，也就是日常生活的行為來完成對上帝的義務。根據教義，唯一能夠證明自己是被上帝揀選的人，就是積極地獻身工作累積財富，作為實現上帝意旨的手段。因此財富的累積不是為了享樂，而是宗教信仰，也就是來自理念（ideal）的動力。

　　現代資本主義的「精神」具備兩個面向：首先，使用正當的經濟活動且完全投入財富的追求，以賺錢為人生的目的；其次，嚴格避免將所賺取的財富，滿足個人享樂的慾望。這兩者的結

實質理性
（substantive rationality）
韋伯指出個人或群體在經濟行動上受到社會規範的要求而進行，包括政治、軍事、宗教等，是行動者在經濟行為或過程中所認定的意義。

形式理性（formal rationality）
韋伯強調用金錢貨幣來計算，在技術上最完美，因而是形式上最理性的手段，因為可以透過數字的方式對於企業的產出進行市場價值的評估，以及經營損益的結果。

機械連帶（mechanical solidarity）
傳統社會的人們因為有共同的情感和信仰，而產生彼此之間的連結，這是社會凝聚的基礎。

有機連帶（organic solidarity）
因分工所造成的相互依賴，在工業化的社會中，由於專業分殊化構成的分工而產生有機的連結。

合成為認眞獻身工作的態度的美德，意即「天職」（Calling）的觀念。只是，當初資本主義的發展是來自於當初禁慾的新教徒在俗世中實踐上帝的旨意，財富的累積已經從只是手段變成目的。原來受到社會規範的要求而進行的「實質理性」（substantive rationality）為主的經濟行動，已經被以利潤為導向的「形式理性」（formal rationality）所取代（Swedberg 2011: 68）。

涂爾幹（Émile Durkheim）關注的是因為工業經濟產生了各種職業專業化的社會發展，包括社會功能產生結構分化之後，社會運作的秩序如何整合，而不會產生混亂的結果。他指出「社會分工」是團體之間的職務專業化。傳統社會是機械連帶（mechanical solidarity），人們因為有共同的情感和信仰，而產生彼此之間的連結，這是社會凝聚的基礎。由於大家從事同質的職業或工作，並不需要個人展現特別的才智，而是共同的經驗構成社會運作的機制，因此，機械連帶是基於相似性而形成的連帶。有機連帶（organic solidarity）是因為分工所造成的相互依賴，在工業化的社會，由於專業分殊化構成的分工，並產生有機的連結，越是分殊化的社會，個體化越加發展，同時造成社會上的個體需要依賴他人提供生產的物品或服務，這種分工依賴的共識，逐漸取代了傳統社會共享的信仰。因為需要秩序、和諧的社會連帶，所以具有道德的特質。

涂爾幹認為不可能有任何一個社會的經濟關係，不受習俗和法律的規約。他批評當時的經濟學理論對於經濟現象的分析，預設了個人的經濟行動是獨立於自己所處社會的道德法律和信仰之外，既是個人主義式的功利主義，也是非歷史，更是不切實際的。

二、新經濟社會學

　　二十世紀以來，自由市場經濟成為資本主義發展的主流意識形態，經濟學家對於婚姻、家庭、教育，甚至所有人類行為與社會現象，皆可以用市場經濟的模式解釋充滿自信，有關人的自由與社會整合等社會學的核心關懷，被排除在以經濟利益算計的程式之外，或被當成附屬的變項。經濟的形式理性成為主導社會行動的原則，社會生活只剩下經濟效率的考量，這不只是偏離社會現實，更影響到國家的角色和制定政策的方向。

　　1980 年代新經濟社會學興起的脈絡，正是針對來自「經濟學帝國主義」的挑戰。將經濟制度和經濟行為納入社會學分析，批判經濟學的理性經濟人和追求自我最大利益的預設，思索超越由自由市場所支配的資本主義經濟模式。經濟社會學和經濟學雖然同樣研究經濟現象，不同之處在於「經濟社會學強調社會關係和社會制度在經濟所扮演的角色。人生活在社會之中意味著必然和別人產生聯繫，也會參與到社會制度之中，這種聯繫和參與深深地影響著所有經濟活動者的經濟行為，並由此從個人層面和整體層面影響行為方式」（Swedberg 2003: xi）。「鑲嵌」（embeddedness）的概念，則是新經濟社會學對當代資本主義經濟研究最重要的貢獻。

　　生於匈牙利的博蘭尼（Karl Polanyi）透過對前資本主義社會的分析，說明自由市場的發展是歷史的產物，在人類歷史上有不同形態的市場運作，經濟的運作從來就無法脫離社會、文化和政治的因素，也就是說經濟行動一直是「鑲嵌」在某種形式的社會結構之中，如果任由經濟市場邏輯決定社會的話，將會對社會產生災難性的後果。一個真正的人會為了各種理由而勞動，意即人類的經濟行為會來自於各種非經濟的動機，包括社會的義務、道

鑲嵌
（embeddedness）
博蘭尼指出經濟的運作，包括市場的發展，都無法自外於某種社會結構的因素。格蘭諾維特主張社會關係網絡是以不規則的方式，不同程度地滲透到各種經濟生活的不同部門。

德或規範的目的。他指出由供需的自律市場法則決定交易的價格，並非人類社會的常態。在前資本主義的社會當中，價格的決定有許多不同的原則，有的是權力核心或政治領導者所決定，也有如道德經濟學所強調的，以社群的利益而非個人的利潤所調節的價格。除了市場之外，人類社會還有互惠（reciprocity）和再分配（redistribution）的交換方式，任何社會的經濟都是由這三種形式所構成的整合形態，市場的交換形式並不見得一直都扮演最重要的角色。當代市場經濟的擴張，並非完全不受限制，而是存在著雙向運動（double movement）的邏輯：「它可以比擬為社會之中兩種組織原則的作用……其中之一是經濟自由主義的原則，目的是要建立一個自律性的市場，受到商人階級的支持，而且以自由放任和自由貿易為手段；另一原則是社會保護的原則，目的是人類、自然及生產組織的保護，受到市場制度最直接傷害的人支持──主要是勞動階級和地主階級，但並不限於此，它使用保護性立法、限制性的公會，以及其他干涉工具為手段。」（Polanyi 1992: 230）

雙向運動（double movement）
博蘭尼指出當代資本社會的雙向運作邏輯，一個是市場經濟的擴張，另一個是保護社會市場擴張的社會干預手段。

　　美國社會學家格蘭諾維特（Mark Granovetter）將「鑲嵌」概念定義為：經濟的行動既不是如獨立的原子般運行在社會脈絡之外，也不會完全依附於所屬的社會類別所賦予的腳本，而是鑲嵌在真實、正在運作的社會關係系統之中。他指出，經濟學對於人類行為的解釋，預設了理性的經濟人，完全從自我利益的追逐出發，絲毫不會受到社會關係與社會結構的影響，孤立於其他團體和自己內部關係的歷史之外，這是一種低度社會化的表現。與此相對的取向，是認定人們會完全內化社會共有的價值和規範，按照被賦予的角色而行動，這是過度社會化的表現。這兩者看似兩種極端不同的意見，卻都將行動者的行為，孤立於當時的社會情境之外，犯了「方法論的個人主義」（methodological

individualism），因此無法對人類的經濟行爲提供完整的分析
（Granovetter 1985: 491）。因此，新經濟社會學將人類的經濟行爲
的研究，從經濟學抽象的理論模型，帶回到社會脈絡當中，強調
社會關係和社會制度在經濟所扮演的角色。

參 資本主義的生產體制

隨著資本主義發展，工作的性質已經從維生式的經濟活動，
轉變成出售勞動力、賺取薪資的僱傭工作。

一、工業化社會

1. 福特模式

現代工廠的生產線流程，是由美國福特汽車的創始人亨利・
福特（Henry Ford）所發展出來的。原本一輛汽車的製作是車
體、方向盤、輪胎、引擎等組件在個別工作站製造，工人需要具
有完成一個物件的技術和能力，之後再將這些零組件送到總工作
站組裝完成。福特模式（Fordism）的特色是：將產品製造流程
拆解到最簡單的工作步驟，大量生產且標準化的零組件，透過動
力傳送的生產線，組裝完成標準化的成品。由於產能大幅提升，
生產成本大量降低，於是廉價的汽車帶動了大眾汽車市場的銷售
成績，引導美國汽車業，甚至成爲當時各國製造業生產模式的典
範。

福特模式（Fordism）
將產品製造流程拆解
到最簡單的工作步
驟，大量生產且標
準化的零組件，透過
動力傳送的生產線，
組裝完成標準化的成
品。

2. 科學管理學派和泰勒主義

「福特模式」所帶動的大量生產模式，是採用泰勒（F. W.

■　
泰勒主義
（Taylorism）
在勞動生產的過程
中，採取科學管理的
原則，管理者將工作
步驟拆解，找出最有
效率的工作方式，再
交由工人執行每一個
步驟。

Taylor）所開創的科學管理原則，又稱爲泰勒主義（Taylorism）。實行的步驟是針對勞動生產過程當中，將原屬於工匠技藝的勞心和勞力成分進行拆解，當把所有技藝知識蒐集之後，就集中到管理階層。管理者透過實驗和系統性研究的方式，找出最有效率的工作方式，再交由工人來執行。管理階層透過對於這些勞心的知識壟斷，來控制勞動過程的每一個步驟和執行，而工人就是無差別的勞動力，能夠從事大部分簡單的製程，一方面降低訓練工人的成本，另一方面增加勞動力的產出，雇主就可以因爲固定時間所付出的勞動力成本下降而增加獲利。

　　Braverman（1974）對於科學管理原則的實施提出了「技術貶抑」理論，他表示勞心和勞力工作的分離，透過機器生產，工人只要跟著機器執行簡單的動作，不必思考自然會造成技術退化。於是隨著科技的進步，產生了勞動去技術化（deskilling）和去人性化（dehumanizing）的結果，造成工人更加不利的處境。

　　二十一世紀的今天，人們手中拿著比 Braverman 當時的電腦具備更強大功能的智慧型手機，但是生產這款手機的年輕女工，形容自己是生產線上的「一個部件」：

　　「我就是肉眼檢查工作站點的一個部件，是靜電裝配線的一部分。當相鄰的焊接爐送來智能手機母板時，我的兩隻手都要去取母板。於是我的頭就要從左到右轉，眼睛從左到右，從上到下盯著母板，中間不能間斷。一旦發現少了甚麼東西，我就要大聲招呼，另一個和我一樣的人類元件就會跑過來，詢問哪裡出錯，然後改正。我每天重複這個工作上千次，我的腦子已經鏽掉了。」（潘毅等著 2015: 72）

▌二、後工業社會

1. 麥當勞化

　　由於資訊科技及客製化消費形態的興起，進入到服務導向的後工業社會。George Ritzer 提出「麥當勞化」（McDonaldization）的概念，描述科學管理的原則：從體力勞動延伸到服務部門的工作。他以速食餐飲爲例，在生產的過程講求「控制」，透過訓練和機器工序的安排，讓員工按表操課，每一個漢堡、每一包薯條都能標準化。講求「效率」，用最快的方法讓顧客在最短的時間拿到食物，達到速食的目的，顧客自己拿餐具，吃完之後自己清理垃圾，一起達到企業的目的。「可計算性」以客觀的方式設定量化的目標，透過食品的標準化生產，提升了銷售額的可計算性。最後達到「可預期性」，由於工作流程與員工的標準化，產品的內容與服務就不會因地因人而不同。韋伯所宣稱的「形式理性」，除了在餐飲服務業被成功地運用，漸漸地也影響到社會其他部門的運作邏輯，成爲麥當勞化的社會（Ritzer 1993）。

麥當勞化
（McDonaldization）
科學管理的原則，從體力勞動延伸到服務部門的工作。工作流程講求「控制」，員工的標準化尋求「效率」，擬定「可計算性」的量化目標，最後達到「可預期性」結果。

2. 情緒勞動

　　後工業社會增加了服務業的工作機會，從業人員經常必須與客戶互動，提供賓至如歸的感受。Hochschild（2003[1983]）以女性爲主的空服員訓練和要求爲例，指出受僱者的情緒必須按照公司的規定，提供特定的臉部表情、聲音或身體動作，以推銷公司的產品或服務，情緒因此成爲可以賺取薪資的商品，並能夠爲資本家創造利潤。空服員被要求在顧客面前，必須面帶笑容，要收起個人的喜怒以及表達方式，按照公司規定的問候、表情、聲音和肢體動作，提供客人親切和熱情的服務。情緒勞動的概念，是馬克思異化勞動傳統的延伸，從個人身體操作的規訓擴展到控制

情緒勞動（emotional labor）
受僱者的情緒必須按照公司的規定，提供特定的臉部表情、聲音或身體動作，以推銷公司的產品或服務，情緒成爲可以賺取薪資的商品。

情緒的操演，同樣地會因為被過度使用而產生疏離的問題。

3. 彈性化與全球生產

　　1970 年代客製化消費市場興起，國際競爭則進入了價格割喉戰，大量生產標準化的工作形態不再具有優勢，原先的穩定就業、固定工時，以及流水式生產線的固定廠房空間，都必須進行改造才能快速反映市場的需求。此時產生的彈性化生產模式是：不提供穩定而長期的就業契約、沒有固定的工作時間，工作場所也不限定是公司的空間，甚至延伸到其他國家，或者工人的家中，並出現了初級勞動市場（primary labor market）和次級勞動市場（secondary labor market）的現象。前者是指工作穩定有保障，勞動付出有合理的報酬、福利佳、有公平的升遷機會，也有退休的保障。後者沒有就業保障，屬於短期或臨時僱傭，薪資偏低且缺乏福利，通常集中在技術層次較低的工作，於是容易被取代，流動性也比較高。次級勞動市場容易出現在小型企業，外包工廠或家庭企業，也成為女性勞動力或社會弱勢族群集中的部門。

　　此外，大型企業以併購維持利潤，並以境外生產（offshoring）的方式，尋求更廉價的勞動力。隨著跨國企業的海外投資或外包生產，打破過去以國家為界線的國際貿易，建立了全球產業的生產模式：一個商品從原物料、生產到銷售過程中，地理上跨越不同地區與國家，並牽涉到不同規模廠商，以及各類勞工的經濟行動，也同時影響到被納入到全球生產價值鏈各個環節中，各個國家的工作機會與工人的遭遇。

初級勞動市場
（primary labor market）

工作穩定有保障，勞動付出有合理的報酬、福利佳、有公平的升遷機會，以及退休的保障。

次級勞動市場
（secondary labor market）

沒有就業保障，短期或臨時僱傭，薪資偏低且缺乏福利，通常是技術層次較低的工作，容易被取代，流動性也比較高。

問題與討論 12-1

本章一開始提供的兩個工作案例,請問你會考慮哪一份工作?為什麼?你心目中所認定的「好工作」應該具備哪些條件?

課堂活動 12-1

請同學至少列出 10 名日常生活中所接觸的人物,記錄對方目前從事的工作性質,性別、族群與教育程度等。討論有哪些是你希望從事的工作?為什麼?

 肆 台灣社會的經濟與工作

一、工業化到後工業化的發展

台灣社會的經濟發展階段,基本上依循著歐美先進國家路徑,從工業化進展到後工業化以及全球化的經濟形態。差別在於時間上的落差,台灣原先是日本的殖民地經濟形態,戰後才開始工業化經濟。1960 年代正值歐美經濟先進國家步入後工業社會以及從事境外生產之際,台灣才開始工業化,從農村釋放的勞動力,吸引了來自美日等跨國企業的訂單,創造了由製造業帶動的台灣經濟奇蹟。

這些跨國公司透過對海外直接投資或外包的方式來調節勞動力,台灣因此被納入全球經濟生產體系之中。台灣的廠商接受國際買主的訂單,以代工生產(Original Equipment Manufacturer,

代工生產
(Original Equipment Manufacturer, OEM)
承接委託廠商的訂單,進行製造生產,產品的設計、規格則是由委託廠商提供。

OEM）的方式，大量生產符合廠商品質和規格的產品，賺取微薄的費用。接單的廠商除了在廠內生產，也透過協力生產的網絡以因應訂單的季節性起伏。下訂單的國際買主與接受訂單的廠商和外包單位之間，並沒有任何僱傭關係，而是論件計酬的形式。承接外包的中小企業經營獲利，即所謂的「賺自己的工錢」，企業主與家戶成員比一般受僱工人更長的工時，更低的薪資勞動，達到在市場價格上的競爭能力。

當台灣在 1980 年代服務業就業的人數超過製造業，就進入了後工業社會。企業為了因應市場競爭，採取勞動力彈性化的措施，包括部分工時、臨時工、定期契約工、勞動派遣、外包（或承攬）等工作安排，這種非典型工作的形態，導致整體薪資水準的成長非常有限。

▌二、跨國流動的工作與勞動力

台灣的中小企業從 1960 年以來，扮演著資本主義的全球分工體系代工的承接者角色，直到 1980 年代末期，隨著全球資本的發展，因應全球商品鏈的國際買主降低成本的壓力，開始將台灣製造轉到中國或東南亞國家製造，成為「三角製造」的協調者角色，由原來已經有業務往來的外國買主研發，台灣廠商接單，再交由台商在中國或東南亞的工廠製造，最終產品銷售到歐美市場。

由於全球經濟的競爭加劇，台灣政府在 1989 年起開放合法引進外籍勞工，加上產業外移，台灣經濟出現了經濟成長但是薪資卻停滯的現象。台灣的工運組織憂心地指出，隨著勞動力彈性化以及資本外移的趨勢，任憑自由市場資本主義邏輯運作的結果，將擴大貧富差距，並使失業的問題惡化。非典型就業成為常

態，年輕世代擁有大學文憑的學歷，卻承受低薪之苦，面臨即使擁有工作仍無法支付基本生活開銷的工作貧窮窘境。進一步則導致年輕人不敢成家生小孩，生育罷工最後導致國家人口崩壞的命運，造成「崩世代」的危機（林宗弘等 2011）。

🔍 問題與討論 12-2

　　台灣有可能步向「崩世代」的國家整體崩壞的後果嗎？國家必須採取哪些政策？除此之外，還可以採取什麼行動？

結語：我們可能決定未來的經濟與工作嗎？

　　在當前資本主義經濟體制之下的人們，有沒有足以維生的工作，決定了大多數人的生活條件以及個人可以擁有自由的程度。工作界定了「你是誰」（Who are you?）這個問題的答案，從事的行業、擔任的職位，成為社會地位和個人自我評價的關鍵。工作的概念被限定在能夠賺取薪資，擁有市場認定的交換價值，至於許多關乎人們生活與社會生存的活動，例如家務、生育子女、照顧陪伴等工作，或是志願服務等社群經濟活動，因為沒有進入薪資勞動的範疇，或因屬於非商品化的經濟活動而被排除。於是資本主義工作體制所產生的社會不平等、異化、剝削等不利的後果，似乎就只能理所當然地接受。

　　我們可能決定未來的經濟與工作嗎？經濟社會學者 Fred Block（2004）指出，當代社會的集體主張是讓看不見的手來發

揮的自由市場式競爭，這種將具有特殊歷史脈絡的經濟安排當成社會演化的自然法則，就是一種「僞自然化」的現象，認爲事情只有一種方式，自由市場是唯一安排，這種視野將人們變成狹隘的經濟人，把大家困在市場經濟的牢籠當中，將阻礙對市場進行調控「干預」的任何可能，從而蒙蔽了自由的潛力，造成社會整體生活水準的下降。

Erik O. Wright（2015）在《眞實烏托邦》一書中更進一步指出，要創造符合民主、平等理念的經濟活動，就得發展各種非資本主義，甚至反資本主義的另類經濟想像。例如，「無條件基本收入」就是解除薪資勞動的強制性，增加工人自由，讓勞動更不異化的一種設計。其實，台灣從 1950 年代以來，已經累積了儲蓄互助社、社區經濟、社會企業等另類經濟的經驗（陳東升 2017），不論是否能夠產生替代資本主義的效果，或是只能當作補救資本主義的方案，至少存在著各種超越資本主義限制的可能性，透過不斷地嘗試才足以累積對目前這個資本主義支配性制度產生侵蝕的效果。

無條件基本收入
（unconditional basic income）
凡是屬於某個國家、地區或組織的成員，定期領取由政府或組織所發放的固定額度的金錢，以滿足生活基本所需的制度。

💡 **課堂活動 12-2**
　　請同學參訪社會企業、儲蓄互助社等另類經濟組織，並分享心得。

參考書目

林宗弘等著，2011，《崩世代：財團化、貧窮化與少子女化的危機》。台北：台灣勞工陣線協會。

陳東升，2017，〈另類經濟模式的比較與探討：台灣的經驗〉。收於李宗榮、林宗弘主編，《未竟的奇蹟：轉型中的台灣經濟與社會》，頁 571-610。台北：中央研究院社會學研究所。

潘毅、陳慧玲、馬克・塞爾登著，劉昕亭譯，2015，《蘋果背後的生與死：生產線上的富士康工人》。香港：中華書局。

Brandt, Richard L. 著、朱家一譯，2010，《Google 為什麼贏？》。台北：天下雜誌。

Braverman, H., 1974, *Labour and Monopoly Capital: The Degradation of Work in the Twentieth Century*. New York: Monthly Review Press.

Granovetter, Mark, 1985, "Economic Action and Social Structure: The Problem of Embeddedness." *American Journal of Sociology* 91: 481-510.

Hochschild, Arlie R., 2003[1983], *The Managed Heart: Commercialization of Human Feeling*. Berkeley: University of California Press.

Polanyi, Karl 著，黃樹民、石佳音、廖立文譯，1992，《鉅變：當代政治、經濟的起源》（*The Great Transformation: The Political and Economic Origins of Our Times*）。台北：遠流。

Ritzer, George, 1993, *The McDonaldization of Society*. Thousand Oaks, CA: Sage.

Swedberg, Richard, 2003, *Principles of Economic Sociology*. Princeton, NJ: Princeton University Press.

Swedberg, Richard, 2011. "Max Weber's Central Text in Economic Sociology." Pp. 62-75 in *The Sociology of Economic Life*, edited by Mark Granovetter and Richard Swedberg. New York: Westview Press.

Weber, Max, 1976[1930], *The Protestant Ethic and the Spirit of Capitalism*. London: Allen and Unwin.

Wright, E. O. 著、黃克先譯，2015，《真實烏托邦》（*Envisioning Real Utopias*）。台北：群學。

第 13 章

權力與政治體系

- 權力與正當性
- 國家
- 戰後台灣的國家權力與國家社會
  關係的轉型
- 民主體制

■林國明

摘　要

1. 權力指行動者具有排除各種抗拒以貫徹其意志的可能性，而具有正當性的權力稱為權威。正當性有傳統型、卡理斯瑪型和理性／合法型三種類型。

2. 現代國家具有以下特性：（1）控制特定領土與人民；（2）官僚組織；（3）與其他社會制度分化並整合社會；（4）權力集中化；（5）壟斷武力的正當使用。

3. 國家權力具有專制權力和基礎行政權力兩個面向。

4. 政體包含國家組織、公民社會和政治社會三個部分。

5. 公民身分的權利內涵包括自由權、政治權和社會權。社會權的賦予是福利國家的核心。

6. 理想的民主過程包括有效的參與，投票的平等，充分知情，議程的控制，成年人的公民資格五項基準。

7. 民主轉型和鞏固必須有五個彼此關聯、相互支持的條件，包括自由活潑的公民社會，相對自主的政治社會，憲政主義的法治原則，可用的國家官僚機構，受到管制的經濟社會。

　　現代國家廣泛介入人民的生活，要實現理想的民主體制，不只是透過公開自由的選舉組織政府，還要讓政治地位平等的公民，有適當機會參與影響生活和權益的政策決定。

壹 權力與正當性

▌一、權力與權威

韋伯界定權力爲:「在社會關係內行動者具有排除各種抗拒以貫徹其意志的可能性」(韋伯 2006: 1),據此,權力也是一種關係,指涉占據特定社會位置的行動者能夠將個人意志施諸他人身上。權力涉及強制力(coerce)的使用,遇到抗拒必須使用強制力才能貫徹意志,形式包含極端的身體暴力,但也包括非暴力手段如剝奪物質利益和感情等。若能使權力關係中弱勢的一方充權(empowered)而降低對有權者的依賴,可減少強制力的威脅,增強抵抗可能性。

必須藉由強制手段才能貫徹意志,並非行使權力的有效方式。有效運作的權力必然包含自願服從(consent)。不管透過什麼方式或基於什麼因素,從屬者心悅誠服地相信有權者的支配合理妥當,權力的行使就具有正當性,具有正當性的權力稱爲權威。

▌二、正當性的三種類型

(一)傳統型:人服從權威是根據歷代相傳的規則。支配者依傳統慣例如王位世襲產生,有權者有恣意而行的自由,但必須要在某種傳統限制下行使,踰越界線可能引起反抗。

(二)卡理斯瑪(charismatic)型:基於領導人個人的超凡、神聖性等特質而效忠,並無客觀標準,端視追隨者是否眞誠信奉而定。卡理斯瑪的魅力是個人的、無法傳承,領導人的消逝會帶來繼承人問題,所以這種權威形態不穩定。

(三)法制/理性型:人服膺依法制定的普遍性規則,行使

權力
行動者具有排除各種抗拒以貫徹個人意志的可能性。

正當性(legitimacy)
從屬者認爲有權者的支配是合理的、妥當的。

支配者在法律規定下有權力。個人不是服從掌權者個人，而是服從依法占據某項職位而具有的權威，掌權者本身也要服從一套無私的法令和程序。

現代國家逐漸以法制／理性型取代專制君主的傳統權威。但現實中三種權威類型可能是混合的。

 問題與討論 13-1

舉一組權力關係（如丈夫與妻子，勞工與資本家）為例，討論哪些社會結構與法令制度的變遷，使權力關係中弱勢的一方，因為降低對有權者的依賴，增強抵抗的可能性，從而改變權力關係。

貳 國家

▌一、現代國家的形式

「國家」是一種制度化的權力。日常用語的「國家」通常指政治社群與政治實體，涵蓋居住在特定領土範圍內的人民，擁有自己的政府和法律體系，並宣稱具有不受外部勢力統轄的主權。社會學意義的國家指一套政治組織與制度，運用公共權力統治特定領土範圍及居住於其上的人民，較接近中文的「政府」但指涉範圍更大。

現代國家具有以下幾個特徵：

（一）領土與人民：控制清楚劃定的領土以及居住於其上的人民。

（二）官僚體系：具有韋伯定義的官僚制組織（韋伯 2006），利用行政工具和資源，根據形式化規則執行法律與政策。

（三）分化與整合：專注於統治職能，透過法律與政策分配資源、調停衝突、維持秩序、塑造集體認同與目標，使眾多殊異的個人、群體與社會制度整合在同一政治社群。

（四）權力集中化：境內所有的政治權威來自於一個核心。國家具有主權宣稱，在特定領土範圍具有最高和唯一的權力。對內沒有其他組織可以宣稱擁有相同權力，對外被其他國家組織承認獨立統治地位而與之交涉。

（五）壟斷武力的正當使用：國家對武力之正當使用具壟斷權利。

二、國家建構：戰爭、民族國家與民族主義

具有上述組織特質的現代國家約莫於十八、十九世紀成熟。Charles Tilly（1992）主張戰爭對國家建構具有深遠影響。一方面，從事戰爭需要持久穩固的國家組織；另一方面，統治者必須在因戰爭而重新劃分的領土上進行綏靖行動、鎮壓反抗者、維持統治秩序，也就是必須發展有效的行政體系將集中化的權威擴展到全國境內。

統治者在重新劃界的政治疆域內，可能改造某一優勢族群的文化，推廣到全國境內以建構集體的認同，讓人們「想像」自己是同一個民族的成員，具有相同歷史、文化、語言或族群根源。如此，企圖使國家組織所控制政治疆域和民族文化界線相契合，即所謂的民族國家。

但如此一來可能壓制某些群體、引起反抗，造成嚴重社會分歧，甚至引起獨立運動。民族國家與民族主義高度重疊，民族國

民族國家（nation-state）
國家組織所控制的政治疆域，和民族的文化界線相契合。

民族主義
屬於同一民族的成員，應該要建立獨立自主的國家。

家是「國家組織控制的政治疆域和民族的文化界線相符合」，民族主義運動則主張「具有相同傳統與文化的民族應建立屬於自己的國家組織」。

三、基礎行政權力與專制權力

　　學者討論現代國家形成時大部分關注韋伯定義的科層制（或官僚組織），但國家權力還有其他重要面向，亦即國家組織是否存在參與合法競爭權力的機制，使社會行動者能夠控制、影響國家菁英的決定。Michael Mann（2012）區分國家權力的專制權力和基礎行政權力二面向。專制權力指國家菁英不必與社會團體進行例行性協商，將統治意志強加在社會之上的權力。具有專制權力的國家成為自主的行動者。社會行動者可能透過議會、政黨和宮廷派系等途徑組織並削弱國家的專制權力。基礎行政權力則指國家滲透領土、貫徹執行政策決定的能力。基礎行政權力可以提高國家的集體權力，但不必然擴大專制權力；另一方面，凌駕於社會之上的專制權力，不一定能轉化成基礎行政權力。

　　兩個權力面向有不同連結模式，構成了殊異的國家與社會關係。封建國家專制權力和基礎行政權力弱，君主間接統治人民，依賴領主、教會或行會團體的基礎行政權力。帝國統治時代國家專制權力大，但國家缺乏介入社會生活的能力。十六世紀以來歐洲及其他地方，國家基礎行政權力的大幅擴張是普遍趨勢，國家可以不假手地方顯要而直接統治人民。另一極端則是一黨專政國家，強大的專制權力結合基礎行政權力，單向支配人民日常生活。

▌四、公民社會與政治社會

　　分析專制權力的核心是：政體中是否存在公民社會（或稱市民社會）所建構的代表性力量和意見影響國家決策，以及是否存在政治社會的制度安排，以合法手段競爭國家權力（Linz and Stepan 1996）。政治社會指政體中特定的制度安排，使行動者能夠合法、非暴力地取得控制公共權力和國家組織的正當權利。民主體制中政治社會的核心制度包括政黨、選舉、政治領導、跨黨聯盟和立法機構等（Linz and Stepan 1996: 8）。非民主國家不容許或有限開放競爭，因此民主化的必要任務之一在於建構競爭控制國家權力的政治社會。

　　公民社會指自我組織的團體、運動或社會關係網絡，目標是形塑集體認同、表達特定價值與利益。托克威爾（2005）指出美國有各種社團組織，參與者在協調合作中培養公共精神廣泛運用結社中學到的技能和習性到政治領域，結社是「民主的免費學校」。普特南（Putnam 1993）延續此觀點，認為就內在而言，結社灌輸成員合作、團結與重視公益的精神，培養參與政治必要的知識與技能；就外在而言，結社創造社會資本，形成具有互惠規範與信任的綿密網絡，使人們能有效合作，追求共同目標。活躍的公民社群能促使政府更有效能地回應民眾，提升民主品質。

政體（polity）
政治社群中治理公共生活的各種組織和制度安排結合而成的整體，通常包括國家、公民社會和政治社會三個領域。在有些政體中，公民社會和政治社會的空間會受到壓縮。

社會資本
指的是「社會組織的特質，像是規範、信任和網絡等，能夠促進協調而使社會更有效率的行動」（Putnam 1993: 167）。

▌五、公民身分與福利國家

1. 公民身分與不平等

　　現代國家統治下個人與國家的關係是直接的，個別公民作為政治共同體成員的權利與義務稱為公民身分。T. H. Marshall（1950）對公民權利區分自由權、政治權和社會權，自由權保障

個人不受干擾、私人財產、訂定契約和司法正義的權利。政治權是參與公共權威運作的權利，包括選舉和出任公職。自由權與政治權為公民社會和政治社會提供制度化保障。社會權範圍很廣，不僅包含滿足基本生活需求的福利，也可能擴及接受教育、維持健康、享有良好居住和環境品質等權利。

社會權成為基本權利意味著個人不僅應免於專制權力壓迫，共同體也有責任保障個人。公民身分具有平等和普世的原則，但在現實上人民常因各種差異受到差別對待，透過政治社會運動能夠達到形式平等原則。

2. 福利國家的三種模式

二十世紀以來許多西方先進國家擴充基礎行政權力，同時賦予公民社會權，形成「福利國家」。政府保障每個國民生活需求適當的滿足，並增進應付事故的能力（Briggs 1961）。

Gosta Esping-Andersen（1990）指出福利國家的核心理念是社會權，社會權去商品化個人而能對抗市場力量。資本主義社會若無社會權，個人的福利需求須透過市場交易才能取得。福利國家把一些需求項目視為權利而提供保障、去商品化，降低對市場的依賴、社會不平等。

不同福利國家的制度安排在去商品化和降低社會不平等的程度上有所差異。Esping-Andersen 區分三種福利體系，第一種是自由主義模式如，以社會救助措施主導，找出「值得幫助的窮人」；權利的賦予是基於需求，旨在增強而非削弱市場力量。然而國家提供的福利通常不高於最低維生水平，去商品化程度低，接受者有污名效應，維繫了社會不平等。

第二種是統合主義模式如，主要採取社會保險強制特定群體參加、繳交保費，發生事故時提供給付；權利賦予是基於職業或

繳交保費的義務。一般繳交保費多寡和給付金額與所得相關，所得高者繳較多保費，領取給付也較多。福利分配基本反映市場運作結果，維持地位差異。

　　第三種是社會民主模式如，平等給付給所有人。一般認爲這種福利體系最符合平等普遍原則，也最能凝聚社會團結。但若以政府稅收爲主要財源，很少能提供適當水準的給付，去商品化程度有限。此外，若給付水準過低，受益公民仍須從市場等途徑取得福利，降低社會不平等的能力受限。

台灣福利國家的特性：混雜的體系

　　個別國家內不同福利方案可能展現不同模式，甚至同一方案結合不同模式，例如台灣的全民健保由政府經營提供所有人相同醫療給付（林國明 2003），較接近社會民主模式，給付項目頗爲完整，去商品化程度高。年金體系則接近統合主義模式，不同職業群體的給付水準有很大差異。中低收入戶的生活扶助則採取社會救助模式，條件嚴苛且給付水準偏低。

　　🔍 **問題與討論 13-2**

　　尋找相關的資料，比較台灣公教人員、勞工和農民三類人口，在老年經濟保障（年金、退休金和老年給付等）方案內容的差異。你認爲 Esping-Andersen 三種福利模式是否可以說明方案內容的差異？以及爲什麼這三類人口得到的保障程度不同？

六、解釋國家政策的理論

多元主義認為現代社會權力分配是分散的，個人自主參與各種團體代表不同利益和價值，透過集體行動影響國家政策。國家是中立的仲裁者，政策決定反映團體競爭的結果。因為社會、經濟領域和政治競爭的多元化，加上個人隸屬於不同團體，產生利益交叉的效果，所以政策決定沒有永遠的贏家。此外，行政、立法和司法權的分立制衡加上選舉機制，讓競爭團體有多重管道影響政策。

多元主義理論參照民主政體，認為一般民眾擁有權力透過選舉影響政治領導人。權力菁英理論則認為即使是民主政治，權力也集中在少數菁英身上。權力是由位置決定，占據這些位置的菁英往往出身特定階級，具有單一世界觀、享有共同利益。

馬克思主義的國家理論認為國家決策反映了經濟優勢階級的利益，國家的功能都在壓制階級衝突，維持優勢階級的支配，例如議會民主制是工業資本主義的統治形式，維護資本家的利益和資本主義的生產秩序。達成這種功能有兩種理論取徑，一是「工具論」，認為資本家階級透過控制政府部門、立法機構、大眾傳播媒體「直接統治」國家；二是「結構論」，認為國家為維護資本的集體和長期利益及統治的正當性，必須具有「相對自主性」，不能完全被資產階級擺布，才能追求有利再生產的政策。

國家中心論認為多元論、權力菁英論和馬克思主義的國家理論，都將國家的行動與政策視為反映社會群體權力衝突與競爭。國家中心論反對這種「社會中心論」，認為國家不只是各方勢力競爭的場域，同時也是行動者，具有自身的邏輯和利益。國家行動者能否形成、追求自身政策目標，受國家自主性和國家能力影響。國家自主性指國家獨立於社會勢力而訂定政策的程度，國家

能力則是執行政策目標的能力。國家中心論從國家組織結構的特性及其與社會的連結關係，分析國家的政策制定與執行能力。

　　國家中心論被批評過度強調官僚部門角色和組織特性對政策的作用，有「官僚決定論」的傾向。1990 年代開始轉向歷史制度論，這個觀點有兩個特性，第一，關注擴展到政體層次，分析國家組織、政治社會和公民社會間的互動連結及其歷史變遷如何塑造行動者影響政策的能力。第二，重視政策的回饋作用，分析前一歷史階段所制定的政策，如何影響下一階段。

 問題與討論 13-3

　　請舉出一個政府決策偏袒企業的例子。在這個決策案例中，你認為政府為什麼會特別照顧企業界的利益？

參　戰後台灣的國家權力與國家社會關係的轉型

　　1949 年國民黨政權撤退到台灣，統治一方面仰賴高度專制權力，一方面透過政黨組織、國家統合主義、情治系統和侍從主義，建立基礎行政權力。

▌一、基礎行政權力的建構

　　（一）建立「以黨領政」的威權黨國體制，結合國家行政資源滲透與控制社會組織，以黨小組和黨部掌握地方輿情。

　　（二）對民間團體的滲透與控制也借助國家統合主義，例如

強制某些職業身分者參加社團，再依層級原則形成地區性和全國性的聯合組織；所有團體都要向政府登記，不同領域的民眾組織納入層級性團體接受監督。

（三）透過情治系統嚴密監控社會活動，防範異議分子。白色恐怖時期國民黨政府透過監控蒐集情報，大量逮捕持不同政治意見者。1970 年代後鎮壓行動雖緩和，但監控行動更全面。情治系統於 1971 年調整、成立「春風專案」全面監控校園，布建線民、監控學生社團、宿舍和師生。

（四）透過侍從主義（clientelism）籠絡本土菁英，建立穿透地方社會的統治聯盟。籠絡地方派系的本土菁英以動員選票，給予各種資源，甚至以公權力掩護非法經濟活動。

侍從主義
（clientelism）
一種不對稱的交換關係，居上位的「雇主」（patron）提供「侍從」（client）財貨與服務，以交換政治支持。

🔍 **問題與討論 13-4**

　　國民黨威權統治時期的政治監控留下大量檔案。有人認為，為了了解威權政府迫害人權的歷史真相，這些檔案應該全部公開，也有人認為，監控檔案涉及個人隱私和不實記載，如果公開會對當事人造成二度傷害。你認為政治監控檔案是否要公開？若要公開，是否該有什麼配套措施？

二、專制權力和有限的政治多元主義

在專制權力方面，《動員戡亂時期臨時條款》凍結部分憲法條文，擴充總統權力；實施戒嚴剝奪人民基本權利。中央民意代表機構凍結改選，成為「萬年國會」。雖在 1950 年代開放地方選舉，1969 年開放部分中央民代改選名額，並在 1970 年代後逐漸

增加，創造威權統治下有限的政治多元主義。選舉提供給反對勢力組織化管道和合法挑戰國民黨的政治空間，一方面創造民主轉型過程中的行動者，另一方面也使體制內的溫和反對派成為反對運動主流。

三、公民社會的興起

在國民黨統治下國家權力雖全面滲透社會，但經濟社會仍保有一定多元性。解嚴前台灣社會就存在許多社團，社會學者李丁讚和吳介民（2008）指出 1970 年代許多社會團體協助政府解決問題，並無代表特定利益而與國家衝突者。1970 年代末期在消費者保護和環境保護等議題上出現具自主性的民間團體，開始從「對抗」和「制衡」角度看待國家與社會的關係。1980 年代中期民間團體如雨後春筍般成立，包括倡議特定權益和價值的新興團體，及擺脫黨國體制控制的既有組織。這時興起的各種社會運動都以國家為目標，但批評者指出這造成「社會政治化」，無法建立草根組織或替代性文化。

1990 年代後社會團體小型化、在地化，關注社區、環境等；有些社會團體和國家也從「對抗」轉化成「夥伴」關係。國家轉而透過計畫案和補助案影響社會團體，基礎行政權力透過民間社團進入人民日常生活，形成「國家與社會的相互滲透」。

1990 年代後大量出現的民間團體各自競逐自身利益，台灣的公共論述於是開始關切公共領域，倡議合作性對話，公民社會的興起對台灣民主化扮演重要角色。1980 年代中期的社會運動與政治反對運動相互支持，迫使國民黨政府 1987 年宣布解嚴。1990 年國是會議達成終止動員戡亂時期、回歸憲法、修憲等共識，並在 1990、1991 兩次修憲會議確立國會全面改選和總統直

公共領域（public sphere）

公民們就共同關心的議題，進行理性、知情的討論，以獲得共識。

選。1992年國會全面改選，1996年總統直選，台灣完成民主轉型。

民主體制

一、民主的理想與現實

Robert A. Dahl（2006）指出民主最核心概念是：每個人政治地位平等，有同等資格參與影響自己的決策。代議政治確實是現存民主體制最核心制度，但未必能讓公民的偏好受到平等考量。

Dahl認為實現民主至少需要五項標準，（1）有效的參與：所有社群成員應有同等機會，表達對政策的看法。（2）投票的平等：所有成員應有同等投票機會。（3）充分知情：所有成員有同等機會了解不同政策方案。（4）議程的控制：唯有成員可以決定哪些事務交由集體決定以及過程如何進行。（5）成年人的公民資格：所有或至少多數成年常住居民享有以上權利。

必須有七項制度設計實現這五項標準，包括：民選官員、自由且公平的選舉、普及的選舉權、參選公職的權利、言論自由、可替代的資訊來源和結社自由。具備這七種可以稱為多元政體，一般所說的民主國家在Dahl的定義下只能稱為多元政體。五項標準描述了完美的民主體制，現實中卻沒有多元政體可以完全達到。

二、民主、威權與極權政體

以往學界只將政治體制分為民主政體和極權政體二類，極權

政體參照共產國家如一黨專政，執政黨壟斷國家權力，全面控制經濟活動與社會生活。不符合民主和極權特性的政體則被認爲是向兩端移動的過渡狀態。Juan Linz（2000）認爲這些被視爲過渡狀態的非民主政體，與民主、極權政體大不相同，於是建立威權政體之概念，從多元性、意識形態、動員和領導四方面區辨民主、極權和威權政體的差異特性。

　　民主政體：經濟、社會和組織內部生活存在多元自主性，因而強化政治多元。在意識形態方面廣泛認可公民身分和競爭的程序規則，尊重法律、少數群體的權利及個人主義的價值。在動員方面，公民透過公民社會及政治社會參與公共事務。政府會試圖塑造良好公民與愛國情感。在領導方面，透過定期的自由選舉產生政治領導人，在憲法和法律規範下行使權力。

　　威權政體：具有有限、不負責任的政治多元化，社會和經濟多元化廣泛，缺乏精巧的指導性意識形態，但具有獨特的心性。在動員方面，公民的自主參與受限，政權除特定時刻外不會廣泛深入地動員群眾。在領導方面由領導人一人獨裁或一小群菁英操縱權力，權力受到可預測的規範限制，國家官僚與軍隊也有一定程度自主性。

　　極權政體：沒有顯著的經濟、社會或政治多元化，執政黨壟斷權力。具有精巧的、指導性的意識形態，對人性與社會有整體概念。政權創立強制參與的組織，重視幹部的積極性，努力動員民眾參與。在領導方面統治不受明確限制也難以預測，領導人通常具有卡理斯瑪的特質。

三、民主轉型與鞏固

　　從非民主政體轉變到民主政體的過程稱爲民主轉型。轉型後

若政府和非政府力量，在行為、態度和制度層面都把民主程序當做解決衝突、競爭權力唯一規則，則稱為民主鞏固（Linz and Stepan 1996）。二種因素能夠促成民主轉型與民主鞏固，一是結構取向，強調社會、經濟、文化和政治制度創造有利或不利於建立民主政體的條件；另一是行動取向，重視行動者的意志與策略互動。在結構取向的解釋中，Dahl（2006）所說動態多元的現代社會最常被提及。這種社會形態具有以下特徵：高度水準的個人平均所得和財富，都市化和工業化程度高，職業類別複雜，識字率普及且有較高比例民眾接受高等教育，存在市場經濟和自主的社會團體等；可以產生兩種有利於民主政體的作用：第一，權力、權威、影響力和控制力量分散，使特定行動者不能獨攬權力；第二，孕育有利於民主理念的態度和信念。資源分散較易形成互利、共享的文化，擴大公民資格的範圍。

事實上，難有單一因素解釋民主轉型與鞏固。Linz 和 Stepan（1996）認為民主轉型的完成與鞏固必須有五個條件，包括自由活潑的公民社會、相對自主的政治社會、憲政主義的法治原則、可用的國家官僚機構、受到管制的經濟社會。公民社會有能力產生政治方案、監督政府、提供理念和利益給競爭的政黨，扮演重要角色，而政治社會運作出具有共識的規則和程序，公民社會和政治社會需要法治保障。此外，民主需要具有基礎行政權力的國家組織保障公民權利、執行法律並管制經濟社會。最後，鞏固的民主體制需要市場經濟支持，唯有市場的自主性和所有權的多樣化才能產生獨立、活絡且對民主有貢獻的公民社會。Linz 和 Stepan（1996）認為，民主是一個互動系統，唯有這五個領域適當結合，才能塑造鞏固的民主體系。

有學者認為將民主轉型的動力歸因於結構與制度條件等背景因素忽略了「人的作用」。吳乃德指出，不能只看政治菁英的決

定和互動，忽略一般公民（吳乃德 2020: 29）。台灣已歷經三次政黨輪替，民主體制可說已經鞏固，但仍有兩大挑戰：第一，長期存在的國家認同差異。第二，公共政策議題經常無法理性討論。

四、審議民主

現存的民主體制都是代議民主，但未必能反映公民的偏好，又公民投票的過程中未必能夠提供充分資訊。理想的民主狀態是所有社群成員有同等、有效的機會提出對政策的看法，且了解不同政策方案的內容和後果，「審議民主」的公民參與模式作為代議民主的補充出現。

審議民主在「民主」的面向上，強調所有受政策影響者有平等權利和有效機會影響政策；在「審議」的面向上，認為應該透過「說理」的溝通行動影響政策，支持或反對某項主張都應提出別人聽得進去的理由辯護，也要以相互尊重、平等互惠的立場了解、反思和回應他人的觀點。世界各地審議模式的公民參與雖形式不一，但大致在「誰來審議」和「如何審議」有共同要素。例如在「誰來審議」方面，大抵都有一套招募和挑選參與者的程序，希望涵蓋不同背景的群體。在「如何審議」方面，參與者在有經驗的主持人引導下，依據程序規則進行說理的溝通。

參考書目

托克威爾（Alexis de Tocquerville）著、秦修明等譯，2005，《民主在美國》。台北：貓
　　頭鷹。

李丁讚、吳介民，2008，〈公民社會的概念史考察，1945-2005〉。收於謝國雄主編，
　　《群學爭鳴：台灣社會學發展史，1945-2005》，頁 393-445。台北：群學。

吳乃德，2020，《臺灣最好的時刻：1977-1987》。台北：春山。

林國明，2003，〈到國家主義之路：路徑依賴與全民健保組織體制的形成〉。《台灣社
　　會學》5: 1-71。

韋伯（Max Weber）著、康樂譯，2006，《支配的類型：韋伯選集 III》。台北：遠流。

達爾（Robert A. Dahl）著、李培元譯，2006，《民主及其批判》。台北：韋伯。

Briggs, Asa, 1961, "The Welfare State in Historical Perspectives." *European Journal of Sociology* 2: 221-258.

Esping-Andersen, Gosta, 1990, *The Three Worlds of Welfare Capitalism*. Princeton, NJ: Princeton University Press.

Linz, Juan J., 2000, *Totalitarian and Authoritarian Regimes*. Boulder, CO: Lynne Rienner Publishers.

Linz, Juan J. and Alfred Stepan, 1996, *Problems of Democratic Transition and Consolidation: Southern Europe, South America, and Post-Communist Europe*. Baltimore: John Hopkins University Press.

Mann, Michael, 2012, *The Sources of Social Power: Volume 2, The Rise of Classes and Nation-States, 1760-1914*. Cambridge: Cambridge University Press.

Marshall, T. H., 1950, "Citizenship and Social Class." Pp. 1-85 in *Citizenship and Social Class and Other Essays*. Cambridge: Cambridge University Press.

Putnam, Robert D., 1993, *Making Democracy Work: Civic Traditions in Modern Italy*. Princeton: Princeton University Press.

Tilly, Charles, 1992, *Coercion, Capital, and European States, AD 990-1990*. Oxford: Wiley-Blackwell.

第**肆**篇

社會變遷

第 14 章

社會運動

■何明修

摘　要

1. 社會運動的基本特徵在於用體制外的策略，來改變既有的
   體制。因此，社會運動往往與抗議連結在一起。

2. 從個體的不滿到集體的行動，有許多因素決定了社會運動
   是否會產生，包括當事者的生命歷程、他們之間的認同，
   以及是否能夠克服搭便車的困境。很少人會主動地加入社
   會運動的隊伍。人際網絡、組織等動員結構的存在，促成
   了社會運動的參與。

3. 社會運動是一種政治現象，因此政治脈絡的變遷也形塑了
   社會運動的方向。社會運動通常透過論述來包裝訴求，以
   獲得支持或是減緩反對，這種過程即是文化構框。社會運
   動的訴求需要以表演的形態呈現出來，抗爭劇碼的概念即
   是用來分析這種戲劇性的面向。

4. 資訊社會促成了網際網路的普及化，也影響了社會運動的
   進行方式。抗議者可以透過更多元與便捷的方式傳遞訊
   息，引發社會運動參與風潮。然而，獨裁政權也會試圖掌
   握網際網路，以網軍、假消息或數位監控來壓制異議人士。

壹　前言：全球占領運動的風潮

在 2011 年的占領運動風潮，中國、台灣與香港都曾出現仿
效的抗議活動，不過都沒有形成氣候。例如：中國維權人士在 2
月號召群眾在各城市公共場所集結，但是在公安的強力驅離下，
抗議群眾很快散去；台灣的證券交易所位於台北 101，其中的購

物商場出現短暫的抗議活動；香港人則是在中環的匯豐銀行總部長期紮營。

到了 2014 年，占領運動才眞正開始衝擊東亞。在 3 月 18 日，台灣的學生衝入立法院，抗議政府強力通過兩岸服務貿易協議。這場達到 24 天的占領立法院運動被稱爲「太陽花運動」，最後朝野同意優先制定兩岸協議監督條例，抗議者決定和平退場。在 9 月 28 日，香港市民占領了金鐘、銅鑼灣、旺角，要求眞正落實民主的特首直選。這場「雨傘運動」引發了國際關注，以及世界各國領袖的支持，不過，在堅持了 79 天之後，三個占領區被逐一清場而宣告結束。

這股占領運動儘管有不同的訴求，卻有下列共同的特徵：

一、長期占領顯著的公共空間：一旦抗議者群眾累積到一定規模，足以抵抗警察的驅逐行動，就能夠形成一種與當局對峙的態勢。迫使執政者不得不認眞面對，並且有所回應。

二、青年爲主的抗議群眾：世界各地的年輕人的教育程度越來越高，但是面臨了低薪與高失業的風險，容易淪爲「不穩定無產階級」（precariat）的處境。

三、缺乏事先的組織：在全球占領運動趨勢中，事先存在的組織通常是薄弱的，或是沒有扮演重要角色，絕大部分的參與者不是因爲被領導者要求，而是自行決定要參與占領行動。

四、高度依賴社群媒體：臉書、推特、Instagram 等社群媒體成爲重要的資訊來源，許多參與者是由此獲知占領運動的消息。

汲取 2014 年雨傘運動的教訓，2019 年反送中運動沒有採取長期占領公共空間之策略，但是仍是依靠青年參與者、不依賴既有的組織、密集採用社群媒體，因此也可以算是全球占領運動最新登場的形態。

儘管有這些新穎的特徵，全球占領運動仍舊是屬於社會運動

社會運動（social movement）
社會運動是由一群團結的人民所發起的集體行動，能透過體制外的策略來改變現狀。

的現象。社會運動的定義是：由一群團結的人民所發起的集體行動，能透過體制外的策略來改變現狀。社會運動的訴求通常是挑戰強勢者的物質利益或是文化觀念，因此需要採取抗議的方式，來彰顯自己的訴求。社會運動不能簡化為單純的抗議行為，因為社會運動通常是持續性的參與，主張往往根源於某一種的世界觀或意識形態。最後，儘管大部分的社會運動是追求性別平權、生態永續、勞工保護等進步性的價值，但是社會運動也有可能由保守人士發起，甚至與其他進步性的社會運動形成針鋒相對的局勢。

社會運動的研究在近來已經不再區分各種理論流派，而是採取一種整合式的研究取向。

貳　從個體到集體

社會運動來自於不滿，但是並不是每個人在日常生活所感受到的剝削、屈辱、歧視、被排斥等負面經驗都會引發社會運動。一般人習以為常地認為，只要不滿累積到一定的程度，個體的聲音就會自然而然地匯集成為社會運動，但是集體行動往往是不得不的選擇。

在個體層次，有許多方式可以因應這些不滿，而不需要採取共同的行動。Scott（1990）提出所謂「日常抵抗」（everyday resistance）的概念，這是指各式各樣因地制宜的弱者策略，目的並不是推翻壓迫性的體制，而是試著讓自己在現有體制下的損失降到最低，以維持生存。Olson（1965）指出，社會運動所追求的目標通常具有公共財（public goods）的特性。但是公共財的困境正是在於，人們會希望他人的貢獻，自己則當坐享其成的搭便

車者（free rider）。問題正是如果每個人都抱持這種想法，就不會
有社會運動出現。

　　公共財與搭便車的看法是立基於理性選擇理論（rational
choice theory），後者主張個體的行為總是為了追求最大的物質性
回報，但是這種狹義的預設往往與許多真實的社會運動相違背。
舉例而言，許多社會運動是追求某些群體的尊嚴，而不是經濟利
益。在台灣與香港的占領運動中，許多參與者都感受到一股強
大的道德壓力，必須為運動有所貢獻。在太陽花運動，「自己國
家、自己救」是一個廣為流傳的口號，後來雨傘運動也採用了
「自己香港、自己救」的講法。很明顯地，許多台灣與香港公民
將自己的參與視為某種急難救助，是一種要積極承擔的義務。

參　誰來參與社會運動？

　　社會運動的參與意願並不是平均分布，某些人是抗爭現場的
常客，某些人則鮮少出現。在太陽花運動期間，有研究團隊在占
領現場進行隨機抽樣調查，結果顯示：74.1% 的受訪者是 30 歲
以下，84.3% 有大專或以上的學歷，56% 的參與者具有學生身分
（陳婉琪、黃樹仁 2015: 151-152）。太陽花運動的主力是來自於
高學歷的青年，這當然與他們的世代處境有關係。社會學重視世
代（generation）的議題，因為在相同的時代氛圍中成長，經歷相
同的歷史事件衝擊，容易養成相似的世界觀。太陽花運動的成員
主要是七年級後段班與八年級前段班（即 1985-1994 年之間出生
的台灣人），由於高等教育擴張，更多人有機會進入大學，但是
在畢業之後卻面臨了低薪（例如「22K」的流行說法）、派遣勞
動、高房價等經濟困境，因此對於服貿協議所帶來的衝擊，特別

世代（generation）
世代是一種生命歷程
因素，影響了社會運
動的參與意願。在相
近的時期成長，容易
因為共同歷史事件而
產生類似的世界觀。

有感。

　　世代差異也可能影響參與意願以及運動路線的選擇。在台灣 1980 年代的婦女運動中，參與者多數擁有較優勢的階級與教育背景，因此採取社會服務、立法遊說與文化宣傳的運動策略，鮮少投入激進的抗爭；但 1990 年代的婦運參與者則由於在成長過程受到各種社會抗議的耳濡目染，較願意進行草根動員（Fan 2019: 88, 96）。

　　社會運動的參與也受到可支配時間（discretionary time）的影響。舉例而言，服貿協議預計開放台灣的美容美髮、社會服務、醫療等產業，將會衝擊許多人的生計，但是這些行業的從業人員通常無法從工作抽身，參與占領抗議。在台灣的地方環境污染抗爭中，能夠長期圍堵工廠的人士也多半是有閒暇的阿公、阿嬤，而不是每天朝九晚五工作的上班族。

　　最後，生命歷程的歧異也使得某些群體比較有機會接觸新的觀念，成為社會運動的核心分子。在台灣 1980 年代的婦女運動（王雅各 1999: 59-62）、1990 年代女同志運動（趙彥寧 2001: 56）的興起過程中，年輕與高學歷人士都扮演了十分關鍵的角色。當時台灣仍然處於封閉的戒嚴統治，國外的自由環境容許了更多自由探索的空間，因此 1970 年代的台灣留學生在國外體認到了完全不同的政治文化，了解到民主生活方式的重要，不少人開始投身於海外的台獨運動（Lynch 2002）。總的來說，世代間的差異，以及個體在生命過程中所遭遇的不同事件，會影響對於社會運動的觀感。

問題與討論 14-1

　　請同學參與觀察每年台灣進行的五一勞工遊行、同志遊行、氣候變遷遊行等，並且試圖理解遊行參與者的心理動機。

肆 社會運動的基本過程

　　1990 年代之後，理論之間的界線已經不復明顯，越來愈多學者採取整合式的觀點，拒絕了文化／利益、結構／行動之對立。社會運動與其他類似現象（包括革命、民主化、族群衝突、民族主義、勞資糾紛等），被視爲「抗爭政治」（contentious politics）的一環，研究者開始關切其中的基本過程（McAdam, Tarrow, and Tilly 2002）。

一、動員結構

　　社會運動參與者既有的人際關係也是促使他們加入的因素。這些能串連起參與者的人際關係，就是動員結構。人際關係也被稱爲「社會資本」（social capital），因爲社會關係就像是經濟資本（即貨幣）一樣，能夠帶來各種的回報。有些群體儘管身處於相同的處境，但是缺乏共同的動員結構，無法形成一致的社會運動。舉例而言，過去台灣的計程車司機需要將自己購置的車輛登記在車行，形成被剝削的「車奴」，然而由於他們個人化與四處流動的特殊工作形態，不容易相互認識，產生互動。在 1990 年代初，由於地下電台與扣應（call-in）的興起，計程車司機開始

動員結構
（mobilization structure）
動員結構是引發社會運動參與的實際管道，通常包括了人際網絡，以及社會組織兩個面向。

有機會集結，並且推動追求自身利益的社會運動，最後取得車牌開放的結果（蔡慶同 2005）。

　　有時，社會運動與其反制運動（counter movement）會形成對立的局勢，他們的差異也反映出動員結構之不同。在台灣同性婚姻爭議中，反對者通常來自於保守的基督教會，他們有能力動員教友，密集遊說立法委員；支持婚姻平權的陣營則是以婦女運動與同志運動團體爲主，但是由於缺乏社區與草根的動員結構，無法進行如此綿密的政治施壓（Ho 2019a）。

▍二、政治脈絡

　　社會運動經常被認爲是另一種操作政治的方式（politics by other means）。弱勢群體無法像民意代表一樣直接質詢官員，或是像利益團體一樣進行遊說，也很少有辦法在激烈的選舉中脫穎而出。因此，體制外的策略是被迫的選擇，但是目的仍是改變既有的體制。

　　社會運動是一種政治現象，不同時空脈絡下的政治氣氛也會影響其演進的過程。在 1987 年解除戒嚴令之前，人民團體的成立受到很大的限制，很多社會運動組織紛紛以基金會、雜誌社的方式來辦理登記。在解嚴之後，隨著各種禁令的廢除，各種社會運動在 1980 年代末期獲得蓬勃發展的空間。在解嚴後三十多年的今天，隨著各種選舉與代議制度的成熟，政策參與管道浮現，官民協力治理的出現，社會運動成爲我們常態民主生活的一環。在台北街頭看到各種訴求的抗議，已經是稀鬆平常的事情。隨著社會運動的日常化與例行化，我們可以說一種「運動社會」（movement society）的形態已經降臨（何明修 2011）。

　　政治局勢的演變深刻地影響了社會運動的走向。政治機會

（political opportunity）一詞是指，政治因素的變遷提高或是降低了運動人士所需要付出的成本。這個概念預設了，國家在當代政治生活中占據著核心地位，是社會控制的制高點，在很大程度上影響了社會資源的分配方式（Tarrow 1996）。政治機會的概念有許多種解釋的效用，有助於我們理解某一種社會運動的興衰歷程，比如說解嚴後的罷工風潮爲何從 1990 年代初期之後逐漸消失，原因在於政府開始以司法手段強力整肅工運幹部（王振寰、方孝鼎 1992），有效地壓縮了激進抗爭的可能性。政治機會也可以解釋社會運動所面臨的相異處境。舉例而言，在 2011 年的福島核災之後，東亞各國的反核運動都重新復甦，但是在台灣導致了核四停建，南韓與日本卻沒有出現類似運動成果。一個政治機會結構的解釋是，南韓與日本的擁核陣營更爲強大，他們有能力對外輸出核心反應爐科技，因此獲得較強大的政治支持（Kim and Chung 2018）。

　　政治機會概念近年來卻受到許多批評，其中一項非常根本的質疑在於，有利的政治條件不一定直接導致社會運動的出現，而且有時看似「不利」的政治條件也會激發動員風潮。研究者指出，當政權開始濫殺無辜，連溫和的反對派都無法立足時，激進的革命派才有可能壯大（Goodwin 2001）。Jasper（2012）更進一步指出，「機會」一詞必然是涉及了各種主觀的評估、行動者的能力，而不是純粹的客觀結構。舉例來說，台灣的婦女運動者能夠進入行政院婦女權益促進委員會，參與政策的研擬可以算是一項政治機會。不過，要使這個管道能發揮作用，仍有賴於運動者採取特定的策略，搭建與負責官員的良好關係並彼此信用（黃淑玲、伍維婷 2016）。

　　研究者也提出「威脅」（threat）的概念，這是指「社會團體如果不動員所要付出的成本」（Goldstone and Tilly 2001: 183）。威

脅的效果，會使不行動比行動的成本更高（如「退一步死無其所」），因此反而激發社會運動的動員。

在台灣的太陽花運動與香港的雨傘運動登場之前，兩地反對服貿與爭取特首民主選舉的運動都面臨不利的政治機會，執政者不顧反對民意，決定強行執行，反對黨也沒有完全支持運動的訴求。然而，由於台灣執政黨粗暴處理《海峽兩岸服務貿易協議》，在混亂的三十秒內通過立法院審查，而香港警方則是動用催淚彈，驅散和平抗議的民眾，反而激發更強大的反彈（Ho 2019b: 106-107, 128-129）。如此，許多台灣與香港公民參與兩場抗爭運動，不再只是原先爭議的議題，而是爲了捍衛台灣的民主或是保衛香港人的自治。

▍三、文化構框

文化構框（cultural framing）
社會運動提出一套新的詮釋方式，賦予某些已熟悉的事物不同的意義，藉以激發出參與者的熱情，或是正當化運動的訴求。

要推動一場社會運動，首先就要使得處於壓迫情境下的人們不再順從既有的體制。換言之，民怨並不是自然而然就存在的，而是需要被刻意創造出來的。

要達到上述的作用，運動者必須進行構框（framing）的工作，也就是對於特定的議題賦予新的詮釋，以改變原有的認知方式。社會運動所提出來的框架（frame）就是一種看世界的觀點，一旦被某種運動框架所說服了，以往認爲是天經地義的道理，現在成爲完全不能忍受的不公不義。

共鳴（resonance）
社會運動框架所企圖達到的效果，使得訊息接收者能產生感同身受的感受，進而願意支持社會運動的主張。

運動框架要能夠發揮作用，最重要的就是要讓訊息接收者感受到共鳴（resonance），彷彿社運組織所講的道理就是自己的故事。舉例而言，反國光石化運動（一項位於中部的重大填海造陸開發案）的參與者擔心其中一項工程會阻斷「中華白海豚」（Sousa chinensis）的洄游路徑。爲了讓這項議題獲得更多的重

視，環保人士成立了「台灣媽祖魚保育聯盟」，採用這樣的名稱是為了迎合沿海的民間信仰，可愛的白海豚造型也參與了每年媽祖遶境活動。在 2011 年的福島核災之後，台灣沉寂許久的反核運動重新浮現，而且聲勢遠超過以往，甚至在 2014 年促成了核四停建。日本的核災比較容易引發一般民眾的共鳴，增加反核論述的說服力。然而，如果這場嚴重的災難是發生在一個台灣人認為「科技落後」、「工作不認真」的國家，對於國內反核運動的影響很可能就完全不同了（Ho 2014: 966）。在反對服貿運動中，運動者很早就指出這項深遠影響台灣的協議是「黑箱作業」，完全沒有程序正義與透明，於是當執政黨強行通過服貿審查，等於是坐實了這種「黑箱」構框的指控，因此有助於太陽花運動的群眾參與。

　　構框有可能刻意針對運動以外的群體，尤其是那些對於運動議題採取敵對立場的人士。從 1987 年起，蘭嶼的達悟族就發起了反核廢料運動，儘管政府已經停止運送本島的廢核料，也承諾遷出，但是這項運動仍然持續進行。在早期，達悟族運動者批判「殖民主義」，強調族人面臨了「滅族」的危機；到了更晚近，運動者改採用環境正義的論述，與本島的反核運動一樣訴求非核家園。這樣的轉變反映了原住民族在台灣地位的提升，蘭嶼觀光產業帶來的衝突，以及新一代運動者的不同背景（黃淑鈴 2015）。

▎四、抗爭劇碼

　　社會運動其實是一種角色扮演，抗議者選擇性地出招，設法在他人面前展現某種形象，以博取更多數人的接納與同情。
　　抗爭劇碼正是集體行動者所能採用的抗議形式之總合。劇碼的組成是受到文化背景的影響，在任何一個時空脈絡中，

抗爭劇碼
（repertoire）
社會運動所採取的抗爭表演方式。在任何時期，反對者所能使用的抗爭形式是有限的，因此，抗爭劇碼往往反映深厚的時空背景預設。

能夠容許的劇碼必定是有限的，社會運動不得不從其中選擇最適當的形式。一般而言，抗爭劇碼的採用是基於議題的價值（worthiness），以及參與者之間的一致性（unity）、數目（number）與承諾（commitment）（Tilly 2004: 3-4）。因此，社運組織無不希望所舉辦的示威活動能盡可能地號召到更多的參與群眾，至於預先規劃好統一的標語與口號，目的不外乎是展現眾志成城的決心。

　　劇碼選擇也與抗議者的特質有密切關係。在台灣的地方環境運動中，經常可以發現民間宗教的儀式（例如武術陣頭、抬神轎等）出現在抗爭的場合中。原因正是在於，民間宗教本身就有強烈的在地性格，其保佑鄰里的意涵正好呼應了反污染的社區要求。台灣的身心障礙者經常面臨不友善的公共空間，感受到被排斥的負面經驗，因此他們的抗議劇碼就是一同用輪椅「散步」，具體呈現不得其門而入的困境，以彰顯日常生活的歧視（張恒豪、游鯉綺、許朝富 2018: 375-382）。

 問題與討論 14-2

　　動員結構、政治脈絡、文化構框、抗爭劇碼是社會運動的基本四大要素，請以晚近眾所關注的同婚合法化運動，來說明這些概念的意義。

 問題與討論 14-3

　　有些抗爭劇碼具有普遍性，有些則帶有特定的區域與群體特色。請舉出三種台灣特有的本土抗爭劇碼，或是由特定群體所採用的抗爭劇碼，並且說明原因。

伍　網際網路與社會運動

網際網路對於動員結構產生了巨大的衝擊，虛擬世界（cyberspace）也已經不是生活以外的一個領域，本身就是社會現實的一部分。學生運動的成員來自於年輕世代，到了晚近，數位原生民（digital native，指從小使用電子產品的世代）已經完全取代了數位移民（digital migrant，指成年後才使用電子產品的世代），其轉變更是明顯。

2014 年的太陽花運動，占領立法院的行動第一時間就利用影音串流（video streaming）分享，臉書等社群媒體成為重要的訊息傳播管道，零時政府（g0v.tw）的工程師搭建了線上協作的平台（洪貞玲 2015）。換言之，雲端的網民已經成為社會運動的重要參與者。

網際網路同時帶來抗爭劇碼的創新，當前的各種即時通訊與線上分享平台使得分散各地的抗議者獲得共同發聲的管道。在 2012 年的反媒體壟斷運動中，關心台灣民主的國外留學生無法參與遊行，因此創造出一種新的抗爭劇碼。他們在當地校園集結，手持「我在××，守護台灣民主」的標語，並且將照片上傳到臉書分享。為了響應太陽花運動在 3 月 30 日所發起的大遊行，旅居國外的台灣人社群發起了全球接力的聲援活動，共在 17 個國家的 49 個城市有集會行動。很顯然，如果沒有網際網路所搭建的即時溝通平台，這種全球尺度的抗爭劇碼就不太可能採行。

最後，網際網路也影響文化構框的運作。社會運動的訊息如果要能更廣泛與迅速地流傳出去，表達方式必得要迎合手機閱讀的習慣與社群媒體的表述和修辭文化。因此，簡明有力的金句（sound bite）、容易流傳的「迷因」（meme），取代了長篇論述，

圖文並茂的懶人包（infographic），也勝過傳統的簡報檔案。想要在社群媒體激發動員效果，其文字就不能只是「冷淡的告知」，而是需要投入情感，以喚起讀者的熱情與信心（Gerbaudo 2012: 115）。

科技發展對於社會運動的影響往往呈現「道高一尺、魔高一丈」的互動形態。在起初，社會運動者享受到數位科技的便利與優勢；但是隨著時間過去，獨裁政府也會記取教訓，投入更多的資源，掌握新科技，甚至將其轉化成為控制人民的工具。

中國的網際網路過去是維權運動者經常依賴的媒介，形成了活躍的公共領域；但是隨著習近平在 2012 年上台之後，緊縮意識形態的控制之下，中國政府不僅有辦法刪除各種被視為敏感的字眼（例如「六四」），也積極培養「網路評論員」（即所謂的「五毛黨」），到處散布各種支持政府的言論，網際網路的自由因此受到嚴重的限縮（Lei 2018）。台灣近年的臉書社團與 LINE 群組，經常流傳來自對岸的假新聞、假消息，混淆視聽，也是明顯的例子。人臉辨識科技與人工智慧的發展，也有助於獨裁者建立更完美的監控，隨時隨地監視人民的日常舉止，這種趨勢被稱為「數位列寧主義」（digital Leninism）。很顯然，一旦獨裁者掌握了這樣的工具，民眾也就更不願意參與社會運動。

陸　結論

對於社會學的知識而言，種種社會運動都扮演了先驅者的角色。正是由於社會運動揭露了我們的集體無知，各種新興的研究領域才逐漸浮現出來，例如環境社會學、性別研究、族群關係。在台灣，解嚴後三十餘年來的社會運動風潮，也在高等教育體制

上留下了不可抹滅的遺產，包括性別研究、族群研究、客家研究、文化資產等相關系所的出現，多多少少都是起源於社會運動的要求。即使是在比較傳統的學科建制中，例如教育學、政治學、人類學、傳播學、法律學等等，社會運動也逐漸成爲主流的研究議題，原因正是其影響力仍在發揮之中，持續地要求改造我們日常生活的每個領域。

　　隨著台灣邁入「運動社會」的形態，社會運動成爲各種利益群體表達訴求的中性政治手段。近年來，我們看到了反教改、反墮胎、反廢除死刑、反同志結婚的抗議活動，這一類現象通常稱之爲反制運動。與一般社會運動相比較，反制運動並不是來自於被壓迫者，反而是來自於比較優勢的保守群體。此外，反制運動通常並不是要推動社會變遷，他們的目標是抵消或化解另一項社會運動的要求。反制運動比較少受到研究者的關注，但是本章所提供的各種概念，例如動員結構、文化構框等，仍然可以用來分析這種特殊的運動。

　　高度的反思性是當前生活的特徵，無論我們的主觀願望爲何，面對加劇變遷所帶來的挑戰，隨時需要重新檢視我們視爲理所當然的道理，已然成爲現代人的宿命。就這一點而言，社會運動的研究具有知識上的吸引力，因爲我們所探討的不外乎是促成當代社會變遷的源頭之一。

參考書目

王振寰、方孝鼎，1992，〈「國家機器、勞工政策與勞工運動」〉。《台灣社會研究季刊》13: 1-29。

王雅各，1999，《台灣婦女解放運動史》。台北：巨流。

何明修，2011，〈導論：探索台灣的運動社會〉。收於何明修、林秀幸主編，《社會運動的年代：晚近二十年來的台灣行動主義》，頁 2-32。台北：群學。

洪貞玲主編，2015，《我是公民也是媒體》。台北：大塊文化。

張恒豪、游鯉綺、許朝富，2018，〈行無礙的倡議：障礙者的網路動員與現身〉。收於蕭新煌、官有垣、王舒芸主編，《臺灣社會福利運動與政策效應：2000-2018》，頁 365-387。高雄：巨流。

陳婉琪、黃樹仁，2015，〈立法院外的春吶：太陽花運動靜坐者之人口及參與圖象〉。《台灣社會學》30: 149-179。

黃淑玲、伍維婷，2016，〈當婦運衝撞國家：婦權會推動性別主流化的合縱連橫策略〉。《台灣社會學》32: 1-53。

黃淑鈴，2015，〈從族群正義到環境論述：達悟反核廢運動者的框架移轉〉。《思與言》53(2): 7-48。

趙彥寧，2001，《戴著草帽到處旅行：性／別、權力、國家》。高雄：巨流。

蔡慶同，2005，〈當『運匠』聽到『地下電台』：論計程車牌照開放運動的微視動員脈絡〉。《東吳社會學報》18: 81-116。

Fan, Yun, 2019, *Social Movements in Taiwan's Democratic Transition: Linking Activists to the Changing Political Environment*. London: Routledge.

Gerbaudo, Paolo, 2012, *Tweets and the Streets: Social Media and Contemporary Activism*. New York: Pluto Press.

Goldstone, Jack A. and Charles Tilly, 2001, "Threat (and Opportunity): Popular Action and State Response in the Dynamics of Contentious Action." Pp. 179-194 in *Silence and Voice in the Study of Contentious Politics*, edited by Ronald R. Aminzade et al. Cambridge: Cambridge University Press.

Goodwin, Jeff, 2001, *No Other Way Out: States and Revolutionary Movements, 1945-1991*. Cambridge: Cambridge University Press.

Ho, Ming-sho, 2014, "The Fukushima Effect: Explaining the Recent Resurgence of the Anti-nuclear Movement in Taiwan." *Environmental Politics* 23(6): 965-983.

Ho, Ming-sho, 2019a, "Taiwan's Road to Marriage Equality: Politics of Legalizing Same-sex

Marriage." *The China Quarterly* 238: 482-503.

Ho, Ming-sho, 2019b, *Challenging Beijing's Mandate of Heaven: Taiwan's Sunflower Movement and Hong Kong's Umbrella Movement*. Philadelphia, PA: Temple University Press.

Jasper, James M., 2012, "Introduction: From Political Opportunity Structures to Strategic Interaction." Pp. 1-33 in *Contention in Context: Political Opportunities and the Emergence of Protest*, edited by Jeff Goodwin and James M. Jasper. Stanford: Stanford University Press.

Kim, Sung Chull and Yousun Chung, 2018, "Dynamics of Nuclear Power Policy in the Post-Fukushima Era: Interest Structure and Politicisation in Japan, Taiwan and Korea." *Asian Studies Review* 42(1): 107-124.

Lei, Ya-wen, 2018, *The Contentious Public Sphere: Law, Media, and Authoritarian Rule in China*. Princeton, NJ: Princeton University Press.

Lynch, Daniel, 2002, "Taiwan's Democratization and the Rise of Taiwanese Nationalism as Socialization to Global Culture." *Pacific Affairs* 75: 557-574.

McAdam, Doug, Sidney Tarrow, and Charles Tilly, 2002, *Dynamics of Contention*. Cambridge: Cambridge University Press.

Olson, Mancur Jr., 1965, *The Logic of Collective Action*. Cambridge, MA: Harvard University Press.

Scott, James C., 1990, *Domination and the Arts of Resistance: Hidden Transcripts*. New Haven, CT: Yale University Press.

Tarrow, Sidney, 1996, "States and Opportunities: The Political Structuring of Social Movements." Pp. 41-61 in *Comparative Perspectives on Social Movements*, edited by Doug McAdam, John D. McCarthy, and Mayer N. Zald. Cambridge: Cambridge University Press.

Tilly, Charles, 2004, *Social Movements, 1768-2004*. London: Paradigm Publishers.

第 15 章

人口

- 世界的人口趨勢：人口轉型
- 人口轉型的原因
- 台灣的人口轉型
- 人口轉型的後果
- 超低生育率與第二次人口轉型

■王德睦

摘　要

1. 人類歷史大部分時間中，人口的增加十分緩慢。全世界人口快速增加是在十八世紀中期以後，乃死亡率下降所造成。

2. 從高出生、高死亡，人口增加緩慢的情況，由於死亡率先行下降，而出生率仍維持高水準，造成人口快速增加，經過若干時間後，出生率也隨後下降，最後又在低出生、低死亡下，人口又回復緩慢成長（甚至不成長或負成長），此一過程稱為人口轉型。

3. 死亡率下降大抵與生活條件改善和醫療衛生進步有關。生育率下降的原因則有許多不同的解釋，大抵與社會經濟文化變遷有關。

4. 台灣人口轉型起於 1920 年代死亡率下降，出生率下降則在 1950 年代。人口轉型造成台灣人口年齡組成劇烈變化，衝擊社會經濟。

5. 人口轉型使台灣在 1955 到 1982 年間產生高峰生育，這群人口在其不同生命歷程階段，均產生社會經濟的調適困難。

6. 許多國家出生率隨死亡率下降後，並未在接近死亡率時停止下降，生育率已降到替換水準之下，長期而言將面臨人口衰退。

7. 台灣生育率在 1998 年後再度下降，到 2003 年已達到超低生育率的水準，未來人口老化問題將更形嚴重。

壹 世界的人口趨勢：人口轉型

在人類歷史大部分時間中，人口並非如此快速地增加。

早期雖然出生率高，死亡率也高，人口成長緩慢。世界人口開始明顯增加是在十八世紀中期，歐洲工業革命前夕世界人口約 7.6 億，每年以 200 多萬成長（Weeks 2005）。1927 年世界人口達 20 億，這是經過 100 多年才由 10 億增加到此；1960 年達 30 億，經過 33 年增加 10 億；1974 年達 40 億，經過 14 年增加 10 億；2011 年達到 70 億，也經過 12 年增加 10 億。依據聯合國推計，世界人口在 2025 年將增至 80 億，經過 14 年再增加 10 億，顯示二十一世紀人口成長速度會緩慢下來。

人類歷史多數時間人口成長緩慢，原因是死亡率高。在漁獵採集時期，出生時平均餘命約 20 歲，半數人未滿 5 歲就會死亡。平均一個婦女要生 7 個小孩才能確保 2 個活到成年（Weeks 2005）。農業革命後，可能是定居並且糧食供應穩定，出生率大致維持不變，死亡率稍微下降（Weeks 2005）。

1750 年後人口加速成長主要是由於伴隨工業革命而來的死亡率下降。在已開發國家，死亡率下降主要是因為經濟發展和生活條件改善，也較有抵抗疾病能力。1900 年後醫療科技進步，特別是以疫苗對抗傳染病，死亡率乃大幅下降。二次世界大戰後各國均能得到現代醫療與公共衛生科技，死亡率都明顯下降。

生育、死亡、遷移水準的測量

粗出生率（crude birth rate）

是指當年出生數與當年總人口的比值，通常以千分比表示。

粗出生率，指當年出生數與當年總人口的比值（千分比）。總人口數通常以年中人口數代表，出生數指當年活產數。由於僅婦女能生育且能生育年齡有限，如果兩社會生育水準相同，其中一社會生育年齡人口比例較高則該社會之粗出生率也會較高。換言之，粗出生率受人口年齡組成影響，不能有效表達一社會的生育水準。

年齡別生育率（age-specific fertility rate）

不同年齡組的生育數與該年齡組的婦女數之比值。

為避免粗出生率的缺點，而有一般生育率的指標。分子仍為出生數，分母則為 15 至 44 歲的婦女數，兩者比值再乘 1000，代表每千名生育年齡婦女中當年生育數。然而生殖能力與實際生育率仍有不同，因此一般生育率仍受人口（育齡婦女）年齡組成的影響。

總生育率（total fertility rate）

單一年齡組年齡別生育率的加總，代表若有一群婦女依照當年的年齡別生育率生育，其一生中平均的生育數。

為避免人口年齡組成的影響，較佳方式是以婦女的年齡分組，計算不同年齡組的生育數與該年齡組的婦女數之比值，稱為年齡別生育率。最常使用五歲年齡組和單一年齡組兩種方法，由於採分年齡組計算，因此並非單一指標。

能避免人口年齡組成影響又是單一指標的是總生育率，是單一年齡組年齡別生育率的加總，若以五歲年齡組年齡別生育率計算，則是年齡別生育率加總後乘 5，代表如果有一群婦女依照當年年齡別生育率生育，其一生中平均的生育數。

人口淨繁殖率（net reproduction rate）

人口淨繁殖率是考慮女嬰存活率下，剛出生的女嬰預期其一生中生育的女嬰數。若人口淨繁殖率為 1，代表一名剛出生的女嬰預期其一生中生育一個女嬰，長期而言人口不增不減剛好能替換，是為替換水準。人口淨繁殖率若大於 1，則為增加性人口，小於 1 為衰退性人口。

計算生育率的目的在於了解人口繁衍，由於僅女性具生育可能性，將總生育率乘當年出生嬰兒的女性比例，稱為人口毛繁殖率，意義是假定年齡別生育率不變與女嬰在結束生育年齡前不會死亡下，剛出生的女嬰預期其一生中生育的女嬰數。

然而人口毛繁殖率並未考慮女嬰的存活率，有些女性未達或在生育年齡階段死亡。人口淨繁殖率，是考慮女嬰存活率下剛出生女嬰預期其一生中生育的女嬰數。若人口淨繁殖率為 1，代表一名剛出生的女嬰預期其一生中生育一個女嬰，長期而言人口不

增不減剛好能替換，是為替換水準，人口淨繁殖率大於 1 為增加性人口，小於 1 為衰退性人口。

　　一社會的死亡水準不但與人口增減有關，也代表該社會的健康狀況。粗死亡率，乃當年總人口中死亡人數所占比率，通常以千分比表示。

　　粗死亡率也受人口年齡組成影響，由於老年人與嬰幼兒最易死亡，因此若兩社會的死亡水準相當，其中一社會的老、幼人口比重較大，則其粗死亡率較高。為去除人口年齡組成的影響，分年齡組計算死亡率稱為年齡別死亡率。然而，兩性的死亡率不同，一般而言女性死亡率在各年齡層均低於男性，因此通常也分性別計算。

　　年齡別死亡率雖然去除年齡組成影響，但並非單一指標。能去除人口年齡組成影響，並代表一社會健康狀況的指標之一為零歲時平均餘命，意義為若各年齡別、性別死亡率一直保持不變，該社會中新生嬰兒的平均壽命。

　　遷移也是影響人口增減的因素之一。遷入者多於遷出者時，該地區人口增加，反之則人口減少。粗遷入率為該地區當年每千人中遷入的人數，分子是當年遷入的人數，分母則為當年年中人口數；粗遷出率則為該地區當年每千人中遷出的人數。將粗遷入率與粗遷出率相加稱為粗總遷移率，代表該地區人口移動的程度。將粗遷入率減去粗遷出率則稱為粗淨遷移率，代表因遷移而對該地區人口增減的影響。因遷入多於遷出所造成的人口成長稱為社會增加，以別於因出生多於死亡的自然增加。

粗死亡率（crude death rate）

當年總人口中死亡人數所占比率，也就是當年死亡人數除以當年總人口數。

年齡別死亡率（age-specific death rate）

分年齡組分別計算死亡率。

零歲時平均餘命（life expectancy at birth）

是由生命表中計算出，代表的意義是，若各年齡別、性別死亡率一直保持不變，該社會中新生嬰兒的平均壽命。

這種人口從原先高出生、高死亡，人口緩慢增加之情況，由於死亡率先行下降，而出生率仍然維持高水準，造成人口快速成長，經過若干時間後出生率隨之下降，又使人口增加速度緩慢下來（甚至負成長）的過程，稱為「人口轉型」。

人口轉型
（demographic
transition）
人口從高出生與高死亡的接近均衡狀態，由於死亡率先行下降，而出生率仍維持高水準，造成人口成長加速，經過若干時間後，出生率也隨後下降，使人口減速成長，而終將轉為低出生、低死亡的接近均衡狀態。此一歷程稱為人口轉型。

貳　人口轉型的原因

在歐美的人口轉型發生後，愈來愈多不同國家也出現此現象，宛如有一新的人口變遷定律產生。1940 年代中期到 1960 年代末，人口轉型所造成的快速成長成為世界關注焦點，最早對於人口轉型的解釋使用現代化的概念，認為工業化帶來的巨大經濟變遷迫使社會改變。「傳統社會出生率與死亡率均高；現代社會兩者均低；介於其中的就是人口轉型」（Demeny 1968），這是鉅觀層次理論，認為人類行動受改變中的社會制度所影響。死亡率很高的傳統社會，會發展出高生育的社會規範以維繫種族生存。只要現代化造成生活改善，死亡率就會下降。但出生率下降卻與已確立的社會規範衝突，社會必須花時間調適死亡率已經下降的事實，調整為低出生率的新社會規範。因此，現代化的過程中死亡率會比出生率先下降。

在傳統農業社會中，子女不但是家庭勞動力的來源，也是老年生活的保障。工業化使工作與家庭分離，加上子女必須長時間接受學校教育，因此不再是勞動力來源，弱化了多生育的傳統壓力；另一方面，伴隨工業化的都市化，匿名性高減弱了高生育的社會規範壓力。再則，人們也察覺嬰幼兒死亡率已經降低，只要生得比以前少就可以達到定量的存活子女，出生率乃大為下降。

對於人口轉型的現代化解釋，提出質疑的最重要社會科學研

究是「歐洲生育率計畫」，首先發現西班牙的生育率變遷並不能以現代化理論解釋，因為一些文化相同的鄰近區域生育率一齊下降，縱使其都市化、經濟發展程度有很大不同（Leasure 1962）。於是他們開始大規模、有系統地檢視歐洲人口史資料，企圖解釋人口轉型何以、如何發生，並重建人口轉型理論（Coale 1974）。

歐洲生育率計畫的焦點是生育率下降。他們發現歐洲各地生育率下降時，其社會、經濟、人口條件差異非常大，因此現代化理論必須修正。歐洲許多地區經歷快速生育率下降時，仍未十分都市化、嬰兒死亡率仍高、在工業部門就業人口比例也仍低，因此認為經濟發展可能是生育率下降的充分條件，但非必要條件。生育率下降的地區有一共通性：世俗化快速擴散（Lesthaeghe 1977）。這種少受他世力量影響、對自己福祉負責的態度，總是伴隨著工業化和經濟發展，然而也能在沒有工業化下獨自出現，這可能可以稱為思想的現代化，而有別於社會制度的現代化。教育被認為是潛在改變態度的刺激，因為它強調現代化和世俗化的概念。這可能是歐洲一些地區有接近的社會經濟發展程度，但生育率並未同時下降，而一些地區社會經濟發展程度較低，生育率反而下降的原因。文化因素的解釋力可能強於社會經濟因素，有相同文化的地區生育率較可能一齊下降。在相同的文化下，節制生育的觀念可以很快傳散，相同的語言更能有效傳播新觀念與資訊。

這種由於觀念與態度的轉變改變了生育數量的論點，使人口轉型理論由鉅觀轉為微觀層次。理性選擇理論認為人類行為是個人對於行為後果計算成本效益的結果。Caldwell（1982）認為在原始和傳統社會，生育不設上限在經濟上有益，子女是父母的所得和支持來源，其效益遠超過成本，也就是「代間財富流動」是由子女流向父母。然而在現代化過程中，擴展家庭變成核心家

庭，子女的成本愈來愈高，父母自子女得到的支持愈來愈少，代間財富流動方向反轉。從經濟的角度來看，不生育子女是理性的，但是實際上人們仍會生育，那是社會性的理由使然。

Easterlin（1968）的相對年輪規模假設（有時也稱為相對所得假設）則結合鉅觀與微觀層次，認為生育率並不必然回應經濟福祉的絕對水準，而是回應已習慣的相對水準，也就是以幼年後期的生活經驗作為評估成年後生活機會的基礎。若成年後比幼年後期更易提高所得則會早婚、多生育，相反則會延後結婚、少生育。在人口轉型期間，因死亡率下降造成年輕的年輪規模相對增加，這些人成年後由於勞動供給增加，相對工資下降，使年輕成人無法兼顧家庭規模和物質福祉而節制生育。之後若因生育率下降、年輕人少，經濟條件變好、工資又高就更容易成家，生育率會上升。Easterlin 以人口變遷與經濟變遷的相互關聯解釋生育率變化，顯示人口轉型是整個社會的轉變。

問題與討論 15-1

　　台灣地小人稠，人口增加對自然生態的破壞，一直是關心生態環境者注意的重點，但是本章指出目前生育率太低，造成人口年齡組成很大的變化，嚴重衝擊社會經濟，也造成未來人口嚴重老化。自然生態與社會經濟，孰輕孰重？是否有其平衡點？

 台灣的人口轉型

自 1905 年人口普查後，台灣即有可靠的人口資料。1906 年

時台灣人口約爲 300 萬人，至 2018 年底爲 2,350 餘萬人，一百餘年來人口成長 7 倍有餘。只有出生、死亡與遷移三個因素影響一地區人口數量。日治時期雖有大量日本人與少量韓國人移入，但戶籍分隸且少與台灣人通婚，二次世界大戰後也大多遣返母國，對台灣人口影響有限。除二次世界大戰後至 1949 年國民政府播遷來台間有大量軍民移入台灣外，台灣人口維持接近沒有遷出、遷入的「封閉性人口」狀態，百年來的人口成長主要是出生數大於死亡數的自然增加所造成。

　　台灣百年來的人口增加主要也是人口轉型所造成。1906 年台灣的零歲時平均餘命，男性爲 27.67 歲，女性爲 28.97 歲，至 2017 年男性增爲 77.27 歲，女性增爲 83.68 歲，死亡率快速下降。台灣人口轉型起自日治時代中期，1920 年前出生率略高於死亡率，人口緩慢成長。當時死亡率在疫病流行時大幅上升，無流行病盛行時死亡率相對較低，1920 年後死亡率即長期大幅度地下降，在出生率尚未下降前，兩者差距逐漸擴大，導致人口加速成長。

　　依據人口學者的研究（Barclay 1954；Mirzaee 1979；王德睦、陳文玲 1985），台灣早期死亡率下降主要是因爲有效控制傳染病與寄生蟲病，其次是呼吸器官結核病的有效隔離。根據 Barclay（1954: 133-172）的說法，日本人在台灣控制疫病流行的主要方法是徹底而有效的行政措施，因爲當時殖民政府已有財政困難，且許多現代醫學及公共衛生技術仍不存在；另一方面引進和改良稻米品種（陳紹馨 1979: 117）、興築引水渠道（Barclay 1954: 40），大幅度提高糧食生產效能，有助於健康狀況、增加抵抗力。

　　死亡率是年齡的 U 型分配，年齡別死亡率在嬰幼兒時與老年時有偏高形態。死亡率先期下降主要發生在嬰幼兒，學者的研

究（Mirzaee 1979; Tu 1985）指出 1920 年開始死亡率下降有一半以上是因為嬰幼兒死亡率下降；老年人口死亡率下降在晚近才變得較重要。傳染病控制與營養改善即能迅速使嬰幼兒死亡率下降，老年人死亡率的下降除了有賴醫學技術的長期發展與累積，生活條件與醫療照顧、少受疾病感染也是重要因素，因此在死亡率下降初期無法迅速下降。

在死亡率下降後，出生率也在 1950 年代隨之下降，人口成長開始減速。1984 年後人口淨繁殖率均低於替換水準，已埋下人口衰退的因子。2018 年台灣的死亡率為 7.33 ，出生率為 7.70 ，在不考慮國際人口遷移下，人口仍微幅成長，原因在於目前的人口年齡組成尚屬年輕，有高比例婦女仍在生育年齡，雖然生育水準已經很低，但生育數仍略多於死亡數。

台灣的出生率自 1951 年後即長期大幅度下降。台灣在現代化過程中，多生育的規範逐漸式微，撫育子女所需付出成本上升，加上女性勞動參與率提高，自然無法多生育等，都是下降因素。要維持所要的成年子女數不需要多生育，出生率乃在死亡率下降約一代後下降。加上教育逐漸普及，政府也在 1960 年代開始推動家庭計畫，更促使生育率持續下降。

 問題與討論 15-2

近年來大量的台灣男性與東南亞諸國及中國的女性結婚，解決了他們難以在台灣找到婚配對象的問題，這些婚姻移民移入台灣後，他們本身以及台灣社會將面臨哪些挑戰？

肆 人口轉型的後果

人口大量增加對於環境的破壞與資源耗用不可否認有負面影響；但是，許多國家的經濟成長與人口成長伴隨出現，其中人口成長供給經濟成長所需的大量勞動力，可能也是重要因素（李少民等 1990）。

然而人口轉型所造成人口年齡組成的改變也很重要。文獻上經常以人口金字塔表達人口年齡組成，分性別將各年齡組所占比例（或絕對數量）做直方圖，再逆（順）時針旋轉 90 度並列。成長中的人口，愈年輕的人口愈多，其形狀如金字塔。

1940 年台灣人口金字塔底部較爲寬大，這是因為自 1920 年後嬰幼兒死亡率下降，使得 1940 年的幼年與青少年人口比例明顯比之前高。出生率下降後，後繼人口減少，配合死亡率下降的後期，老年死亡率下降逐漸變得重要，因爲人口中年輕人比例逐次下降，反而老年人比例逐次上升，形成人口老化。比較台灣 1984 年與 1940 年的人口金字塔，因出生率下降底部已明顯收縮，當時的人口淨繁殖率略小於 1，人口金字塔形狀大致接近轉型前的 1905 年（人口增加緩慢），只是因生育率與死亡率較低，在底部略窄，而老年比例較多。到了 2018 年，因生育率持續下降，人口金字塔底部更形縮小。

影響人口年齡組成的最直接因素是出生量，而非出生率。台灣的粗出生率最高點在 1951 年，但生育量最高峰在 1963 年。生育量是該年育齡婦女數量與其生育率的乘積，台灣婦女的生育率自 1950 年代即開始下降，但是死亡率下降起自 1920 年，大量女性人口於 1940 年代後逐漸進入生育年齡，此一增加（育齡婦女）、一下降（生育率）的乘積，造成台灣生育量形成高峰，大致在 1955 到 1982 年間。

人口金字塔
（population pyramid）
人口金字塔是分性別，將各年齡組所占比例（或絕對數量）做直方圖（histogram），再將兩性的直方圖，逆（順）時針旋轉 90 度並列，表達一社會的人口年齡組成。

　　此一生育高峰人口類似西方的戰後嬰兒潮，在其不同生命階段均對社會經濟產生重大衝擊，只是台灣發生在二次世界大戰後十年，且持續二、三十年。在生育高峰時期，台灣每年出生 40 萬名上下的嬰兒，生育高峰過後 1980 年代和 1998 年以前的 1990 年代維持 30 餘萬名。1998 年以後生育量急速減少，至 2010 年僅 16 餘萬名嬰兒出生，2012 年為龍年生育量回升為 22 萬，也遠低於 1997 年以前的水準，之後數年出生數都僅在 20 萬名上下。當生育高峰人口開始就學，由於就學人數大量增加，原有教師、設施嚴重不足，接著在不同階段均產生相同效果。生育高峰人口離開學校，然而後繼學生數明顯萎縮，如果原有設備已足夠，則產生設備閒置，對於新聘教師的需求必然大量減少，於是發生「流浪教師」於全國各地尋求教職而不可得。目前大學錄取率已逼近百分之百，一方面是廣設大學院校增加名額的結果，另一方面考生人數因人口轉型而減少。

　　生育高峰人口進入勞力市場時，若社會經濟條件無法立即調整以吸納這群人口，則失業率必然提高，且工資率會因競爭者多而下降。另外，當這群人口均進入勞力市場後，由於後繼人員減少，需要年輕勞動力的產業首先面臨勞動力不足，1990 年代以來台灣自國外引進大量勞工，即部分反映出年輕勞動力不足。在此技術不斷創新的時代，勞動力老化會有不利影響（Skirbekk 2003），這是目前的問題。

　　目前生育高峰人口正處於工作年齡，幼年依賴人口與老年人所占比例很小。未來當這群人口年老後，對社會福利制度將產生重大衝擊。台灣從 1995 年實施全民健康保險，目前台灣的人口以工作年齡居多，尚能維持較低的保險費率；當這群人口年老後，老年人口比例會急速上升，醫療資源需求將大幅度增加，屆時若要維繫全民健康保險體系，費率必然急速上升。

生育高峰人口年老後也對老年生活保障構成威脅。台灣雖有國民年金制度，加上較早開辦的公教人員與勞工退休制度，然而生育率下降、子女數減少，若維持以子女奉養為主要養老制度，養老資源必然逐漸減少。不論何種養老制度，從整體社會來看都是工作的青壯人口奉養退休老人，人口老化必然使青壯人口的負擔加重，而生育高峰的人口年老退休後，此一問題必然更加嚴重。2017 年公教人員年金改革中大幅度縮減給付，即是對人口快速老化的反應。

> **問題與討論 15-3**
>
> 台灣的生育率已遠低於替換水準，且平均壽命持續延長，意味著無子女奉養的老人會愈來愈多，傳統從家庭獲得養老資源的制度將難以維持，以人道的立場來說，社會似乎必須負起責任；另一方面，老年依賴比也快速上升，意味著實施各項普遍式的社會安全制度，則稅率會快速上升，青壯工作人口的負擔持續加重。那麼，如何因應此一問題？

伍 超低生育率與第二次人口轉型

人口轉型論者相信死亡率與出生率的均衡是常態，人口數量會大致維持穩定或小幅度增加。由於死亡率下降破壞長期的均衡，導致人口快速增加，但他們相信一段時間後出生率會隨之下降，死亡率與出生率又回復均衡。然而綜觀世界各已發展國家，除了美國等極少數國家在生育率下降後維持接近替換水準，大部

第二次人口轉型
（second demographic
transition）
人口轉型的後期，出
生率仍繼續下降，而
低於死亡率，造成人
口自然增加率轉爲負
值。其間也伴隨離婚
率與同居率提高、高
墮胎率、初婚年齡延
後、終身未婚比例提
高、生育年齡（特別
是第一胎）提高、高
胎次的生育減少等。

分國家生育率均降到替換水準以下，並且沒有回升跡象。這種現象顯然不是人口轉型理論所能解釋，於是有第二次人口轉型的論點出現。

在（第一次）人口轉型後，出生率並非與死亡率接近、維持人口少量增加（減少）的接近均衡狀態，而是繼續下降，出生率低於死亡率後，造成自然增加率爲負值。要維持足夠勞動力，必須從較低度發展國家遷入人口。提出此概念者之一的 van de Kaa 認爲，最根本之處在於價值與態度的轉變。在人口轉型階段，小孩是父母所最珍惜、重視的，生育率下降與撫育小孩必須投入大量時間、情感和財物有關，因成本過高而減少生育。然而，重視小孩的時日已過，新世代人們轉爲強調自我實現，甚至珍視配偶關係勝於與子女的關係，van de Kaa 稱此爲從「利他主義的」轉爲「個人主義的」。基本價值的改變使家庭形態產生改變，在人口轉型時期，家庭是最主要社會制度，在第二次人口轉型中，家庭逐漸弱化，體現在離婚率與同居率提高、高墮胎率、初婚年齡延後、終身未婚比例提高、生育年齡（特別是第一胎）提高、高胎次的生育減少等（van de Kaa 2002）。

第二次人口轉型所描述的典型是北歐國家，然而北歐國家生育率在已開發國家中是中等程度，其他國家降得更低，例如1980 年代德國總生育率已降到 1.5 以下，之後許多國家也降到此水準，文獻上稱總生育率低於 1.5 爲極低生育率（Caldwell and Schindlmayr 2003），必須透過大量且無法負荷的國際遷移才能抵銷低生育的後果（McDonald 2006）。到了 1990 年代，希臘、義大利、西班牙等南歐國家以及一些前社會主義國家的總生育率更降到 1.3 以下，稱爲超低生育率，長期而言每年人口將減少1.5%，45 年後人口即減少一半（Kohler et al. 2002）。

目前包括南歐、前社會主義、東亞地區的一些國家屬於超低

極低生育率（very
low fertility）
總生育率低於 1.5。

超低生育率（lowest-
low fertility）
總生育率低於 1.3。

生育率。台灣自 1950 年代初約 7 的水準，持續下降到 1980 年代中期的 1.7 上下，維持一段約十餘年的平穩，但 1998 年又再度下降到達極低生育率，2000 年爲龍年生育率有所回升，但 2001 年又開始下降，2003 年後即低於 1.3，成爲超低生育率國家的一員。2010 年甚至降到 0.895 的水準，女性一生平均生不到一個小孩；2012 年爲龍年生育率有所回升，但總生育率也僅 1.270，仍屬超低生育率，之後至 2018 年總生育率均不超過 1.2。

　　前社會主義國家因社會主義體制崩潰，超低生育率可能是對混亂社會經濟的回應。然而，南歐與東亞國家卻是珍視家庭價值、維持傳統家庭形態的地區，並非如同第二次人口轉型所稱的家庭弱化。超低生育率發生在重視家庭的地區，原因可能與女性地位改變有關。McDonald（2000）將性別平等區分爲家庭導向制度的性別平等和個人導向制度的性別平等，指出在傳統社會中兩種導向的制度均對女性不利，女性在家庭中沒有決定權，無法在家庭外發展個人的事業，只能扮演妻子與母親角色，因此有高生育率。從高生育轉爲替換水準的生育率，與家庭導向制度的性別平等有關，因爲女性在家庭內地位提高後能參與決定子女數量。但是，由於家庭體系與諸如宗教等的保守制度有強烈關係，家庭導向制度的性別平等發展十分緩慢，女性仍承擔主要家務。在社會經濟變遷下，個人導向制度的性別平等雖然發生時間較晚，卻發展得較快，女性在家庭外的職場愈來愈與男性並駕齊驅，造成女性必須兼顧事業與家務工作，無力生養理想的子女數。

　　另一方面也有研究南歐生育率的學者認爲，重視家庭反而是超低生育率的原因。家庭是保護傘，除非子女能有好的工作、過更好的生活，否則父母寧願子女留在家中生活，以致離開原生家庭而獨立生活的時間較晚，延後成家（或同居）的時間。加上生

殖能力隨年齡而下降，晚婚造成低生育。此外，由於男孩留在家中太久，未能發展出處理家事的習慣，婚後家事仍由女性操持，在女性勞動參與率快速上升下，進一步壓抑了生育（Dalla Zuanna 2001）。

　　近年來台灣生育率持續維持超低水準，使嬰幼兒人口更形減少，後繼人口減少將凸顯生育高峰人口的影響。若未來生育率沒有明顯回升，上節討論的生育高峰人口對社會經濟的影響將更嚴重。

參考書目

王德睦、陳文玲，1985，〈日據時代以來台灣地區之死亡率變遷〉。收於《廿世紀的台灣人口變遷研討會論文集》，頁 57-78。台中：中國人口學會。

李少民、陳寬政、涂肇慶，1990，〈人口成長與經濟發展〉。《人口學刊》13: 107-124。

陳紹馨，1979，《臺灣的人口變遷與社會變遷》。新北：聯經。

Barclay, George W., 1954, *Colonial Development and Population in Taiwan*. Princeton, NJ: Princeton University Press.

Caldwell, John C., 1982, *Theory of Fertility Decline*. New York: Academic Press.

Caldwell, John C. and T. Schindlmayr, 2003, "Explanations of the Fertility Crisis in Modern Societies: A Search for Commonalities." *Population Studies* 57(3): 241-263.

Coale, Ansley J., 1974, "The History of Human Population." *Scientific American* 231(3): 41-51.

Dalla Zuanna, Gianpiero, 2001, "The Banquet of Aeolus: A Familistic Interpretation of Italy's Lowest Low Fertility." *Demographic Research* 4(5): 133-162.

Demeny, Paul, 1968, "Early Fertility Decline in Austria-Hungary: A Lesson in Demographic Transition." *Dædalus* 97(2): 502-522.

Easterlin, Richard A., 1968, *Population, Labor Force, and Long Swings in Economic Growth*. New York: National Bureau of Economic Research.

Kohler, Hans-Peter, Francesco C. Billari, and José Antonio Ortega, 2002, "The Emergence of Lowest-Low Fertility in Europe during 1990s." *Population and Development Review* 28(4): 641-680.

Leasure, J. William, 1962, *Factors Involved in the Decline of Fertility in Spain: 1900-1950*. Doctoral dissertation, Department of Economics. Princeton, NJ: Princeton University Press.

Lesthaeghe, Ron J., 1977, *The Decline of Belgian Fertility, 1800-1970*. Princeton, NJ: Princeton University Press.

McDonald, Peter, 2000, "Gender Equity in Theories of Fertility Transition." *Population and Development Review* 26(3): 427-439.

McDonald, Peter, 2006, "Low Fertility and the State: The Efficacy of Policy." *Population and Development Review* 32(3): 485-510.

Mirzaee, Mohammad, 1979, *Trends and Determinants of Mortality in Taiwan, 1895-1975*. Doctoral dissertation, Population Studies Center, University of Pennsylvania, Philadelphia, PA.

Skirbekk, Vegard, 2003, "Age and Individual Productivity: a Literature Survey." *MPIDR Working Paper WP 2003-028*. Max-Planck Institute for Demographic Research.

Tu, Jowching, 1985, "On Long-Term Mortality Trends in Taiwan, 1906-1980." *Chinese Journal of Sociology* 9: 145-164.

van de Kaa, Dirk, 2002, "The Idea of a Second Demographic Transition in Industrialized Countries." Paper presented at the Sixth Welfare Policy Seminar of the National Institute of Population and Social Security, Tokyo, Japan.

Weeks, John R., 2005, *Population: An Introduction to Concepts and Issues*, 9th edition. Belmont, CA: Wadsworth Publishing.

第 16 章

都市發展、空間與文化

- 全球與台灣的都市發展
- 都市空間
- 都市文化
- 全球化與都市發展的未來

■ 王佳煌

摘　要

1. 高度開發國家的都市化步調較快，低度開發國家自二十世紀後半期起急起直追，其中東亞各國是後進國家都市化的主力，非洲國家的都市化速度相對較慢。

2. 都市空間模型包括芝加哥學派的同心圓模型、修正同心圓模型的扇形模型與多核心模型、洛杉磯學派的複雜都市蔓延模型，以及紐約學派的曼哈頓中心模型。

3. 仕紳化是中產階級遷居市中心部分地區，加上房地產商投機炒作房價，迫使底層階級與社會弱勢遷至更邊陲地區的過程。居住隔離通常是指（白人）中產階級與勞工階級，或是白人與黑人（有色人種）各自集中居住在某些地區，社區界線涇渭分明。

4. 後工業與後福特主義時代的都市發展，常以都市企業主義公私夥伴關係為經濟與產業發展策略的核心，文化經濟與都市企業主義的發展方向密切相關。

5. 全球城市是當代資本主義全球經濟的指揮與控制中心，研究主軸包括城市內部社會階級工作與居住模式的兩極化模式分析，以及各個全球城市之間的網絡關係與流量分析。

6. 都市發展的環境永續是指合理地使用自然資源，減少都市生活對自然環境的剝削與破壞。經濟永續是指都市經濟盡量追求自給自足。社會永續是指政策與行動要改善都市生活品質，維護居民對自然環境與建物環境平等近用的權利。

壹　全球與台灣的都市發展

一、核心概念

　　城市（city）是一定數量的人口居住、工作、消費與從事其他社會活動的特定地方。都市與都市化（urbanization）則是十九世紀以來資本主義、現代化、工業革命、資本主義、大量人口移動的產物。資本主義每個發展階段連結不同形態的都市與都市化，十八世紀第一次工業革命形成典型的工業市鎮（如曼徹斯特），十九世紀初第二次工業革命促成北歐與北美快速的都市化（如芝加哥）。二十世紀初期，全球快速都市化的地方，集中在生產群聚與勞動市場供給豐富的地區。福特主義大量生產與大量消費成為二十世紀西方國家都市化的主軸，以汽車與公路系統為主的服務業經濟，促成郊區化（suburbanization）的發展（Annunziata 2011）。

　　都市化是指一個社會或國家大量人口居住在城市聚落的社會現象與過程，通常是以都市人口占全國人口的比例來衡量。郊區化則是指大都市人口外移，在都市周邊形成若干聚落。若某些郊區發展太快、人口遽增，房價、物價水漲船高，負擔不了的人又搬到更偏遠的區域，稱為遠郊化（exurbanization）。隨著人口的遷移與產業活動的擴展，都市化、郊區化、遠郊化造成城鄉聚落界限的模糊，形成更大的都市區域，如都會區（metropolis）、大都會區（megalopolis）或巨型城市（megacity，人口通常超過一千萬）。

　　都市計畫（urban planning）、都市更新（urban renewal）與都市發展密切相關。都市計畫，或都市與區域計畫，是安排都市中各種活動或土地使用空間結構的規劃活動，常用地圖、藍圖、統

都市化
（urbanization）
一個社會或國家大量人口居住在城市聚落的社會現象與過程，通常是以都市人口占全國人口的比例來衡量。

郊區化
（suburbanization）
與遠郊化
（exurbanization）
大都市人口外移，在都市周邊形成若干郊區的過程與結果。某些郊區發展太快，房價、物價遽升，部分人口不得不搬到更遠的地區，稱為遠郊化。

計數字呈現都市與區域的空間結構和資料，以供都市政策擬定與執行參考（Hall 2002: 3）。都市更新則是拆除老舊、危險建物與違建，以新建物取代之，或是清理舊市區街廓，重整城市空間格局，推動公共建設（公園、馬路等），提升都市居住與生活品質。

都市計畫、都市更新與都市發展、都市地景、生活設施、公共建設、永續的都市發展、城市的競爭力息息相關，更牽涉到居住空間的分布模式與居住正義（如住宅商品化與貧民窟迫遷）等關鍵議題。都市計畫、都市更新，乃至於都市再發展、都市再生、都市振興等術語，看似純技術與實務議題，實際上牽涉到特定的價值與社會意涵，常用來淡化早年都更清理貧民窟與迫遷的負面印象，背後涉及都市發展過程中的權力運作、生活空間與經濟資源的分配、社會不平等等議題。

▍二、全球的都市發展

根據聯合國的統計資料（United Nations, 2018），全球在1950 年的都市化程度為 29.6%，30 年後增加到 39.3%，預估2030 年可達 60.4%。高度開發國家從 1950 年的 54.8% 增加到2010 年的 77.2%，2030 年將達 81.4%。低度開發國家的都市化較慢，1950 年僅有 17.7%，但此後迅速成長，1980 年代將近 3成，預估 2030 年可達 56.7%。

在東亞區域，香港因地狹人稠，1950 年代的都市化程度超過 8 成，1990 年代即達 100%。日本在 1950 年代為 53.4%，2030 年將達 92.7%。台灣、韓國在戰後工業化與經濟起飛之後，都市化程度迅速爬升，預估 2030 年都將超過 8 成。中國在1970 年代末期採行改革開放政策，逐步與資本主義世界經濟接軌，都市化程度在 1980 年代迅速增至 19.4%，加上城鎮合併的

政策，2030 年預估可達 70.6%。

三、台灣的都市發展

圖 16-1 右圖為台澎金馬在民國 89-99 年十年間常住人口密度，最高的是台北市、基隆市、新竹市、嘉義市，其次是新北市、桃園縣、台中市、彰化縣，較低的是東部的宜蘭縣、花蓮縣、台東縣。左圖是十年間常住人口數增減情形，增加最多的依次是桃園縣、新北市、台中市，減少最多的是雲林縣、屏東縣、嘉義縣。

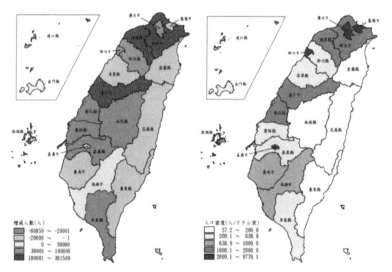

圖 16-1　台澎金馬人口密度與十年間常住人口數增減：民國 89-99 年

資料來源：行政院主計總處編印（2012: 9）。

圖 16-2 顯示，近年來台灣都市人口總增加率最多的都市區域以中、北部縣市為主，如新北市、桃園市、台中市，其增加主

力為社會增加。多數中南部與東部縣市的人口總增加率均為負數。從這兩張統計圖來看，中、北部已成為 1990 年代以後台灣都市化的重心。

總增加率

自然增加率

社會增加率

圖 16-2　近年來台灣各縣市人口增減

資料來源：國家發展委員會國土區域離島發展處（2018: 12）。

 問題與討論 16-1

　　台灣的人口長期往都市集中的趨勢原因為何？中、北部與南、東部縣市社會增加率正負的原因何在？人口過度集中在都市，可能造成哪些社會與經濟問題？政府應提出什麼政策與策略來解決這些社會經濟問題？

課堂活動 16-1

　　請同學蒐集政府統計資料，繪製台灣各大縣市近年來人口增減的統計圖（例如：長條圖、趨勢圖或圓餅圖），從中觀察各大縣市近年來人口增減的趨勢與模式（例如：出生率、死亡率、自然增加率與社會增加率、人口年齡結構、扶養比例等）。

貳 都市空間

一、都市空間的發展模型

　　都市實體空間的發展，常因社會經濟與族群關係的階層化，形成不同的生活、產業、工作、消費與休閒的空間群聚與區隔。如圖 16-3 所示，美國在二十世紀前半期的都市空間發展大致可分為三種：同心圓模型（Concentric Model）、扇形模型（Sectoral Model）、多核心模型（Multiple Nuclei Model）。

　　同心圓模型反映出芝加哥學派（Chicago School）人文生態學與社會達爾文主義的思維。1980 年代興起的洛杉磯學派（Los Angeles School）強調後現代都市四處蔓延與支離破碎，經濟、社會活動多重群聚，難以治理的複雜空間形態。紐約學派（New York School）則主張市中心（曼哈頓）是工作與生活的核心，強大的政府力量與區域規劃，地鐵與區域運輸系統，都是紐約市中心保持優勢的主因（Judd 2011: 3-13）。

同心圓模型

扇形模型

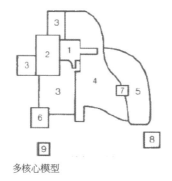

多核心模型

1. 中心商業區
2. 商業與輕工業區
3. 低所得住宅區
4. 中所得住宅區
5. 高層階級住宅區
6. 重工製造業區
7. 邊遠商業區
8. 郊區住宅區
9. 工業郊區
10. 通勤區

圖 16-3 都市空間模型

資料來源：Gregory et al. (2009: 484)。

　　芝加哥、洛杉磯、紐約代表三種美國都市發展的典型案例，台灣的都市發展當然也自成一格。以台北市為例，中心商業區原在西門町一帶，信義計畫區自 1990 代後期崛起，以「台北曼哈頓」為發展意象，企圖建立國際金融中心，以美式娛樂經濟為範本，打造新的消費空間，卻促成房地產豪宅市場的炒作（周素卿 2003）。

二、仕紳化、居住隔離與居住正義

約在 1970 年代，美國郊區部分中產階級因郊區房地產價格高漲等因素，搬回市中心整修過後的公寓住宅。於 1980 年代遷至市中心的中產階級，對老房子有特殊偏好，加上建商與地產商的投機炒作，政府的都市更新與市區重建政策，塑造新的都市地景與生活風格，造成房價、房租與物價上揚。住在市中心的勞工階級和底層階級被迫搬到城市邊陲等房價較低的區域。這些現象通稱為仕紳化（gentrification）。與仕紳化現象相關的是美國都市與郊區的居住隔離（residential segregation），如黑人與白人，中產階級與勞工階級、底層階級的社區界線涇渭分明，歐洲則是以社會階級的居住隔離為主（Brindley 2003: 60-61）。居住隔離的現象之一是門禁社區（gated community），特徵是門禁森嚴、出入管制嚴格，社區警衛與警察密集巡邏、高聳的（通電）圍牆或柵欄，四周安裝電眼與監視器，社區內的高級建物、花木扶疏的環境、豪華的休閒設施，與周遭的平民社區或貧民窟形成強烈對比。

台灣的都市發展是否也有仕紳化與居住隔離的現象？研究發現，在 1990 年代的台北市，受過高等教育的居民集居在大安、松山、信義、士林等行政區，之後逐漸向南北延伸；非高等教育居民集中在東側南港區與西側萬華、大同等區。台北市中心家戶所得也比周邊區域高，雙北居住模式分殊化的現象很明顯（王佳煌、李俊豪 2013: 334-336）。台北市大安區在 1990 年代初、後期出現兩波仕紳化，如大安森林公園的建設與周遭房地產的炒作。第三波是 2005 年前後的豪宅與文化歷史襲產（heritage）的商品化（Jou et al. 2016）。

居住正義的議題與仕紳化、居住隔離息息相關。居住正義是

仕紳化（gentrification）
中產階級遷入市中心部分地區，其生活方式與房地產業者的炒作，導致房價與物價上揚，原住在市中心的社會弱勢被迫遷到城市邊陲等房價較低的區域。

居住隔離（residential segregation）
白人與黑人、中產階級與底層階級集中居住在某些區域，各社區之間涇渭分明。

指無論人民的貧富或社會差異（種族、年齡等），都能夠負擔合理的房價、房貸與房租，享有合理的居住空間。政府必須依照國際人權公約、我國憲法保障居住權的精神，制定合理的財稅政策與住宅政策，平抑房價，防制投機炒作，並提供公共住宅或社會住宅給社經弱勢群體租用或購買，如中低收入戶、青年、長者、身心障礙人士等。

　　然而，從 1950 年代到二十一世紀初期，政府的住宅政策相對消極，土地法令與財稅政策未能有效遏止房地產的投機炒作，僅有零星的國民住宅與眷村改建政策、房貸與租屋補貼（Chen and Bih 2014）。「無住屋者團結組織」於 1989 年發起「萬人夜宿忠孝東路」等一系列「無殼蝸牛運動」，抗議財團炒作房地產，導致房價飆漲，民眾無力負擔。二十多年後，社會住宅推動聯盟等 101 個團體於 2014 年 10 月發起「巢運」，抗議政府與金權結合，台灣淪為炒房樂園，並發動夜宿仁愛路三段，提出五大居住改革訴求。

　　面對社運團體的要求與民怨，政府制定並修改五項與土地、住宅相關的法令，號稱「住宅五法」或「居住正義五法」。近年來陸續推出「健全房屋市場方案」、「社會住宅興辦計畫」，立法設置由內政部監督的行政法人「國家住宅及都市更新中心」，其主要業務包括社會住宅與都市更新的管理、投資和資訊統計分析等，但這些法令與政策的成效仍待觀察和檢討。從 2011 到 2018 年，絕大多數縣市的貸款負擔率、房價所得比持續上升，房價高不可攀。

　　根據行政院「社會住宅興辦計畫」的資料，我國目前只租不售的社會住宅，占全國住宅數量的比例僅有 0.08%，遠低於其他國家（荷蘭 34%、香港 29%、英國 20%、丹麥 19%、歐盟平均 14%、新加坡 8.7%、美國 6.2%、日本 6.1%）。蔡英文總統曾

提出「8 年 20 萬戶社會住宅興辦計畫」，但截至 2020 年 9 月 8
日，既有、新完工、規劃中、興建中、已決標待開工的社會住宅
數量，總計才 42,376 戶（內政部不動產資訊平台資料 2020）。

　　從「無殼蝸牛運動」到「巢運」，台灣的居住正義問題仍未
達成，這顯示問題的背後有更深層的結構與機制：政府的財稅政
策並未促成財富的重分配，也未能有效遏止房地產的投機炒作；
中央與地方政府、民意代表、房地產業者之間的政商關係，形塑
有利於業者的土地政策與財稅政策，致使平均地權、照價徵稅、
漲價歸公的理想難以實現；以及政府長期忽視公共住宅或社會住
宅的供給，未能滿足社會弱勢群體的居住需求。

> **問題與討論 16-2**
> 　　台灣六大都會區房價持續上漲或居高不下的主因為
> 何？財團與房地產業者如何投機炒作房價？為什麼政府的
> 住宅政策與財稅政策無法有效平抑房價？

都市文化

一、都市文化的理論

　　芝加哥學派的沃爾斯（Louis Wirth）認為，都市性（urbanism）
是一種生活方式，都市社會隨著人口密度增加與社會分工的進
展而更加分殊化，帶來混亂與疾病，但也促成個人的開放與創造
性。甘斯（Herbert Gans）研究都市居民的類型，以及都市中各
種群體的文化過程，指出小義大利、中國城等少數族裔社區與

小團體的文化並非支離破碎的，而是充滿活力與創造性（Turley 2005: 9-11）。

　　美國的都市文化研究長期受到芝加哥學派的影響。洛杉磯學派興起之後，都市文化研究的理論典範逐漸轉向後現代主義觀點，認為都市文化是一種文本、符號、虛擬真實、擬像（simulacrum）、影像、主題樂園與拼貼，比真實更真實。都市中的後現代主義建築特色是無邏輯、無參照點的建築空間，質疑、挑戰，甚至摧毀現代主義的直線邏輯、極簡原則、理性概念與機器文明等（Stevenson 2003: 87-91）。

　　美國或歐美的都市文化理論，並不適合完全套用到台灣的都市文化研究，但我們可依據不同的理論觀點，解析台灣的都市文化，如西門町可謂後現代主義拼貼與「擬東京」消費地景的想像和建構（李明璁 2009），與信義計畫區的美式消費地景及國際金融中心意象形成強烈對比。

二、都市文化與都市經濟

　　文化經濟（cultural economy）是含意相當廣泛的概念。都市文化經濟的研究與政策有三個相互關聯的層次。第一個層次是工具論導向，如創意階級（creative class）、創意經濟（creative economy）、文創園區的論述、指標評比與顧問服務等。

　　第二個層次是都市規劃與文化政策導向的研究，透過文化導向的都市再生（culture-led urban regeneration），推展文化觀光與旅遊，建構創意產業的群聚，鼓動都市文化與生活風格的消費。常用的策略包括建立或重塑城市品牌、文化襲產觀光，建立文化產業或創意產業的園區、指標型建築、世界級文化節慶，提供資金與基礎設施（園區、工作室等）給文化或創意產業工作者

（Flew 2010: 86-87）。

　　第三個層次從跨學科的理論觀點檢視都市發展與文化經濟的關係，包括文化規劃與文化經濟地理的研究議程，創意城市與文化經濟的制度支柱，文化產業或創意產業的政策轉移（模仿與複製），都市文化經濟與創意產業牽涉到的社會經濟不平等，社會階層化的空間分布模式等議題，以及前兩個層次議題的分析與批判。

 課堂活動 16-2

　　請描述你居住的都市或熟悉的都市呈現什麼文化樣貌？與台灣其他城市的文化有何異同？在你居住的縣市，有哪些地方需要推動地方創生？地方政府應該採取什麼樣的文化政策，凸顯各地方的文化特色？

肆　全球化與都市發展的未來

一、全球城市

　　全球城市（global city）強調特定城市是全球經濟的指揮與控制中心（如紐約、倫敦、東京），協調分散全球各地的金融、製造業、零售與運輸網絡。全球城市是生產者服務業（producer services，如會計、金融、廣告與行銷、法律、管理顧問等）與創新的軸心，但城市內部的社會經濟與居住空間兩極化的不平等也日益明顯，例如：高所得的專業人士與企業主管住在豪宅與豪奢飯店，低所得的移工、少數族群與低階勞動者則住在貧民窟等地

全球城市（global city）

資本主義全球化經濟的指揮與控制中心，其功能為調控全球各大城市的生產者服務業（金融、會計、廣告與行銷、法律、企管顧問等）。

（王佳煌 2005: 136-139）。

　　研究全球城市的發展，通常聚焦於兩個互相關聯與影響的層面。首先是全球城市本身的條件、屬性與內部社會空間的分殊化，特別是城市的經濟、產業發展與社會結構（族群關係、社會階層化的空間分布）。都市的產業結構從大規模與福特主義的製造業轉型為生產者服務業，需要金融、法律、會計、企管顧問等專業人才等腦力密集的勞動力，相對也需要低階服務業、勞力密集的勞動力（餐飲、旅遊、觀光、飯店旅館、家居生活），以及小規模製造業與血汗店，滿足中上階級的日常生活需求（Parnreiter 2013: 20-23）。

　　其次是聚焦於全球城市在全球城市體系與資本主義世界體系全球、區域分工結構中的位置、功能和網絡鏈結，如各個城市之間的運輸流量（空運、海運）、電信與網路流量、企業間與企業內的交易關係。這種量化研究常以網絡圖呈現節點（圓圈）大小與節點之間的關係（Parnreiter 2013: 23-24）。

　　台北市被歸類為半邊陲國家的次級世界城市，研究台北或台北都會區全球城市的中英文研究也不少，分析的重點包括：台北市作為全球城市的屬性與條件、社會極化、經濟與空間的再結構化，以及與國家機器的關係等（Kwok 2005）。

▌二、全球化與城市競爭力

　　自 1970 年代以來，全球化競爭的壓力愈來愈大，英美的都市治理逐漸從都市管理主義（urban managerialism）向都市企業主義（urban entrepreneurialism）轉型，地方的公共服務與社會福利供給讓位給地方的經濟發展與投資，以公私夥伴關係（public-private partnership）為核心，聚焦於地方的投資與經濟發

都市企業主義
（urban entrepreneurialism）
以公私夥伴關係與企業化經營為核心，促進城市的經濟與產業發展，公共服務與社會福利不再位居地方政府的政策首位。

展（Harvey 1989: 5-8）。

　　都市企業主義之下的城市競爭策略有四大類：一是創造或運用地方的比較優勢；二是消費空間的建構，如推動觀光旅遊（景點、歷史襲產、主題樂園、嘉年華、會展等）；三是建立指揮與控制中心，如吸引跨國企業總部進駐，發展金融業等高階服務業；四是吸引特定產業（如高科技製造業），促進經濟發展。這些策略都是資本主義積累邏輯之下，城際競爭與空間重構的風險，因此必須設法化解（Harvey 1989: 8-10）。

三、都市與永續發展

　　都市人口的增加與密集，造成許多環境問題，包括水污染、空氣污染、能源耗竭、廢棄物污染、熱島效應等等。

　　都市的產業結構、產業性質與經濟發展，在在影響到都市居民的生計、都市人口的消長與環境品質。都市發展的經濟基礎以高耗能、高污染的重工業為主，雖可提供大量工作機會，卻嚴重傷害到都市的環境與生活品質。企業因環境、成本考量而遷廠到海外，造成就業機會減少，人口移出或流失，都市隨之萎縮。市政府或中央政府必須以特定的政策介入，重建都市的產業與經濟結構，如推動文化產業、觀光產業、高科技產業等。不同社會階層居住的空間分布模式，也會影響到都市生活資源的分配與彼此的互動關係。

　　都市的永續發展至少包括環境永續、經濟永續、社會永續三個相互影響的子系統（表 16-1）。環境永續是最基本的層次，也是狹義的永續都市發展，重點為綠能與低碳、低污染、低移動（減少長程通勤耗費的能源）（Brindley 2003）。

表 16-1 永續都市發展的概念架構

環境永續	經濟永續	社會永續
• 低碳、綠能	• 在地工作	• 住宅密度高
• 低污染	• 在家工作	• 在地社會系統
• 低移動	• 混合用途與活動	• 社會混居與社會整合
• 緊密城市	• 緊密經濟＝「村落」	• 緊密社會＝「社區」

資料來源：Brindley（2003: 57）。

　　社會永續是指住宅密度高，不同階級與族群混居，花園廣場與街道就是社會互動的空間，有助於促進和諧的社會關係，私有住宅、社會住宅等各種住宅形態混合，可減少社會階級與族群的居住隔離和社會極化，促進社會群體的關係和諧發展。空間與土地混合使用，也可提高使用彈性。

　　經濟永續的重點在於都市經濟盡量追求自給自足，避免對自然環境與資源造成不可回復的傷害（Pacione 2007: 250）。

　　台灣的永續都市發展願景、目標、政策，均符應前述都市永續的架構與層面。例如，台北市的永續發展政策以生態、生產、生活的「三生」要素為核心，經濟發展強調有效率的生產與智慧成長，環境保護注重健康生態與循環共生，追求社會公義與進步共享。這些層面均與國家、國際的永續發展願景一一對應（圖16-4）。

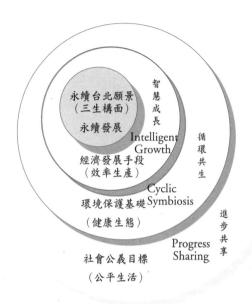

圖 16-4　台北市永續發展願景的環境、社會與經濟關係意象

資料來源：台北市政府環境保護局（2019）。

　　當前永續都市發展的重要課題之一，是要因應全球暖化與極端氣候變遷對都市內部環境、都市之間與都市生活的威脅，探討都市生活與氣候變遷的關係。政府已於 2012 年核定「國家氣候變遷調適政策綱領」，研擬調適行動與方案。都市化與環境變遷的重要研究課題包括：都市土地與地表覆蓋變遷對台灣環境系統的影響，都市空間形態與功能對環境系統的影響，都市地區生活方式與消費形態對環境變遷的影響，社會力（社會運動與非政府組織的倡議）對都市環境系統經營管理的影響，以及都市化對都市系統的影響如何經由社會、生物、物理的連鎖關係，影響到其他地區的環境系統（黃書禮等 2018）。

　　另一個重要課題是均衡的都市系統與區域發展。各都市之間與城鄉區域的發展彼此影響與互補，舉凡河川跨域治理、環境保

護、交通運輸等，都需要各都市之間密切合作，才能全面處理永續政策議題。例如，2004 年成立的「北台 7 縣市論壇」於 2006 年簽署宣言，成立「北台區域發展推動委員會」。中部與南部各縣市也有類似的非正式跨縣市合作組織（邱敬斌 2015）。

熱島效應

　　熱島效應是指都市的日照溫度高於周邊的郊區，原因包括：高樓大廈林立，阻礙空氣與風的流動；都市所處地形地貌（如亞熱帶與熱帶盆地）不利空氣流通；房屋與汽車空調設備散熱；柏油路與混凝土蓄積太陽與人造熱能，散熱慢；以及長期乾旱，缺乏雨水調節等。

　　　🔍 **問題與討論 16-3**
　　　在你長期居住的縣市，有哪些環境永續、經濟永續與社會永續的問題？該縣市政府提出哪些永續發展的政策與策略，試圖解決這些問題？政策成效如何？

參考書目

內政部不動產資訊平台，2020，社會住宅專區。https://pip.moi.gov.tw/V3/B/SCRB0501.
　　aspx?mode=7。

王佳煌，2005，《都市社會學》。台北：三民。

王佳煌、李俊豪，2013，〈台北都會區居住模式之分析（1980-2010）：隔離、分殊、
　　群聚或階層？〉。《都市與計劃》40(4): 325-354。

台北市政府環保局，2019，〈永續發展願景〉。https://www.dep.gov.taipei/cp.aspx?n=
　　81AAC2F85759C61E 。

行政院主計總處編印，2012，《99 年人口及住宅普查：總報告統計結果提要分析》。
　　https://www.stat.gov.tw/ct.asp?xItem=31969&ctNode=548&mp=4。

李明璁，2009，〈去 / 再領域化的西門町：「擬東京」消費地景的想像與建構〉。《文化
　　研究》9: 119-163。

周素卿，2003，〈全球化與新都心的發展：曼哈頓意象下的信義計畫區〉。《地理學報》
　　3: 41-60。

邱敬斌，2015，〈區域合作與平臺：以北臺區域發展推動委員會為例〉。《國土與公共
　　治理季刊》3(3): 106-113。

國家發展委員會國土區域離島發展處，2018，《都市及區域發展統計彙編》。台北：國
　　家發展委員會。

黃書禮、李盈潔、李叢禎、周素卿、林子倫、張昱諄、張學聖、葉佳宗、詹士樑、蔡
　　育新，2018，〈接軌「都市化與環境變遷」國際研究：台灣研究議題〉。《台灣土
　　地研究》21(2): 93-110。

Annunziata, Sandra, 2011, "Urbanization." Pp. 1496-1499 in *Encyclopedia of Consumer Culture*,
　　edited by Dale Southerton. Los Angeles: Sage.

Brindley, Tim, 2003, "The Social Dimension of the Urban Village: A Comparison of Models
　　for Sustainable Urban Development." *Urban Design International* 8(1-2): 53-65.

Chen, Yi-Ling and Herng-Dar Bih, 2014, "The Pro-Market Housing System and Demographic
　　Change in Taiwan." Pp. 204-226 in *Housing East Asia: Socioeconomic and Demographic
　　Challenges*, edited by John Doling and Richard Ronald. New York: Palgrave Macmillan.

Flew, Terry, 2010, "Toward a Cultural Economic Geography of Creative Industries and
　　Urban Development: Introduction to the Special Issue on Creative Industries and Urban
　　Development." *The Information Society* 26(2): 85-91.

Gregory, Derek, Ron Johnston, Geraldine Pratt, Michael Watts, and Sarah Whatmore, 2009,

The Dictionary of Human Geography, 5th edition. Oxford: Wiley-Blackwell.

Hall, Peter, 2002, *Urban and Regional Planning*, 4th edition. London: Routledge.

Harvey, David, 1989, "From Managerialism to Entrepreneurialism: The Transformation in Urban Governance in Late Capitalism." *Geografiska Annaler: Series B, Human Geography* 71(1): 3-17.

Jou, Sue-Ching, Eric Clark, and Hsiao-Wen Chen, 2016, "Gentrification and Revanchist Urbanism in Taipei?" *Urban Studies* 53(3): 1-17.

Judd, Dennis R., 2011, "Theorizing the City." Pp. 3-20 in *The City, Revisited: Urban Theory from Chicago Los Angeles, and New York*, edited by Dennis R. Judd and Dick Simpson. Minneapolis: University of Minnesota Press.

Kwok, Reginald Yin-Wang, ed., 2005, *Globalizing Taipei: The Political Economy of Spatial Development*. New York: Routledge.

Pacione, Michael, 2007, "Sustainable Urban Development in the UK: Rhetoric or Reality?" *Geography* 92(3): 248-265.

Parnreiter, Christof, 2013, "The Global City Tradition." Pp. 15-32 in *Global City Challenges: Debating a Concept, Improving the Practice*, edited by Michele Acuto and Wendy Steele. Basingstoke: Palgrave Macmillan.

Simpson, Dick and Tom M. Kelly, 2008, "The New Chicago School of Urbanism and the New Daley Machine." *Urban Affairs Review* 44(2): 218-238.

Stevenson, Deborah, 2003, *Cities and Urban Cultures*. Maidenhead, PA: Open University Press.

Turley, Alan C., 2005, *Urban Culture: Exploring Cities and Cultures*. Upper Saddle River, NJ: Pearson/Prentice Hall.

United Nations, 2018, "World Urbanization Prospect 2018." DESA/Population Division. https://population.un.org/wup/Download/.

第 17 章

消費社會與消費文化

■李玉瑛

摘　要

1. 消費社會是一個商品的時代，主導社會的是與商品有關的資訊，因此品牌、商標、廣告、傳媒影像構成了消費社會新的生活元素。

2. 台灣在 1970 年代之前，處於求溫飽的基本民生消費階段，經濟起飛之後，大部分的民眾衣食無慮，開始進入消費社會的生活方式。

3. 消費文化是資本主義生產方式之下的產物，指的是人與物的關係，亦即一種消費行為的文化。從負面批判角度而言，有學者認為消費者是被資本主義控制的笨蛋；也有學者從正面角度，頌揚消費者是取悅個人感官經驗的享樂者。另外有學者從符號消費的角度，解釋消費者乃是利用商品消費來表達社會身分和品味。

4. 在消費社會中，消費與休閒活動已經取代生產，成為人們的生活重心和身分認同的表徵。當代的消費空間與消費實踐均傾向奇觀式消費和感官的體驗消費。

5. 因應環境保護與愛護地球，新興綠色消費的文化是永續消費、低碳、分享共有。

壹　前言

　　2020 年伊始，新冠肺炎疫情在全球蔓延，疫情對人們的健康與生命造成威脅，各國政策強行決定封鎖與隔離所帶來的是失業潮與百業蕭條。因為疫情，人們被禁止外出，公共集會也被取

消。首當其衝的就是娛樂服務業，以往是人群聚集的購物中心、電影院、音樂廳、咖啡廳、餐廳、酒吧、夜店等全都停止營業。在各國邊境管控之下，人們跨境移動受到影響，航空業和旅遊行業全都慘澹經營。以上的現象，充分說明了一旦人們停止消費對國家經濟所帶來的巨大影響。本章的主題就是來理解自己所處的消費社會以及消費文化。

何謂消費社會

　　美國學者貝爾克（Belk 1995）認為，消費社會就是一個鼓勵消費的時代。在物質匱乏的時期，人們被教導要克制自己的慾望貪念，但在消費社會則被鼓勵盡可能的去消費和擁有物品。現在我們稱呼自己是生活在一個消費社會，指的是生活被消費所主宰，一切生活所需不再是自給自足，而是依賴商業的買賣來取得。消費社會即是一個商品的時代，主導社會的是與商品有關的資訊，因此品牌、商標、廣告、傳媒影像構成了消費社會新的生活元素。

　　消費社會也可以稱之為後現代社會（Featherstone 1991），全球化資訊與金融的營運系統使得人員、物資和訊息快速地流動，形成一個以消費、休閒與服務業、大眾傳播媒體業為主導的時代。以消費者／顧客為導向的客製化生產方式，讓人們得以自由選擇，以消費商品來展現自我的生活風格和身分認同，因此會依賴廣告和社群媒體來吸收有關商品的資訊，以便更精確地計算並掌握消費知識。

　　一般而言，世界上不同的地區和國家進入消費社會的時間不一樣，而其消費社會形成的軌跡也不相同。1980 年代，台灣經

生活風格（lifestyle）
生活風格在消費文化中意指個性、自我表達及生活品味的自我意識。一個人的身體、服飾、談吐、休閒生活的安排、飲食的偏好、家居的布置、汽車和度假的選擇等，都可以表達個人的消費品味和風格的認知指標。

濟起飛之後，大部分的民眾衣食無慮，才開始進入消費社會的生活方式。

從 1970 到 1990 年這段期間，台灣社會逐漸豐衣足食，1976年平均國民生產毛額突破一千美元，民生消費品量的滿足已經不再是問題，消費開始要求品質、品牌與品味。同時新興的消費場域陸續出現，例如，1970 年台北忠孝東路開設第一家「頂好超級市場」，1979 年台灣第一家便利商店 7-11 誕生，1989 年第一家量販店「萬客隆」在桃園成立，代表著逛街購物即將進入新的體驗。

1987 年台灣解除戒嚴令，沒有了宵禁，24 小時營業的娛樂事業蓬勃發展，如卡拉 OK、KTV。1992 年平均國民生產毛額突破一萬美元，有著「台灣錢淹腳目」的說法。此時消費不再只是溫飽的需求，而是為了滿足感性的需求，情感的寄託，是個人特質的展現，也是社經地位的象徵。2001 年全台灣施行週休二日，人們的休閒時間增加，休閒娛樂成為日常生活的重心。美學化的都市景觀在日常的生活空間中，餵養人們的好奇心和觀看的慾望，如百貨公司、購物商場。來自世界各地龐大又多元的商品，任憑人們自由地選擇搭配，藉由商品來展現個性化與自己的生活風格，消費已經超越生存的需要（need）而是慾望（desire）的滿足。當今在網路時代，人們可以隨時隨地消費購物，沒有時間和空間的限制，靠一指神功購物，只要手機在手就可以買遍天下。

問題與討論 17-1

　　請同學想一想，妳／你每天有從事任何生產的工作嗎？然後再想想，每天從早到晚，妳／你從口袋中掏出多少錢、購買了哪些東西？為什麼購買？妳／你是真的「需要」，或只是「想要」那些商品？

課堂活動 17-1

　　請記錄妳／你一週的消費活動，清楚記錄所花費的每一筆金額，買了什麼東西？去了哪些地方？跟誰在一起？逛了哪些購物網站？然後在課堂與同學交換觀看和討論，由此來幫助大家理解消費與個人的關係。

 參　消費文化

　　消費文化是當代富裕的生活之下的產物，指的是人與物的關係，一種消費行為的文化。消費文化意味著人們的生活方式和所依賴的象徵性或是物質性的資源，都必須透過市場機制為媒介來完成。消費文化因此標示出一個社會系統，日常生活被消費所主宰，而在消費的領域中是依賴個人自由意志的選擇而完成。

　　消費者只要有錢就可以擁有商品的選擇自由，正好與民主社會的自由多元化互相呼應，但是學者對此有著正負不同的理論觀點，以下將相關消費文化的理論區分為三個流派來敘述：第一是左派的批判理論，認為消費者是處於被動的，被控制而不自知。第二是認為消費就是享樂，頌揚個體感官經驗的感受。第三則是

從象徵性來看消費，主張消費文化是標示身分階級，目的是區分人／我。

一、消費是控制

1. 商品與拜物教：馬克思

馬克思在《資本論》中批評資本主義將所有的物品都轉變爲商品，改變了人與物的關係，同時也改變了人與人的關係。在這樣的制度之下，工人販賣勞動力換取薪資，並以薪資到市場上去購買生活所需的商品，於是人們的生活方式與商品化市場緊密相連。在商品化的社會中，人們渴望擁有商品，馬克思把這種交換價值的神祕化稱作「物化」或是「商品拜物教」。馬克思認爲人性在商品化的過程中被犧牲掉了，人的價值只是透過勞動力所生產出來的工／薪資來計算，很少人能在工作中實踐自我，人們只是需要「賺錢」來購買商品。

交換價值（exchange value）
某一商品與另一商品之間的等價關係。

2. 法蘭克福學派對文化工業的批評

法蘭克福學派指的是一群任職於法蘭克福大學社會研究院的德國知識分子，他們在 1933-1950 年從納粹德國逃亡到美國紐約。主要成員是霍克海默（Max Horkheimer, 1895-1973）、阿多諾（Theodor Adorno, 1903-1969）和馬庫色（Herbert Marcuse, 1898-1979）。霍克海默和阿多諾（Horkheimer and Adorno）在 1944 年出版了《啓蒙的辯證》，提出對文化工業的批評。文化工業指的是文化被當成商品來生產，如同工業產品一樣標準化，文化藝術的原創性或獨一無二性不見了，因爲廣播、雜誌、電影、電視節目等傳播媒體，可以不斷重複放送並且大量複製以利潤爲導向的商業化產品。文化原本是需要長時間才能培養出來的涵養品味，

但是文化工業產品往往偏向通俗與娛樂性。法蘭克福學派的學者憂心文化工業產品讓人們持續受膚淺的和消費享樂主義所吸引，而不關心其他嚴肅的社會議題。

　　法蘭克福學派對文化工業的批評，很有力道地指出，消費者在資本主義的消費經濟體系之下只會成為受害者，消費者大量接收文化工業標準化制式化的文化產品，如廣播、雜誌、電影、電視節目，他們也擔心消費者會被四面八方所充斥的物品所淹沒，喪失自主性，並且誤以為在消費社會中購買和擁有商品就代表了財富、快樂和進步。

　　從法蘭克福學派的觀點而言，消費者就像是一群不會思考又容易被控制的笨蛋，只會盲目地接收資本家所餵養的東西。然而，法蘭克福學派對於消費的看法還是以經濟實用為主，而忽視文化的象徵意義層面，沒有思考過消費的文化意涵，或是無視於消費乃是人類的必要行為（Paterson 2006: 28）。文化研究學者對法蘭克福學派批評有以下兩個重點：首先是菁英主義，忽略了可以複製的文化產品對一般大眾的影響。其次是忽略了消費者的多樣性和能動性，個人對文化產品的消費過程中擁有不同的經驗，同時個體會賦予文化產品很多不同的意義，而那並非是生產者所能掌控的。

　　肯定大眾文化者認為，看連續劇、羅曼史小說、電影、聽流行歌曲是無傷大雅的，甚至可以視為民主化的表現，而且這些節目可以陪伴無聊或孤獨的人、排遣寂寞，並能抒解生活中的壓力。於是在消費文化的理論中形成了悲觀的批判和樂觀的頌揚，兩種對立的觀點。

▌二、消費是享樂：取悅個人的感官經驗

　　左派學者對西方消費文化持悲觀的看法，然而文化研究學者卻提出不一樣的觀點，他／她們擁抱通俗大眾文化，並且認為消費者是主動地選擇商品來取悅自己。例如：偶像崇拜的消費讓人有模仿學習的對象，經由閱讀小說和觀賞連續劇可以逃逸到一個比較理想的生活空間，更重要的是經由消費，人們可以實際體驗愉悅或是驚悚的感官經驗。

1. 粉絲文化

　　英國傳播學者費司克（Fiske 1989）是一位通俗文化的喜愛者，他從看肥皂劇、綜藝節目、迪士尼樂園等地方得到了愉悅。費司克對庶民文化抱持正面樂觀的態度，認為消費者既有悟性又有主動性，只是利用文化商品來尋歡作樂，才不是一群被動的傻子。眾多的影迷、樂迷、歌迷利用不同管道結合進行分享，和有相同嗜好的人團結在一起，共同抵抗外在不同的思想理念。傳播媒體流通關於偶像的內幕、八卦或閒話也是有必要的，因為它提供了明星藝人、名人相關的資訊，增加偶像迷親密的感受，有助於閱讀時生產自己的知識，充實偶像迷與她／他人溝通的資訊，費司克認為這就是消費者可以參與和生產自己的文本，積極主動性的方面。

　　台灣自 1990 年代開始出現哈日和哈韓風潮，興起了「哈日族」與「哈韓族」這樣的名詞，代表「我們日／韓劇迷」vs.「他者」的區分。這些喜愛觀賞日本和韓國偶像劇的死忠觀眾，不僅觀看偶像劇，消費購買日本／韓國產品，吃日本／韓國料理，甚至到日本／韓國觀光旅遊親身經歷，當然也有人因此開始學習日／韓語以及文化，成為日／韓達人。這些說明了消費者在面對文

化消費產品時積極主動的面向，同時也凸顯出消費者是消費實踐的主體位置。

 問題與討論 17-2

　　請同學討論有哪些資訊會影響消費者的消費決定？以及自己的消費通常是由個人決定，還是受網路社群影響而決定？

 課堂活動 17-2

　　請同學寫出自己經常瀏覽的社群網站，或是自己喜歡的偶像團體與網紅，並且說明欣賞他們的原因。接著討論粉絲消費有年齡層的差別嗎？不同的粉絲群體之間可能有何種差別，可以如何從社會學的角度解釋？

---

2. 替代性消費

　　女性主義學者以民族誌或文本分析進行閱聽人的研究（Radway 1984; Ang 1985; Stacey 1994; Winship 1987），對法蘭克福學派主張觀眾是無知的受害者理論，提出很大的修正，主張文化產品對一般大眾的影響是複雜且多樣的，個人在文化產品的消費過程中會有不同的經驗，同時會賦予文化產品不同的意義，而那並非是製造者所能掌控的。觀眾／閱聽人會有各自不同的方式消費／使用文化產品，例如，瑞德薇（Radway 1984）提出女性閱讀羅曼史可說是唯一屬於自己的自由時間，可以暫時逃避煩悶的家事和母職，讓自己陶醉於浪漫愛情故事的想像空間。史黛西（Stacey 1994）的研究顯示英國女性觀眾會把好萊塢電影女主角

當作認同的偶像，模仿偶像的髮型、衣著打扮，看電影是讓自己
逃逸到一個豪華的金粉世界，滿足了幻想之後再回到現實生活，
可以讓她們有能力面對平淡無奇的日常生活。雖然那只是一種替
代性的經驗，但是所帶來的歡愉卻是真實的。

3. 體驗消費

　　坎貝爾（Campbell 1987）在《浪漫倫理與現代消費主義精
神》一書中，授予個體有追求感官歡愉的正當性，他把尋求歡愉
的關鍵放在個人對感官慾望的控制和念想，因此，即使不擁有商
品，只是「渴望」的慾念，都可以成為召喚歡愉的刺激點。浪漫
倫理強調主觀理解的消費經驗，使得主觀的想像和白日夢成為現
代消費的重要因素，只是通常經驗過了就不再稀罕，所以市場上
不斷有推陳出新的消費品，於是消費就像是一個無底洞，不斷地
更新延伸。

感官想像式的消費文化

「拍照當天覺得像嘉年華一樣。在相館待了一天，有賓至如歸的感覺。親切的服
務，低聲細語，感覺自己好像是被當作『超級大明星』般的對待，在那裡自己好
像就是『最佳女主角』滿足自己穿以前沒機會穿的衣服，滿足了虛榮心，滿足了
自己的想像。穿露肩晚禮服，好像大明星要去登台或是出席晚宴。好滿意喲！」
（bride 20: 2）

　　最後一句「好滿意喲」傳神的點出女性消費者身歷其境的感官經驗，這正是婚
紗照消費文化的特質之一。也是業者刻意經營的理念，誠如一位婚紗店的女經理
（Manager 5）很自然的脫口而說：「我們這種服務業是不能對客人發脾氣的。服務業不
能有閃失，我們要讓客人樂意花這個錢！」花錢的是大爺，在婚紗照的消費中，客
人果真是被當成公主王子侍候著……（摘錄自李玉瑛 1999）

台灣形成於 1980 年代的婚紗照，是十足展現感官想像式的
消費文化。李玉瑛（1999, 2004）的研究指出，婚紗照的消費文
化延續了傳統女性「被看」以及「以貌取人」的社會文化，但是
女性從拍婚紗照的經驗中體驗千面女郎的造型，尤其是能夠穿上
夢寐以求的「漂亮」禮服，裝扮自己的美貌，滿足當最佳女主角
的愉悅。雖然只是短暫的滿足，但是「曾經擁有」似乎還是強過
未曾擁有的遺憾，同時照片可以一再地被觀看，成為回憶或是想
像的媒介物。更重要的是台灣的女性消費者從拍婚紗照的體驗
中，能夠破除美貌的迷思，對自己的平凡泰然處之。

三、消費是區分：表達社會身分

消費文化乃是物質文化的一種當代的特殊形式，在性別、種
族、階級和工作的區分之外，消費文化提供了新的身分認同，也
就是說人們是由所消費的商品／物品來定義自己（Lury 1996）。

1. 炫耀式的消費

以消費來表達身分地位，美國學者韋布倫（Thorstein Veblen,
1857-1929）在《有閒階級論》（1994）這本書中剖析得很透徹，
書中研究美國新英格蘭地區因工業生產而致富的新貴階級，他們
學習歐洲上流社會的生活品味，以購買和展示昂貴精緻的商品作
為誇富的手段，雖然那些商品的實用性不高，卻有高度的象徵意
涵，他稱之為「炫耀式的消費」。這種以擁有特殊商品來傳達社
會文化意涵的消費方式，最終的目的就是在群體之間形成區別。

2. 符號消費

法國文化研究學者布希亞（Jean Baudrillard, 1929-2007）認

有閒階級（leisure class）
意指擁有眾多財富、不必工作，以休閒消費過生活的群體。

炫耀式的消費（conspicuous consumption）
有閒階級為了誇耀財富，因此爭相購買昂貴的物品，以此彰顯購買力，物品只是傳達象徵性的功能。

為，在當代消費社會中炫耀式的消費不再只是權貴的專利，而是已經普及到每一個階層，他稱之為符號消費。代表人們消費不是為了溫飽的需求，而是為了購買那些商品所代表的社會意涵和所定義的生活風格。

名牌包之所以可以有這麼高的交換價值，原因就在於消費者付費購買的是符號價值，而非使用價值。消費者在乎的是符號功能，同時也希望能藉由名牌商品而躋身名流階級之列。人們消費昂貴的名牌商品，主要是給別人看的，展現個人的生活風格和品味。

3. 品味與階級

法國學者布迪厄（Pierre Bourdieu, 1930-2002）在《秀異》（1984）一書中分析，品味就是一種辨識區分差異的過程，意指人們在消費之際，同時是在實際演練並展示對商品喜好和選擇的知識。所謂的品味和社會階級的區分息息相關，布迪厄不把品味視為純個人的選擇，而是一種社會性的模式。品味代表的是社會階級成員的日常生活實踐，它是流動的，而且具有競爭性，也就是說，社群中的個體如何操弄文化的再現來維繫相互的認同，並且展示自己的品味和生活風格是特別的、高人一等的。布迪厄認為同一階級的行動者會有特定的消費品味和消費風格，乃因為他們具有相同的思維結構以及相同的習性（habitus）。習性是指人們的行為性向系統，展現在食衣住行生活中很多「視為當然」的嗜好和選擇。

布迪厄研究的重點在於，人們經由消費選擇適合自己的消費品味，於是產生了階級的差異性，而不是說消費直接來自階級差異。無可諱言的，具有優勢的階級力圖維繫自己「高尚」的品味，以便與「他人」造成明顯的區分。

符號消費（sign consumption）
為了某種社會地位、名望、榮譽而進行的消費。

使用價值（use value）
即物品本身的價值能滿足人們的需要。

肆　消費實踐

　　在消費社會中，消費與休閒活動已經取代生產，成為人們的生活重心和身分認同的表徵。本節的主題即是討論消費的情境、空間與象徵意義。

▎一、奇觀式的消費空間

　　雖然目前網路購物非常便捷，但是實體購物並未消失，代表消費者依然有走逛觀賞購物的需求，實體商場競相以更炫目吸睛的消費空間來滿足消費者的感官需求。Alan Bryman（2004）以迪士尼化（Disneyization）這個名詞來代表後現代消費社會中對奇觀消費和體驗消費文化的特性，迪士尼化有四個元素：主題化、去區隔化、商品化和情緒勞動者。這樣的特質已經充滿在消費社會中的各種場所。

　　（一）主題化：一個主題化的環境，讓消費者可以將想像的樂趣集中於一個單一主題。迪士尼樂園以迪士尼卡通電影和人物為主題，不論是餐飲或空間裝飾都以卡通角色為主，吸引粉絲在喜愛熟悉的場景中消費，沉浸在其中，達到貼近偶像的目的。

　　（二）去區隔化：消費的場域區分開始模糊，例如：美國賭城拉斯維加斯和澳門，則是聚合博奕、逛街購物、美食與表演娛樂於一身的度假天堂。這些地方把所有的娛樂消費聚在一起，讓消費者享受各種奇觀式空間。

　　（三）商品化：迪士尼很早就開始推銷卡通人物的商品，米老鼠誕生於 1928 年，次年迪士尼就設立一個部門專門處理米老鼠的商品行銷和專利註冊。

　　（四）情緒勞動：工作人員的服務品質，也構成消費經驗的

迪士尼化
（Disneyization）
這個名詞用來代表消費空間的四種概念，包括主題化、去區隔化、商品化和情緒勞動。

一部分，例如：遊樂園裡身穿毛茸茸卡通服裝的職工，要將情緒融入所扮演的角色，其他提供服務的人員同樣都要笑臉迎人，努力營造出歡樂的氣氛，這些都是要求工作人員做好情緒的管控。

▎二、體驗式的節慶消費

現代資本主義時代，傳統的節慶被商業包裝成吸引觀光客的焦點，西方商業包裝出來耶誕節、情人節、萬聖節都是名正言順地消費節慶，百貨公司與便利商店也會配合推出相關的應景商品。所謂的「週年慶」已經成為刺激消費、鼓勵購買的人造節慶，而各種宗教節慶成為聚合人潮大量消費的商機。以台灣的媽祖遶境為例，不但參加的人數逐年增加、年齡層降低，並且吸引許多國外觀光客前來看熱鬧，親身體驗進香客的虔誠與熱情的氛圍，參與者不僅享受在現場的感覺，還可以再藉由影音社群媒體來展示／炫耀自己參與其間的感官體驗式消費。

拜拜經濟：媽祖遶境

每年農曆三月開始的媽祖遶境，是台灣宗教文化的一大盛事，在時代變遷之下，這個傳統的宗教活動已經成為「大甲媽祖國際觀光文化節」，在長達九天八夜的大甲媽出巡遶境活動，全長三百多公里的進香路線，近百萬人參與，媽祖遶境的人龍所到處都會消費，每天可以吃掉一億元，沿途採買的辦手禮約花費四億三千萬元。附有廁所的便利商店，也成為信徒的小型休息站，除了消費食物及飲料之外，信徒還能在此寄送換洗衣物，儼然是一項大商機。（鍾文榮 2014）

課堂活動 17-3

　　請同學分組到百貨公司、大賣場、菜市場、購物中心、夜市、星巴克、IKEA、Costco 等地，觀察並比較各種消費空間的特色。還可以觀察人們的消費行為，察看消費者是單獨前往？還是成群結隊？他／她們在那些消費空間做些什麼事？

三、區分式的綠色消費

　　當代人們在富裕的消費社會中被大量的商品包圍，享受自由選擇的樂趣。但是這種大肆消費的購物方式，已經讓地球付出很大成本。根據台灣舊衣回收業者推估的資料統計，台灣一年製造 7 萬 2,000 公噸的舊衣垃圾，無法二手再使用的舊衣服堆在垃圾掩埋場，長期都不會分解，還會產生有毒化學染料污染土壤和地下水（魯皓平 2017）。

　　目前世界上很多的食物不是消耗掉，而是被拋棄浪費。聯合國報告指出，全球有 1/3 的食物被浪費掉，碳排放量高達 44 億噸；近 13 億噸被浪費掉的食物，每年造成 7,500 億美元的經濟損失和龐大的環境成本。根據環保署統計顯示，2018 年我國廚餘回收量超過 59 萬公噸，一年浪費掉的食物高達 275 萬噸，國人 1 天的廚餘量達 4 萬桶，高度足以堆出 70 棟台北 101 大樓。在太平洋中有一個垃圾帶，又稱「垃圾島」，這些海上漂浮垃圾塊大約有兩個德州大，主要都是工業製造塑膠製品，不但污染海洋，而且傷害海洋生物。為了愛地球與環境保護，綠色消費成為一個新的消費趨勢。

1. 惜食潮

　　全球各地環保人士因此紛紛提倡「停止食物浪費」與「惜食」，推廣「醜食運動」鼓勵消費者接受賣相不佳的蔬果。近年台灣各地方政府與公有菜市場、社福機構及民間團體組織推廣「惜食分享櫃」、「社區愛享冰箱」，各地區並有溫暖又有創意的食物愛心平台，召集義工收集食物並烹調分送給獨居老人與身障人士。

2. 協作消費

　　協作消費乃是目前依賴網路科技而興起的消費方式，相信人性本善，以分享共用的方式降低資源浪費，改變以自我為中心的「我世代」成為社群分享的「我們世代」。Rachel Botsman 和 Roo Rogers（2010）的專書《我的就是你的》介紹當代永續消費的新興方式，人們不一定要一直擁有物品，而是要知道如何資源共享。參加共乘租車組織，不必擁有一輛車，卻到處都有車可以開；台北市所推廣的 Ubike 也是相同的理念。協作消費重點不是消費者消費了什麼，而是消費者如何消費。

3. 在地消費

　　從個人生活做節能減碳，各地的農夫市集與社區／群支持型農業就是提倡消費「在地食物」，消費者直接向農夫買食物，中間少了中盤商、通路商等層層剝削，雙方皆受惠。台灣近幾年也出現小規模的農夫市集，另外有網路平台直接把生產者和消費者連接在一起，讓消費者熟悉食物的生產履歷。

　　綠色消費有強烈的道德宣示作用，首先是消費者有能力反身性思考，拒絕資本主義工業大量生產破壞環境，以及低薪壓榨勞

工的商品。其次是能夠壓低自己的消費慾望、不浪費，做一個聰明的消費者。然而，這些支持綠色有機、友善生產的消費者大都是擁有高學歷或高收入的群體，所以在社會中儼然區分出高價、健康、環保與廉價、傷身、污染之別。

伍　結語

如果我們只有在需要買東西的時候才進商店，而且每次都只買需要的物品，那麼，社會的經濟體系就會轟然一聲地崩潰（Underhill 2003: 31）。資本主義的社會之所以能夠繁榮興盛，靠的就是日以繼夜的消費。然而我們只有一個地球，在經濟成長與環境保護之間一直是處於兩難的狀態，有人身體力行低碳消費，展示出保護環境永續消費的生活風格；有人耽溺於繁花似錦的商品世界，追求流行、跟隨網紅吃喝玩樂，以不斷的消費來貢獻經濟成長。事實上，現在人們爲了生存的必要消費已然減少，人們如何消費，以及選擇使用商品達成想要的目的，才是消費文化的重點。1990 年代開始，對消費的研究體認到人與物的關係是複雜的，消費者的主體性、創造力以及身分認同的層面開始被研究討論。不論是樂觀還是悲觀地看待消費，讓人們成爲聰明的消費者，知道商品由生產到消費的歷程才是重要的課題。

參考書目

李玉瑛，1999，〈「實現你的明星夢」：臺灣婚紗照的消費文化分析〉。《台灣社會研究季刊》36: 147-186。

李玉瑛，2004，〈女性凝視：婚紗照與自我影像之戲〉。《臺灣社會學刊》33: 1-49。

魯皓平，2017，〈穿一次就想丟？快時尚沒有告訴你的殘酷真相〉。《遠見》，11 月 15 日，https://www.gvm.com.tw/article.html?id=41043。

鍾文榮，2014，《拜拜經濟學》。台北：時報。

Adorno, Theodor W. and Max Horkheimer, 1944, *Dialectic of Enlightenment*. New York: Continuum.

Ang, Ien, 1985, *Watching Dallas: Soap Opera and the Melodramatic Imagination*. London: Methuen.

Baudrillard, Jean, 1981, *For a Critique of the Political Economy of the Sign*. St. Louis, MO: Telos Press.

Belk, Russell W., 1995, *Collecting in a Consumer Society*. London: Routledge.

Botsman, Rachel and Roo Rogers, 2010, *What's Mine Is Yours: The Rise of Collaborative Consumption*. New York: Harper Collins.

Bourdieu, Pierre, 1984, *Distinction: A Social Critique of the Judgement of Taste*, trans. R. Nice. London: Routledge & Kegan Paul.

Bryman, Alan, 2004, *The Disneyization of Society*. London: Sage.

Campbell, Colin, 1987, *The Romantic Ethic and the Spirit of Modern Consumerism*. London: Basil Blackwell.

Featherstone, Mike, 1991, *Consumer Culture and Postmodernism*. London: Sage.

Fiske, John, 1989, *Understanding Popular Culture*. London: Routledge.

Lury, Celia, 1996, *Consumer Culture*. Cambridge, MA: Polity Press.

Paterson, Mark, 2006, *Consumption and Everyday Life*. London: Routledge.

Radway, Janice A., 1984, *Reading the Romance: Women, Patriarchy, and Popular Literature*. Chapel Hill: University of North Carolina Press.

Stacey, Jackie, 1994, *Star Gazing: Hollywood Cinema and Female Spectatorship*. London: Routledge.

Underhill, Paco, 2003, *Why We Buy: The Science of Shopping*. New York: Texere.

Veblen, Thorstein, 1994, *The Theory of the Leisure Class*. New York: Dover Publications.

Winship, Janice, 1987, *Inside Women's Magazines*. London: Pandora.

第 18 章

資訊與社會

- 新的社會人際關係
- 網路人際關係
- 雲端運算、大數據、物聯網及人工智慧
- 網路管制與監控
- 資訊化的其他影響

■ 翟本瑞

摘 要

1. 進入二十一世紀，科技發展的速度與效能，以及能運用的資訊總量，都是二十世紀所無法想像的。行動通訊及網際網路已經全面改變人類社會與文化，資訊社會來臨帶來全面性的變革。

2. 網路社群透過弱連結的關係，將線上活動和真實生活，虛實整合成一個多元複合世界，也將所有日常生活經驗結合成一體。然而，人與人雖然在網路上彼此連結，即時、短暫的親密感，換來的卻是全新的孤獨感，只能「在一起孤獨」。

3. 雲端運算、大數據、物聯網、人工智慧，整合出一套全新的科技客製化服務系統，提供前所未見的整合性服務。

4. 高效能的科技服務，也可能提高了監控與管制的技術，容易侵犯到民眾的隱私權，應有適當管制以防止被濫用。

5. 資訊時代來臨後帶來許多高效能的服務，但也產生許多潛在的隱憂。如何辨識資訊真偽、面對產業結構變遷、工作消失，以及資訊焦慮，成為資訊社會要面對的挑戰。

2016 年 3 月，人工智慧程式 AlphaGo 4 勝 1 負打敗人類圍棋世界冠軍。AlphaGo 是把全球所有圍棋棋譜當成資料庫，訓練程式以人類經驗的人工智慧打敗人類。2017 年 10 月，原設計團隊僅給 AlphaGo Zero 遊戲規則，沒有任何棋譜經驗，透過機器學習，3 天就完勝 AlphaGo。從此之後，人工智慧程式不必再藉助人類經驗，就能獨立發展出致勝的能力。過去二十年間，行動通訊與網際網路全盤改變了世界經濟模式。2019 年 11 月 11 日

阿里巴巴旗下的天貓跨境電商平台，單日營業額達到 2,684 億人民幣（新台幣 1.15 兆），2021 年更高達 5,403 億人民幣（新台幣 2.32 兆），成長令人刮目相看。

　　近幾年淘寶直播帶動線上交易熱潮，截至 2018 年底，淘寶直播平台用戶每日在線時間已接近 1 小時，月銷量超過 100 萬人民幣的直播間更超過 400 間，直播推廣帶來店鋪訪問量轉化率高達 65%，催化電子商務及網紅經濟的發展。電子商務的基礎在於訂購系統、物流配送系統、金流支付系統，需要諸多系統配合才能有效達成。周杰倫在 2014 年發布專輯《哎喲，不錯哦》，定價人民幣 20 元嘗試數位專輯銷售，僅賣出了 17 萬張。2016 年新專輯《周杰倫的床邊故事》，同樣定價 20 元，銷量高達 197 萬張。2019 年 9 月 16 日周杰倫售價 3 元人民幣的單曲〈說好不哭〉上線，不到 3 天進帳破新台幣一億，數位專輯在線音樂付費模式已經成熟為眾人所接受。2020 年 7 月 26 日周杰倫首度開直播，關注人數迅速破 2 千萬，30 分鐘賺進新台幣 1 億。2022 年 Ezek 平台與周董的潮牌「PHANTACi」聯名推出 NFT「Phanta

Bear」，全球限量 1 萬顆，每顆售價 0.26 以太幣，元旦開賣瞬間秒殺，賺進新台幣 2.8 億元。這些現象是過去無法想像的，線上經濟改變了人類商業行為模式。

全球超過 1 兆個連線的智慧型有機和無機體，不斷地擷取、匯流資料，資料總量更快速成長。透過智慧手機、網路、感測器等資料化系統，幾乎所有人類資訊都可以被數位化測量，各種新的感應科技被大量嵌入汽車、家電、公路、水利、電力等設施中，加上高速發展的網路，使得所有的人、事、物被建構成一個聯網互通的系統。硬體基礎設備不斷擴充，在通訊頻寬上各國正式啟動 5G 商用服務，未來超高解析度影片、雲端硬碟、雲端電腦運算、物聯網、工業大數據、VR/AR 等服務都將指日可待。此外，透過互聯網、物聯網、雲端運算、大數據、AI 等技術創新應用，更能實現深層資訊共享和業務協同，讓「智慧城市」成為人類文明發展重要目標。甚至，透過區塊鏈、人工智慧、增強現實、機器視覺等科技巨大應用程式，將手機、電腦和電子遊戲機等電子設備打造成元宇宙（Metaverse）的虛實整合世界，也都不再只是觀念中的世界，將有落實開展的可能。

資訊社會的來臨帶來全面性的變革。

資訊社會
（information society）
資訊的生產、分配、傳播、使用等，深具經濟、政治、文化上意義的社會。

> 🔍 **問題與討論 18-1**
>
> 　　如果沒有網際網路，當前的生活世界會有什麼樣的改變？請分析沒有網際網路前的世界和當前世界的差別，並討論不同國家、文化、年齡、階級的網路運用方式是否會強化已經存在的差異？

新的社會人際關係

　　現在大家熟悉的資訊社會、網路世界，全都是在過去不到三十年間發展出來的。

　　如果把智慧手機、App 下載、行動支付、Facebook、YouTube、Google、Line 等公司拿掉，我們根本無法想像當前社會會是什麼樣子。事實上，資訊社會的發展，幾乎每兩年就會出現過去所沒預料到的殺手級產品，全面改造人際溝通、互動模式，任何主流產品、大眾價值都很容易就被潮流所淘汰。

　　網路的價值是依循里德定律（Reed's Law）而推展：網絡能讓個體之間形成團體時，網路成長的價值即呈現指數函數成長。如果人與人能夠透過網路的端對端連線，隨時依不同需求而形成虛擬團體，它的價值就會更積極地被創造出來。當前即時通訊軟體，以及諸如 Facebook、Twitter、LINE、TikTok、微信等社群平台形成一個複雜關係網絡，網路的價值當然就大大超越個人所能規劃的範圍。

網路人際關係

　　Barry Wellman 和 Milena Gulia 的研究發現，在眞實世界中，北美地區民眾大約會與 1,000 多人建立不同形式的關係，但是，受到時空的限制，眞正有意義的關係不過 50 人，最親密的則平均只有 6 人（Wellman and Gulia 1999）。相較於這 6 個具有強連結的人際關係，我們在世界中大部分的互動都只具有 Mark Granovetter 所說的弱連結關係（Granovetter 1973）。資訊時代來臨後，資通訊工具可以有效地增強並維繫弱連結的關係，甚至更

里德定律（Reed's Law）
網絡能讓個體之間形成團體時，價值就呈指數函數的倍數，意味著網路成長的價值不是與使用者的平方成正比，而是呈指數函數比。

即時通訊（Instant Messaging, IM）
不以伺服器爲中介的即時通訊系統，允許兩人或多人透過網路直接即時傳遞文字訊息、檔案、語音以及視訊交流。例如：WhatsApp、LINE、Facebook、Messenger、微信皆是。

能形成新的弱連結。

資訊社會中，弱連結關係影響程度遠超過強連結。透過社群網站連結，個人很容易鑲嵌進許多群體之中，超大型的社會網絡，整合成一個龐大而複雜的複調互動團體，不必有特定目的與共同價值和利益關聯，就可以形成高度互動。

透過社群網站，個人可以有效整合不同團體間的連結，填補了 Ronald Burt 所說的「結構洞」（Burt 2017），讓不同小群體可以整合成龐大社群。於是，許多過去不易集結的社會力，透過弱連結可以達到社會運動所需的動員力量，促使大型社會運動得以發生。

網路世代（Net generation）是資訊社會的原住民，他們出生在網際網路普及、頻寬及應用程式方便的年代，目前已經進入職場成為主流社會，擅長運用媒體、購買力強、有協同工作習慣，更將創業精神和政治態度帶進世界中。

雪麗・特克（Sherry Turkle）長期以來關注科技對人類心靈所產生的影響，她的三部重要著作，也被視為機器／心靈的三部曲。《電腦革命》（*The Second Self*）一書指出：1970 代年晚期至 1980 年代初期，機器邀請我們改變思考人類思維、記憶和理解方式，電腦儼然成為一種引人自省的物體，整個社會充滿了希望和樂觀。《虛擬化身》（*Life on the Screen*）一書探討人們在虛擬空間上體驗不同的角色扮演，在線上空間塑造新的身分認同。到了《在一起孤獨：科技拉近了彼此距離，卻讓我們害怕親密交流？》（*Alone Together: Why We Expect More from Technology and Less from Each Other*）則探討人生全面網路化的發展及機器人的進化，社會上產生新的焦慮。由於智慧型手機與各式應用程式，年輕人逐漸從真實世界撤退，對其他人的興趣大幅降低，也比上一世代更不容易設身處地、感同身受其他人的世界。數位世代永遠連線、分

心多用、多重自我、行動裝置永不離身，把「模擬」視為真實，嫻熟科技卻持續存在焦慮。科技重新界定親密和孤獨的界限，人們隨時都可以和所有人連結，但這種即時、短暫的親密感卻換來全新的孤獨感。Sherry Turkle 在《重新與人對話：迎接數位時代的人際考驗，修補親密關係的對話療法》（*Reclaiming Conversation: The Power of Talk in a Digital Age*）一書中，強調對話，尤其是面對面對話的重要性（Turkle 2018）。

問題與討論 18-2

　　網路上的人際關係與真實世界的人際關係，有什麼不同？又有什麼相同處？

參　雲端運算、大數據、物聯網及人工智慧

一、雲端運算

　　自動駕駛結合各種感應器的物聯網，以光學雷達、GPS 及電腦視覺等技術感測環境，加上地理資訊系統智慧地圖、人工智慧影像辨識系統等資訊整合能力，才能在道路上安全行走。這也成為未來汽車發展趨勢，Tesla、Google 等大公司無不積極爭取此一龐大市場。事實上，Google 企圖將全世界資訊整合成一體，基礎在於龐大雲端資料庫。

　　雲端運算無所不在、方便且依需求存取廣大共享運算資源，可動態地指派或分配包括儲存、處理、記憶、網路頻寬等實體及虛擬資源，可以透過任何載具依用戶需求自助存取，提供最適化

雲端運算（cloud computing）
一種基於網際網路的運算新方式，透過網際網路上異構、自治的服務，為個人和企業使用者提供按需即取的運算。

服務。

　　透過網際網路上異構、自治的服務，「雲端運算」為個人和企業使用者提供按需即取的運算，透過網際網路提供的資源，終端使用者不需要了解「雲端」中基礎設施的細節，不必具有相應專業知識，也無需直接進行控制，只需關注自己真正需要的資源以及透過網路得到相應的服務（摘自《維基百科》）。

　　在台灣，經濟部與資策會也主張業者在文化創意、醫療照護、觀光旅遊、綠色能源、生物科技以及精緻農業等六大新興產業，應積極推出雲端服務以提升台灣產業的競爭力。

▌二、大數據

大數據（big data）
來自各種來源的大量非結構化或結構化數據，超出傳統軟體在可接受時間內的處理能力，需要透過大規模並列處理資料庫、資料探勘、分散式檔案系統、分散式資料庫、雲端運算平台、網際網路和可延伸的儲存系統，以進行分析與運用。

　　拜科技之賜，人們可以在大量資料中挖掘出有用的資訊，解決具體問題。

　　Google 每天處理超過 24 PB 的資料，數量是美國國會圖書館所有紙本資料量的幾千倍，2009 年 H1N1 新型流感病毒開始蔓延，Google 工程師從疾病管制局 2003-2008 年間的流感傳播資料，運用 4 億 5 千萬種不同的數學模型，與美國人最常使用的前 5,000 萬個搜尋字眼加以比對，針對搜尋頻率找出和流感傳播的時間、地區相關的關鍵字，找出 45 個相關的搜尋字眼，放進數學模型後，其預測結果與官方公布的真實資料相符。Google 每天接收超過 30 億筆搜尋，並儲存記錄，長期累積的大數據，提供預測流感最佳資訊，運用這套系統，從世界各地搜尋行為就能有效預測流感傳播的模式。

　　愈來愈多企業、政府機關運用大數據改善既有服務、提升品質並節省成本。

　　Amazon 有效推薦客戶最想要的書；Google 排序出與使用

者最相關的網站；Facebook 知道哪些人對什麼議題按了讚；LinkedIn 可以猜出我們認識什麼人。這些都是大數據的具體應用。

Netflix 打造了一套「個人化評比」系統，提供每位用戶精準推薦功能。同時，從所有用戶的偏好中選出有市場價值的影片組合，提供高獲利、高滿意度的電影及影集服務。只有在資訊化時代，各個數位平台才可以針對個別用戶提供客製化精準服務。

據估計，製造業如果利用大數據分析，可縮短 20~50% 研發到上市的時間，並提高預測供需的精準度，同時增加 2~3% 毛利。有了大數據的分析，藉由分析結果可以對過去難以解釋的現象提供說明及預測，無論疾病疫情、金融風暴、政治動盪、流行風尚、市場趨勢等，都可以在大數據中找到規律，並進一步分析研究，有效運用相關資源。

三、物聯網

物聯網（Internet of Things, IoT）是透過無線通訊將不同物品上的電子標籤連結起來，集中管理、控制，匯集成可運用的數位資料庫，以應用到製造流程、智慧城市、災害預測、物流管理等不同領域。無人自動搬運車（Automated Guided Vehicle, AGV）改變了倉儲流程，在 AGV 電商倉儲系統中，卸貨、入庫上架、搬運貨架至工作站、處理出倉單並從貨架揀貨，包裝完成到物流配送，都能自動化處理。Amazon 旗下 50 個倉儲據點，透過 20 萬台 AGV，讓會員購物日 1.75 億個商品能順利交貨。全面資訊化後，目前電子商務已能處理小量及多樣組合的訂單，也能有效整合物流倉儲作業系統，更能透過電子交易與行動支付完成金流系統。傳統零售物流出貨以同款貨品大宗出貨的 B2B 訂單為主，

物聯網（Internet of Things）
運用射頻識別等資訊感測設備，透過網際網路，將嵌入式感測器和 API 等裝置所接收到不同物件上的訊息連結起來，以實現智慧化識別和管理。

目前電子商務可以針對個別消費者多種商品組合，完成 B2C 的交易。雲端運算、大數據、物聯網、智慧製造、區塊鏈、智能機器人等不同科技發展都不是單一現象，彼此間有著更緊密的整合。然而，讓這些不同應用科技匯整成巨大變化的，要算是人工智慧的發展了。

▌四、人工智慧

人工智慧（Artificial Intelligence, AI）
透過深度學習，讓機器及程式在感知、推理、理解、學習、行動等領域，具備和人類一樣的思考邏輯與行為模式。

人工智慧（Artificial Intelligence, AI）的歷史相當久遠，但真正能產生巨大效能與影響還是最近這幾年的事。大數據、演算法和高速晶片三股力量匯合，讓深度學習得以可能，人工智慧透過機械學習、深度學習，再結合物聯網及網際網路大量數據，可以更有效地掌握並提升所有科技的應用潛力。麻省理工學院學者訓練機器學習演算法，分析 2,500 種不同分子結構，AI 系統辨識出一種新的抗生素化合物，解決醫藥界多年來抗生素研發遲滯的困境。微軟與台灣人工智慧實驗室（Taiwan AI Labs）的杜奕瑾推動「AI 齊柏林計畫」，以齊柏林留下的大量影片訓練機器，用無人機拍攝 AI 版的 360 度《看見台灣》。

由於人工智慧程式與系統有共通性，只需提供足夠的資訊，不須重新開發演算法就可以應用現有 AI 完成任務，一般認為以 AI 的發展和效率，很快就將取代大量的人力，造成嚴重的失業問題。

▌五、大數據所引發的隱私問題

手機定位、電子行事曆、信用卡消費、健保紀錄，加上 Google、Amazon、Facebook、LINE 等大型網站記錄了每個人的

使用行為，試想如果被有心人利用，可能造成多大的負面影響？Facebook 註冊時必須輸入真實姓名，又與許多網站異業結合，可以自動登入不同應用程式，引發外界對安全性和隱私的疑慮。Snapchat 推出分享照片、限時瀏覽、「閱後即刪」，成為網路新寵，可見得大家還是在意隱私。

　　資料的歸屬、誰能用什麼樣的方式記錄什麼，如何應用或交易這些資料，我們有沒有權利拒絕個人資訊在大數據中被第三方使用？這些問題衝擊我們以往所熟悉的隱私領域。

　　美國前中央情報局職員史諾登（Edward Snowden）曾揭露美國以反恐為名竊聽全球通訊，甚至長期監聽友邦元首及重要政治人物。在輿論壓力下，美國總統歐巴馬在 2014 年 1 月 17 日宣布，美國政府將停止大規模蒐集美國民眾通話資料，除非得到國家安全秘密法庭的批准，而允許蒐集的個人資料範圍也有所縮減。哈佛商學院 Shoshana Zuboff 教授在《監控資本主義時代》（*The Age of Surveillance Capitalism*）探討監控資本主義的崛起與主宰世界，尤其是科技運用及發展，將消費者的行為資料與「使用者輪廓資訊」（user profile information, UPI）綁定，讓諸如 Google、Facebook、Amazon 等科技公司將使用者資訊衍生成可藉以獲利的商品（Zuboff 2020）。在網路世界中，數位平台可以付費針對使用者量身訂做精準廣告行銷。然而，假如銷售內容涉及政治選舉，恐怕就不只是「廣告」可以說明。

肆　網路管制與監控

　　中國在 2012 年通過《全國人大常委會關於加強網路資訊保護的決定》，要求有限度網路實名，於是新浪、搜狐、網易、騰

訊微博共同正式實施微博實名制。2016 年 11 月 7 日《中華人民共和國網路安全法》第二十四條規定，網路運營者在與用戶簽定協定或者確認提供服務時，應要求用戶提供真實身分資訊。此後中國正式在法律上明確規範網路實名制，對網路採取嚴格管控。

透過顏面辨識、大數據及 AI 技術應用，可以爲智慧型手機解鎖、無人超市進出管制、授權者門禁管理提供方便服務。然而，科技不全然是中性的，深圳交通警察利用人臉辨識系統抓到闖紅燈的行人，並將個人資訊公布在路口螢幕和「行人過馬路闖紅燈曝光台」網站。2014 年中國國務院印發《社會信用體系建設規劃綱要》（2014-2020 年），計畫在 2020 年建立社會信用體系，所有公民、企業甚至政府機構都會獲得信用評分，再配合激勵及懲戒機制，達到「一處失信、處處受限」的效果。一旦被列入「失信人」名單，乘坐飛機和火車都會受到限制，先進的臉部識別系統已能在 3 秒內依其龐大數據庫辨識出所有合法登記中國公民。

中國「天網」人臉辨認監控遍布各地，2017 年一名 BBC 記者實際測試，不到 7 分鐘就被抓獲，可見其效率。2018 年張學友在中國舉辦的幾場演唱會中，官方亦透過顏面辨識技術，在數萬名粉絲中抓到了幾名嫌疑犯。中國幾乎在所有公共場所廣泛運用「掃臉」技術，更具體應用在監控新疆 1,100 萬名維吾爾人，其中，針對黃河沿岸三門峽市每月進行約 50 萬次檢查，依膚色等特徵掃描人群中有沒有維吾爾人。

中國網路審查一向相當嚴格，實名制實施後管制更嚴峻。新的網路審查更將規範在安裝網路時就需先經過臉部認證，目的在「鞏固網路安全以及打擊恐怖主義」，且禁止未通過認證者使用已開通 SIM 卡撥打電話。處於這種「全域覆蓋、全網共享、全時可用、全程可控」的「全國性視頻監控網絡」，個人隱私與資訊

都沒能得到保障，無所遁逃。

　　相形之下，歐美民主社會對於臉部辨識技術運用則有諸多疑慮，不但可能造成錯誤，更將威脅到民眾的隱私權與自由權。美國公民自由聯盟（American Civil Liberties Union, ACLU）從「不透明就難以問責」（There can be no accountability if there is no transparency）的角度，希望執法機關能夠針對人臉辨識技術的使用加以透明化，並依據《資訊自由法案》（Freedom of Information Act, FOIA）防範濫用相關技術，侵犯基本人權。AI 科技是中性的，但其應用範圍與權限則不是中性的，濫權的可能性始終存在。知名 AI 演算法發明人「YOLO 之父」Joseph Redmon 在 2020 年 2 月 21 日宣布由於無法忽視自己的工作對人類社會可能造成的負面影響，基於道德考量，將中止一切與視覺化機器學習的研究，這引發 AI 研究及應用在倫理上的反省。

　　2019 年 3 月史丹佛大學電腦科學教授李飛飛在史丹佛大學成立「人本 AI 研究院」（Human-Centered AI Institute, HAI），包含三大理念：（1）下一代 AI 技術應具備由人類啓發的認知力和世界觀；（2）發展 AI 是爲了強化人類而非取代人類；（3）必須從法律、倫理、經濟到勞動市場等不同角度，了解 AI 對人類社會所造成的各種衝擊。歐盟委員會在 2019 年提出 AI 應用應受到倫理規範，因此制定 7 項規範，包括：（1）由人類機構監督；（2）穩健與安全性；（3）隱私和數據控管；（4）透明度；（5）多元化、無歧視和公平性；（6）社會和環境福祉；（7）問責制度。

　　然而，這些規約如果不能成爲世界各國共同遵循的倫理規準，只要個別國家違反上述原則，發展 AI 技術並濫用在軍事或政治監控上，都將產生巨大的人類浩劫。

> **問題與討論 18-3**
>
> 　治安監控與隱私無法兩全，到處充滿的監視器、大數據分析及人工智慧，已能有效地預防潛在犯罪，要如何才能不致讓科技侵犯到個人隱私？

伍　資訊化的其他影響

　　資訊社會發展當然帶來相當多正面積極的價值，提升人類文明福祉以及個人生活品質，但也存在諸多負面影響。

數據分析、假新聞操縱總統大選

　　劍橋分析公司（Cambridge Analytica）透過數據分析、社群網站，掌握選民在意的議題與個性，接著再用各類廣告服務，將經過選擇，甚至是不實但不容易查證的資訊、爭議的內容推播給特定民眾，產生情緒性反應，影響 2016 年美國大選。拜數據分析之賜，同一概念的競選廣告，可以做出上千種不同版本，爲每個不同民眾量身訂做精準投放。劍橋分析團隊宣稱爲川普投放超過 5,000 種不同廣告，每個廣告都經過一萬次反覆修改，以達到最佳成效。每票都可以換算成廣告與行銷成本，動員及阻止特定民眾投票也都有了價碼。

　　當時，Facebook 與第三方分享用戶資料後，全球至少有 8,700 萬用户的個人隱私成爲選戰中被操縱的材料。經由分析選民結構，找到特定族群，以心理統計學來了解要操控的對象，再精準投放廣告攻擊對手，並透過特定新聞與訊息操作，改變選民意向。瑞典哥德堡大學所主持的跨國調查計畫 "V-Dem"（Varieties of Democracy）中就指出，全球 179 個國家中受到外國政府或代理人不實資訊干預選舉，受害最嚴重的三個國家爲台灣、美國及拉脫維亞。2020 年台灣大選前夕 Facebook 下架了諸如「密訊」等違反社群守則的上百個內容農場網站，卡神楊蕙如養網軍遭北檢起訴案，都說明網路行銷足以影響選舉結果。

舉例來說，中國政府贊助的駭客集團 APT41 企圖滲透電信業者簡訊服務伺服器，以攔截目標對象的簡訊流量；北韓 DTrack 木馬程式入侵印度核電廠網路並竊取內部資料；間諜監控程式 Pegasus 的 NSO Group 利用 WhatsApp 漏洞攻擊美國聯邦政府官員；《財星》500 大企業超過 2,100 萬筆使用者憑證被竊取待售；美國 Capital One 金融公司 1 億 600 萬筆信用卡資料被駭……這些新聞屢屢見於報章，可見網路資安問題相當嚴重。尤其當一些將資訊戰當成國家武器的勢力，更可能造成全球動盪的潛在風險。

一、假資訊、假新聞充斥

許多內容農場（content farm）網站為了創造流量、賺取網路廣告分潤，大量張貼內容聳動的文章，其真實性難以確認。以 2019 年第三季為例，Facebook 就發現 17 億個假帳號專門發布不實內容及假新聞，為此特別制定社群守則防範不真誠行為。Google 則透過 Google Panda 演算法過濾內容低劣的內容農場資訊，降低其搜尋排序。除此之外，由 Deep Learning 透過 AI 影像合成，將特定對象移花接木「換臉」的 Deepfake 技術，包括偽造歐巴馬辱罵川普的假影片，或是將明星移花接木到色情影片上，都幾可亂真。為了阻止惡意運用 Deepfake，Facebook 在 2019 年 9 月聯合麻省理工學院、柏克萊等大學，Google、蘋果等大型科技公司組成的非營利性研究組織 Partnership on AI，希望尋求低成本檢測 Deepfake 影片方式，以避免其危害社會。

二、工作消失、中產階級消失

AI 技術的發展將逐漸取代現有的工作。Google 大中華區前總裁李開復指出，未來 10 年內 50% 白領智慧工作者會失業，其中金融、醫師、律師、教師將首當其衝。這種衝擊不只限於個人層面，過去半個世紀以來，全球政治穩定奠基於多數中產階級在經濟生活上富裕、政治上追求民主，構成了社會的穩定力量。然而，傳統資本主義時代伴隨科技發展已經過去，機器人、人工智慧將逐一取代中等技能的工作，造成中產階級消失，也成為未來全球政治、社會穩定的最大隱憂。面對未來可能的失業潮，Tesla 合夥創始人和總設計師 Elon Musk 認為，在機器人接管後，人類終將靠「全民基本收入」（universal basic income）過日子。

三、資訊焦慮

在資訊爆炸的年代，大腦需要處理過多數據，長期疲勞轟炸造成人們注意力被切割、無法過濾不相干訊息、無法有效組織資訊，民眾為片斷資訊左右，失去深度、感情與思考能力。由於習慣分心多用模式，長期處於多工作業的環境，未來人類大腦有可能因為適應資訊超載的環境而有重大轉變，甚至大腦中的神經網絡連結也可能因而改變。

 課堂活動 18-1

請比較 2000 年和當前社會的差異，進一步預測 2030、2040 年時的社會可能會是什麼樣的風貌？面對未來的可能改變，我們要有什麼樣的心理準備？

參考書目

Burt, Ronald S. 著，任敏、李璐、林虹譯，2017，《結構洞：競爭的社會結構》。上海：格致出版社。

Granovetter, Mark S., 1973, "The Strength of Weak Ties." *American Journal of Sociology* 78(6): 1360-1380.

Kurzweil, Ray 著、高寶編譯中心譯，2000，《心靈機器時代：當電腦超越人腦》。台北：高寶。

Turkle, Sherry 著、洪慧芳譯，2018，《重新與人對話：迎接數位時代的人際考驗，修補親密關係的對話療法》。台北：時報。

Wellman, Barry and Milena Gulia, 1999, "Net Surfers Don't Ride Alone: Virtual Communities as Communities." Pp. 331-366 in *Networks in the Global Village*, edited by Barry Wellman. Boulder, CO: Westview.

Zuboff, Shoshana 著，溫澤元、林怡婷、陳思穎譯，2020，《監控資本主義時代》。台北：時報。

第 19 章

全球化與社會變遷

■陳志柔

摘　要

1. 全球化指科技和市場的力量突破國界藩籬與地域限制，造成國家之間、本國及外國人之間，互動和依存度增加的過程。

2. 經濟全球化指全球經濟體的生產和消費越來越相互依存。貨櫃與航空運輸、資訊與通信科技發展、資金人員的便利流動，強化全球生產網絡，不同地方只需負責生產或服務過程的特定部分。

3. 政治全球化指國際組織或國際規範承擔國際事務的治理監管，國際政治更加制度化，國家以外有新的權力中心。

4. 文化全球化指世界各地的文化慣習跨國傳播及影響的過程。發生對立或排斥時是文化衝突，會成為文化全球化的阻礙。

5. 1980 年代以來經濟全球化縮小了各個國家間的收入不平等。占世界人口近 40% 的中國和印度是決定性因素。2000年以來中、印以外其他發展中國家經濟增長速度加快，更加縮小了國家間的不平等。

6. 在大多數國家，全球化擴大了國家內的不平等。一是因為跨國資本流動性，減少廠商移出國的勞工就業，二是因為國家再分配功能和管制角色弱化，影響政策，惡化貧富差距。

7. 中國戶口制度建構了二元勞動力市場，農民工勞動力是中國成為世界工廠的要件。

8. 全球化的世界秩序由「市場資本主義」與「自由民主政體」兩個核心元素構成。中國經濟崛起後鞏固了黨國資本主義，對內壓制反抗，對外則是挑戰自由民主的全球化價值。

9. 美國政府在 2016 年川普總統任期時，表示對中國的「交往政策」是個錯誤。美國宣稱必須聯盟友好國家，對抗數位威權主義，重塑新的全球規範，以促進和反映民主國家的利益與價值。

壹　前言：從 COVID-19 反思全球化

跨越國境的人員流動（旅遊、商務、留學）、產品貿易、金流（貿易支付、信用卡跨國交易）、資訊流（新聞、訊息）都是全球化現象。全球化使不同的地方相互連結，各地社會彼此之間的關係產生根本性改變，因此需要了解全球化的性質和過程：驅動全球化的力量有哪些？全球化帶來了什麼後果和爭議？

2020-21 年間，全球籠罩在 COVID-19 大流行疫情下，全球化下各國經濟與社會高度連結，因此疫情一發不可收拾。

面對 COVID-19 全球疫情，主要的跨國應對機構是世界衛生組織，彰顯了全球化下各國政府對跨國治理的需求。但本次未能在疫情失控前掌握嚴重性，也反映全球治理公共危機的重要性和操作難度。

全球化
（globalization）
由於跨國界的工業生產、文化擴散和資訊科技擴散（透過人造衛星、網際網路和大眾傳播）的關係，使得全球性的社會關係和文化現象出現。

🔍 問題與討論 19-1

從 2020 年開始，延續至 2021 年的 COVID-19 疫情，對於全球化的影響為何？COVID-19 對於跨國的人員流動、經濟生產、社會關係等，都造成巨大的影響。有人認為，即便全球疫情結束之後，全球化腳步仍會放緩，走向區域化與線上化。但也有人認為，疫情不會從根本上改變全球化的趨勢。請問你的看法為何？為什麼？

貳　全球化的意涵

全球化進程展現在不同面向。首先，透過貿易、投資、生產、訊息和通信，跨越國境的社會和人民更加緊密聯繫，跨國政策和制度也彼此相通，例如：市場自由化和市場規章、知識產權協定、工業標準、環境保護、節能減碳、文化藝術、慈善互助等。

衡量國家全球化程度有不同測量方式，大多基於概念相近的統計指標。例如 DHL 與紐約大學史登商學院合作編制全球連結指數（Global Connectedness Index, GCI）呈現各國全球化的表現。具體而言，全球化進程展現在經濟、政治、文化等面向。

全球化指標：「全球連結指數」

2020 年 DHL 發布的「全球連結指數」追蹤 2001-2019 年期間 169 國的全球化程度（Altman and Bastian 2020），包含深度和廣度二面向，「深度」指經濟體國際流量相對於國內經濟規模的大小，「廣度」指國際化的跨越範圍。

2020 年 12 月發布評估了 2020 年 COVID-19 疫情期間的四大關鍵國際流動（貿易流、資金流、資訊流、人流）。人流遭遇了前所未有的崩潰，但其他面向並未減少太多，貿易和資金流在疫情初期急劇下降，下半年已恢復，資訊流也急劇增加。台灣排名第 19，較前一年進步 5 名。排名第 1 是荷蘭，歐洲是世界上全球化程度最高的地區，排名前 10 名中有 8 個是歐洲國家。歐洲在貿易和人員方面領先全球，北美則是信息和資本流動最多的地區。

一、經濟全球化

　　全球經濟體的生產和消費越來越相互依存。1940 到 1980 年代跨國公司的生產網絡多是自營，跨國公司在他國經營自己的零部件工廠或從當地供應商購買零部件或原料，但生產技術和關鍵投入都來自自己的設施。1970 年代以來許多發展中國家（包括台灣）從進口替代轉向出口導向發展。1980 年代後製造業、服務業和金融業的跨國公司快速成長，廠商將生產和服務轉移到低成本國家，貨櫃運輸、資訊與通信科技的發展更助長跨國公司在全球建立綿密生產網絡。

　　進入 1990 年代「全球價值鏈」興起，一項產品從研發、設計、生產、行銷等活動分散在多個國家，且往往由不同廠商專注於特定環節，接續完成。以美國蘋果公司為例，總部在美國加州，產品從設計、製造到出廠、行銷卻遍及世界多國。

　　當今商品多是全球化生產鏈的產物。以品牌運動鞋（如 Nike）為例，台灣的鞋廠是主要代工夥伴，大多在中國、越南、印尼、馬來西亞設廠，原料來源以到中國或東南亞設廠的台商居多。

　　經濟全球化另一面向體現在資本市場，資金流動比商品貿易速度更快。1970 年代後金融工具不斷創新加上資本管制放寬，大大加快金融全球化。1990 年代出國往往必須先換好旅行支票或外幣，現在只憑信用卡就可以在全球消費。國際投資者可以隨時調動資金到不同地方，股票、債券、期貨、黃金等各種金融產品都是以全球市場為基礎交易。

進口替代（import substitution）

發展中國家政府利用管制與保護的手段，用國內生產的工業品代替進口產品，以減少本國對國外市場的依賴，並促進民族工業的發展。

出口導向型經濟（export-oriented economy）

建立以出口為導向的產業結構，以國際市場需求為導向，充分參與國際分工與國際貿易；對國際市場的依賴性大，受到國際經濟的影響也較大。

全球價值鏈（global value chain）

全球價值鏈意指某種商品或服務為了增加價值（即價格競爭力），從設計、生產、行銷、消費的過程，分布在不同國家進行，不同企業專注於特定環節。

課堂活動 19-1

　　經濟生產全球化的體現之一是產品的跨國生產。試以特定國際品牌產品為例（例如 iPhone 手機、Nike 運動鞋、捷安特自行車等），找出此產品在設計、原料、零部件、組裝、行銷、消費者服務等過程，呈現了何種樣態的價值鏈及全球化過程？

二、政治全球化

　　全球化的浪潮下國際政治也隨之變化，經濟生產、資訊流通、人員流動都必須有國際標準和規範，同時仰賴國際組織承擔治理監管和爭議處理的角色。台灣雖與多數國家沒有官方外交關係，但透過參與國際及區域經貿組織，也能為台灣廠商爭取權益。

　　國際公約旨在彰顯特定價值，建立各國政府行為規範，較常見的包括環保、人權、戰爭罪行等。台灣無法參與聯合國及其專門機構所主導的各項會議、公約及活動，但仍努力推動參與重要議題的國際機構及機制，包括「世界衛生組織」、「國際民航組織」、「聯合國氣候變化綱要公約」、「聯合國永續發展目標」等。國際政治已超越傳統外交事務的範疇，向全球治理架構方向發展。然而多數國際公約不具法律約束力，全球治理有賴各國接納共享價值，各自訂定國內法律及政策規範。例如很多國家推動節能減碳及永續發展，國內的政治決策，雖受到全球化政治組織和條約限制，但反過來說，透過參與國際政治協商，各國政府都有機會在國際事務上發揮影響力。

　　除了國家和國際組織，跨國公民社會及跨國公司也影響全球

政治，政治全球化的脈絡下，治理的主體可能是多元的，包括跨國組織、非政府組織、跨國企業、民族國家、城市及個人等。如果在過程中無法取得共識，產生價值衝突，甚至武力對抗，相互封鎖，都是全球事務中常見的情景。尤其當自由、人權、民主等價值無法取得共識，或受到獨裁政權破壞時，全球政治格局和互動模式就會受到影響。

 課堂活動 19-2
　　人權、節能減碳、永續發展，都是當今重要的普世價值。台灣在推廣這些普世價值的過程中，如何受到國際規章的影響？例如在「兩公約」、「聯合國氣候變遷綱要公約」、「聯合國永續發展目標」之下，呈現怎樣的「政治全球化」樣貌？

三、文化全球化

　　文化全球化指世界各地的文化如行為模式、藝術影音、理念價值等，跨國傳播及影響的過程。不同地區對外來文化接受程度不同，不同文化元素傳播影響力度也有差異，因此文化全球化在各國出現差異。

　　文化全球化涉及價值和理念的交流與對話，發生對立或排斥時就是文化衝突，會成為文化全球化的阻礙。當西方國家主導文化全球化，各地的本土傳統文化往往受到衝擊，甚至產生激烈衝突。文化全球化的過程，往往也是商品化的過程，促使消費者產生認同從而建立消費價值觀和行為。傳播媒介是文化全球化的平台，尤其智慧手機和網路傳輸的發展，讓身處全球各地都能隨時

接收資訊，輕易線上互動，文化全球化快速滲透擴展。

但文化交流並非平等，市場消費價值往往影響特定文化的生存和發揚，因此西方文化產品在全球文化交流中占有優勢，西方跨國公司在文化全球化中占有主導地位。表面看來，世界市場上的文化交流似乎增加了，但交流往往不是雙向，而是西方主流文化流向世界其他地方。

参 全球化的後果

自 1980 年代以來，全球化促成世界經濟快速成長，卻同時影響了全球收入不平等的樣態。相關研究顯示全球化減少國家間的不平等，但在大多數國家內擴大不平等。在全球化不平等減少的背後，是中國和印度進入全球收入分配的中間階層。一方面已開發國家工人階級的收入停滯不前，另一方面窮國和富國各自國家內部不平等再現。這種全球收入分配的轉變，促成國際間出現新的地緣政治衝突，也引起部分群體對全球化的反彈（Hung 2021）。

一、全球不平等的理論觀點

工業革命帶動歐洲工業化，歐洲國家生活水準急速提升，有些人因此認為世界上其他社會也能迎頭趕上，這種看法在第二次世界大戰後成為現代化理論的基礎。現代化理論認為西方富國與世界其他窮國之間的收入不平等只是暫時，發展中國家只要按部就班就會達到經濟成長。Rostow 認為經濟成長會歷經五個基本階段：傳統社會、創造起飛條件、起飛、走向成熟，最後進入大

現代化理論
（modernization theory）
現代化理論認為人類社會發展循著線性軌跡，從傳統邁向現代，以及現代化的價值及文化是推動社會現代化過程的主要因素。現代化理論被批評為具有西方優越主義色彩的理論。

眾消費時代並追求品質（Rostow 1960）。Kuznets 提出「倒 U 形庫茲涅茨曲線」，主張一個國家在經濟起飛初期，農村勞動力大規模轉移到工業會先壓低工資，加劇國家內部收入不平等。當工業化進程快速增長，大眾教育普及，低收入人群的收入會迅速增長，民主體制也讓農工群體能夠影響決策，有望減少不平等（Kuznets 1955）。然而，現代化理論的預測並沒有普遍實現。1960 和 1970 年代已開發國家和發展中國家之間的收入不平等仍然顯著，甚至有所增加。這導致依賴理論和世界體系理論興起，認為現代世界體系內是不平等的交換機制，核心地區通過不平等的分工關係控制了有利的貿易通道，且利用邊緣地區提供的廉價勞動力、原料和初級產品生產高附加價值產品，從中獲取更大的利益或壟斷地位。這一種分工與剝削關係始於帝國主義和殖民主義時期，二十世紀中葉後，殖民體系逐漸瓦解，但低度開發國家仍無法積累經濟盈餘進行有效投資，不平等關係仍然持續存在（Frank 1967；Wallerstein 1979；蕭新煌 1985）。

二、衡量全球不平等：國家之間的不平等

　　從 1980 年代開始，貿易自由化和全球資本流動推動了經濟全球化。1994 年成立的世界貿易組織致力於拆除貿易和投資壁壘，促進全球貿易和跨國投資。有學者主張全球化縮小國家之間的收入差距（Ben-David 1994），但也有學者認為自由貿易和跨國投資雖加強已開發國家與發展中國家之間的依賴關係，卻破壞了發展中國家的發展動力，促使它們向下流動（Arrighi, Silver, and Brewer 2003; Korzeniewicz and Moran 1997）。晚近相關研究更確認，全球國家間的收入不平等自 1980 年代以來顯著縮小，且中國和印度是決定性因素。

依賴理論（dependency theory）
依賴理論將世界劃分成中心國家、邊陲國家、半邊陲國家，後兩者的低度發展是由於在世界市場上的不平等依賴關係，亦即受到核心國家的制約或剝削，包括跨國企業、國際組織（例如國際貨幣基金）等等代表中心國家利益的力量。主張第三世界要突破低度發展，必須與世界資本主義脫離、節制外資，走自主發展之路。

世界體系理論（world system theory）
世界體系理論認為，資本主義的競爭本質使得先進地區對落後地區有科技、資源和人力上的優勢，並且認為世界分工造成一個由中心（core）、半邊陲（semi-periphery）與邊陲（periphery）地區構成的體系。

1980 年代以來占世界人口近 40% 的中國和印度快速工業化，兩個國家的人均收入迅速增長，從而縮小已開發和發展中國家的距離（Firebaugh and Goesling 2004; Hung and Kucinskas 2011; Alderson and Pandian 2018）。更深入的分析顯示，2000 年前國家之間不平等下降就是中國和印度增長之故。亦即如果不考慮中國和印度，2000 年前國家之間的不平等其實仍在增加。然而 2000 年以後即使剔除中國和印度，不平等仍在減少。也就是 2000 年以來中、印以外的其他發展中國家經濟增長速度明顯加快（Firebaugh and Goesling 2004）。

▌三、衡量全球不平等：國家內部的不平等

全球化也會影響國家內部的不平等。相關研究發現已開發或發展中國家都顯示全球化擴大了大多數國家內部的貧富差距，增加了國內不平等（Alderson and Nielsen 2002; Dorn 2016）。吉尼係數是年所得分配不平等的指標，是在 0 和 1 之間的比例數值。係數越小，年所得分配越平均；係數越大，年所得分配越不平均。吉尼係數只計算所得，不包括資產，因此無法反映國民的總積累財富分配情況。吉尼係數在 0.3 左右且三十年來變化微小者，包括德國、丹麥、荷蘭、比利時、台灣、法國等；德國、丹麥、荷蘭、比利時雖微幅上升，但都維持在 0.3 以下。印度、中國、新加坡、土耳其 2016 年的吉尼係數都在 0.4 以上，貧富差距顯然高過上述西歐諸國和台灣。其中印度和中國的吉尼係數在 1985 到 2016 年間升幅都很大，表示全球化造成貧富差距大幅上升。

全球化進程為何導致國家內不平等的擴大？有些人認為，全球化增加資本流動性和進口商品競爭力，從而削弱本國勞動者對雇主的談判籌碼；而廠商往往外移到工資及原料更低廉的國家。

吉尼係數（Gini coefficient）與吉尼指數（Gini index）吉尼係數，是年所得分配不平等的指標，是比例數值，在 0 和 1 之間，最小為「0」，最大為「1」。吉尼指數是吉尼係數乘 100 倍以百分比表示。吉尼係數越小，年所得分配越平均；係數越大，年所得分配越不平均。吉尼係數只計算所得，不包括資產，因此無法反映國民的總積累財富分配情況。

低廉的進口商品打擊國內類似產品，給予生產者和受僱勞工更大的壓力。因此，全球化下往往導致發展中國家工資收入停滯或下降，但有些外移公司的收入和利潤卻增加（Kentor 2001; Silver 2003; Williamson 1996）。

　　另有研究表明全球化與國家內部不平等的擴大，是因爲國家的福利制度或政府角色改變。他們推斷不平等的加劇是因爲先進資本主義福利國家解體，以及發展中國家放棄國家主導的發展模式，導致國家的再分配功能和管制角色弱化，稅收、教育、住房、福利等政策都會影響國民所得和貧富差距（Alderson and Nielsen 2002; Lee, Nielsen, and Alderson 2007）。國家內部不平等的加劇普遍表現爲地域之間的不平等擴大，例如城市地區與全球經濟相連，蓬勃發展，但老工業或農業生產可能萎靡不振（Alderson and Beckfield 2004; Sassen 2001; Korzeniewicz and Albrecht 2013）。

四、衡量全球不平等：眞正的全球不平等

　　假設不考慮國界，全球人口彼此之間「眞正的不平等」狀況如何？通過結合不同國家的家庭收入調查資料，學者以吉尼指數衡量全球人口的收入變化（Lakner and Milanovic 2016）。全球人口的收入不平等非常高且近三十年沒有大變化，若以經濟發展程度和地域來看，大部分國家（成熟經濟體、中國、印度、其他亞洲地區、俄羅斯、中亞、中東等）的吉尼指數介於 30% 到 45%。非洲、拉美區域人民之間貧富差距更大，吉尼指數介於 53% 到 58%。當全球人口綜合檢視，貧富收入差距就拉開更多。

　　全球收入增加最快的群體是中間收入者。同一期間，全球收入前 1% 的最富有群體，收入增長率也高達 65%。收入增長最緩慢的群體是中高收入者，大多是已開發國家的勞工或白領工作

者，享有相對穩定的收入但增長緩慢。另外，全球收入最低的 10% 人口，增長率也偏慢，只有 25%，大多是低度開發國家的人民。

1988-2008 年間，全球平均收入增長 24%，成熟經濟體（含台灣）平均收入成長為 38%，印度為 34%。中國是增長最強勁的地區，在這二十年間人均收入增加 229%（2.29 倍）。全球化最快速的 1988-2008 年間，中國和亞洲其他國家在國民收入上進步非常顯著。

全球化的第一組贏家是全球 1% 的人口，他們的收入隨著先進國家企業利潤同步增加。另一組贏家是中國和印度的廣大人口，受益於跨國公司轉移製造業基地及快速發展的市場經濟。失敗者是被排除在全球化外撒哈拉以南非洲最貧窮的國家人民，及因高薪製造業和文職工作流向中國和印度而受害的已開發國家工人。

 課堂活動 19-3

經濟全球化的後果有好處也有壞處，往往視特定的國家、群體而定。試以不同的國家，以及國家內的社經地位群體為例，討論全球化所產生的好處和壞處。例如，比較台灣和中國（或另一國家）這兩個國家內的農民、藍領工人、低階白領、專業白領等不同群體。經濟全球化（例如，減低跨國貿易和跨國投資的成本）對不同群體有何利益或損失，為什麼？

承上題，經濟全球化的後果造成國內不同群體的差距，政府可以透過什麼樣的政策（例如：稅制、教育、社福、住房等），平衡群體之間的利益差異，或者補償特定群體的損失，以促進普遍大眾的最大利益。

肆 全球化下的中國

一、中國經濟成長與全球化

中國從 1978 年改革開放從社會主義走向市場經濟，1989 年天安門鎮壓後與西方關係一度相當緊張。1992 年起加速開放腳步，2001 年加入 WTO 後經濟快速成長。2010 年起中國已成為世界第二大經濟體，僅次於美國。雖然人均國民所得仍落後先進國家，但考量城鄉差距和貧富差距，中國大城市及前 1% 人口的經濟實力其實已經非常龐大。

中國經濟的成長脈絡源自 1980 年代後期以來加入經濟全球化的過程。台資和港資企業是中國發展勞力密集出口導向產業的急先鋒，牽引中國經濟進入全球生產鏈。第一波台商於 1990 年代初期落腳廣東珠江三角洲。1990 年代後期，台灣資通訊產業將裝配線外移到中國沿海地區，從廣東延伸到長江三角洲。台商和港商在中國大陸設廠生產，將資本主義生產模式、資金、技術及國際市場帶入中國沿海，中國短期內成為世界級的製造基地。中國在「黨國資本主義」體制下各級政府的角色及權力都遠超過民主社會私有財產制下的政府。地方政府為發展地方經濟，經常忽視或自行解釋中央的政策指令，給予外資或地方企業最大的利益。

中國加入 WTO 後全球外資大量湧入，工業產品在中國加工或生產，行銷全球市場，累積大量外匯存底。與此同時，中國勞動力成本逐漸上升，環保要求也提高。當全球市場購買力趨於飽和時，中國出口成長模式即面臨考驗。加上越南、馬來西亞、印尼、印度等國投資環境改善，提供更便宜的勞動力，不少外資及台商離開中國改到東南亞設廠。

二、中國發展的社會不平等

中國戶口制度的城鄉身分區別使得農民工無法享有城市公民的社會保障和公民權利。國家建構了二元勞動力市場，工資、社會保險、勞動權益都有城鄉及地區的差序。大量農民工受雇於企業，但工資、權利被剝削，政府、企業、消費者則是低廉勞動力的獲利者。農民工勞動力，是中國成為世界工廠的要件，政府及企業由此積極參與經濟全球化的過程，中國的地方體制及產業聚落，也因此鑲嵌到全球價值鏈之中（吳介民 2011）。

中國經濟發展過程中分到最多超額利潤的是企業和各級政府。農民工分得收益相對很少。全球化並沒有緩和原先經濟社會的不平等，反而鞏固另一種不平等體制，在中國創造了「農民工」這個新階級。

三、中國與全球化的衝突

1990 年代末期美國在柯林頓總統任內論辯是否支持中國加入 WTO 時，最重要的考量就是「交往政策」，希望與中國「建設性地交往」，讓市場經濟的利益、自由民主的價值促進中國市場經濟後，支持中產階級及民間社會崛起，鼓勵威權政體走向思想多元、體制開放及市場制度化。但是中國非但沒有自由化，反而鞏固了新形式的威權主義。中國藉由加入 WTO 更深入地參與全球經濟，累積國家資本，並取得西方技術。中國雖然禁絕國外網站但自行發展電子商務和社交媒體（陳添枝 2021），這些產業政策中的國家戰略包含「監控社會」、「國內市場保護」與「排除西方技術壟斷」。企業提供數據協助國家進行社會監控、執行審查，而國家則給予企業壟斷或寡占特權，因而達成「社會控制的

商業化」（吳介民 2019）。2013 年習近平政府「一帶一路」的國家發展戰略結合黨國資本進行強勢外交，對抗自由世界的民主陣營。中國並沒有變得更加自由民主，反而因爲經濟崛起強化愛黨愛國的意識形態。國家控制網路訊息，壓制公民社會的結社及言論自由，並以反恐爲名強勢鎮壓迫害新疆維吾爾族。2018 年中國政府修憲刪除國家主席任期限制，正式走向獨裁政權。爲懲治 2019 年香港「反送中」抗爭運動，推出國安法逮捕審訊大批民主運動人士。北京政權也持續壓迫台灣的國際發展空間，無法進行正常平等的交流與對話。

　　當今全球化世界秩序由「市場資本主義」與「自由民主政體」兩個核心元素構成。中國經濟實力展現在國內市場消費及世界工廠的製造實力，受益於經濟全球化；但在政治治理、文化價值方面，中國顯然拒絕全球化的普世價值。中國掌握龐大經濟資源，鞏固了新形態的黨國資本主義，不僅美國與其他西方國家原來設想的中國開放與民主化遙不可期，中國也藉由國際參與強勢挑戰自由民主的普世價值（吳介民 2019；朱敬一 2021）。

　　2017 年底美國總統川普發表《美國國家安全戰略》報告書，表示「交往政策」已證明是錯誤（Trump 2017）。2020 年拜登當選但放棄「交往政策」的立場並沒有改變。不少美國親中派的媒體和知識分子也改變看法，認爲必須對中國政府採取強硬立場（Schuman 2021）。拜登政府認爲中國、俄羅斯和其他威權國家，對自由民主社會的傷害正快速惡化，美國宣稱必須聯盟友好國家，共同對抗網路攻擊、假消息、數位威權主義，重塑全球規範，以促進和反映民主國家的利益和價值（Biden 2021）。

一帶一路

意指「絲綢之路經濟帶」和「二十一世紀海上絲綢之路」，是中國政府於 2013 年開始倡議主導的跨國經濟帶。範圍涵蓋歷史上絲綢之路和海上絲綢之路行經的中國大陸、中亞、北亞和西亞、歐洲、南海到印度洋沿岸、地中海沿岸、北非、南美洲、大西洋地區的國家。中國試圖與這些國家及地區強化經濟合作夥伴關係，提供貸款基金，展現了宏大積極的國家戰略，但成效及影響仍有待觀察。

問題與討論 19-2

　　2018 年「中美貿易戰」揭開序幕，2020 年 1 月，中美兩國簽署第一階段貿易協議，2021 年初，美國總統拜登宣布將檢討關稅及部分高科技產品對中出口的禁令。試論當前中美關係在貿易、科技、軍事等方面的進展，對於全球化有何意涵和影響？

伍　全球化的變局與台灣社會

　　全球化的意涵的多種面向包括經濟、政治、文化等，彼此相關但並不等同，每個國家在各面向發展速度不一；而且全球化不等於「進步繁榮」，只是彼此互動、互賴、互相影響和合作的過程。國家之間、國內階級之間經常涉及利益與價值立場之爭，例如經濟全球化的過程中最大獲利者是全球價值鏈前端的跨國公司，後端是產業移入的發展中國家，它們的工人得到工作並改善生活，但產業外移的國家卻面臨工人失業及工資停滯；後者必須靠政府介入，提升人力素質並加速產業升級，提供失業救助和社會福利。

　　全球化的政治後果在 2000 年後益發複雜難解。世界體系中的中間階層國家快速擴大，中國、印度及發展中國家崛起，然而全球事務並非少數已開發國家就能決定，國家及地區之間的衝突持續不斷。台灣的經濟成長及國家發展也和全球化息息相關，尤其中國因素不時影響。台灣第一大出口市場與進口來源皆是中國，在台灣出口產品中，資訊與通信科技產品占整體出口一半以上，中國也倚賴從台灣進口的資通訊電子零件。兩岸的經濟關係是合則兩利，分則同受其害。兩岸政治關係卻持續僵持。中國從

1980 年代改革開放到 2020 年代這四十年間，經濟飛躍成長，但言論自由日益緊縮，國家資本獨大，民營企業無法競爭。對新疆維吾爾族及香港的控制和鎮壓，也顯示中共政體的極權本質。中共政權對台灣持續文攻武嚇，同時壓迫台灣的國際發展空間。還好台灣擁有國家主權，有軍隊、有盟邦，共同維繫民主自由。面對中國的持續威脅，台灣充分利用全球化的產品價值鏈，提升科技和經濟的動能。台灣近年來完成自由民主的選舉，尤其 2020 年處理 COVID-19 的優異成就，都強化了在全球世界中的能見度，也鞏固了在國際社會的位置。全球化時代之下，台灣不是單獨面對中國威脅，而是在美國及亞太諸國共同的戰略利益下，形成共利共生的網絡，這是台灣的生存之道。

問題與討論 19-3

　　台灣與中國在政治、經濟、社會文化等面向互動頻繁，各自的國家發展也與全球化進程息息相關。在全球化的視角下，從台灣國家發展及人民福祉考量，應該如何回應處理兩岸關係（政治、經濟、社會文化等面向）？

參考書目

朱敬一，2021，《維尼、跳虎與台灣民主》。台北：印刻。

吳介民，2011，〈永遠的異鄉客？公民身分差序與中國農民工階級〉。《台灣社會學》21: 51-99。

吳介民，2019，《尋租中國：台商、廣東模式與全球資本主義》。台北：國立台灣大學出版中心。

陳添枝，2021，《美中貿易戰，戰什麼？：大國崛起與制度之爭》。台北：時報。

蕭新煌編，1985，《低度發展與發展：發展社會學選讀》。台北：巨流。

Alderson, Arthur S. and Francois Nielsen, 2002, "Globalization and the Great U-Turn: Income Inequality Trends in 16 OECD Countries." *American Journal of Sociology* 107(5): 1244-1299.

Alderson, Arthur S. and Jason Beckfield, 2004, "Power and Position in the World City System." *American Journal of Sociology* 109(4): 811-851.

Alderson, Arthur S. and Roshan K. Pandian, 2018, "What Is Really Happening with Global Inequality?" *Sociology of Development* 4(3): 261-281.

Altman, Steven A. and Phillip Bastian, 2020, "DHL Global Connectedness Index 2020: The State of Globalization in a Distancing World." https://www.dhl.com/global-en/spotlight/globalization/global-connectedness-index.html.

Arrighi, Giovanni, Beverly Silver, and Benjamin Brewer, 2003, "Industrial Convergence, Globalization, and the Persistence of the North-South Industrial Divide." *Studies in Comparative International Development* 38(1): Article 3.

Ben-David, Dan, 1994, "Trade, Growth and Disparity Among Nations." World Trade Organization. https://www.wto.org/english/news_e/pres00_e/pov2_e.pdf.

Biden, Joseph R., 2021, "Interim National Security Strategic Guidance." The White House, Washington DC. https://www.whitehouse.gov/wp-content/uploads/2021/03/NSC-1v2.pdf.

Dorn, Florian, 2016, "On Data and Trends in Income Inequality around the World." *CESifo DICE Report* 14(4): 54-64.

Firebaugh, Glenn and Brian Goesling, 2004, "Accounting for the Recent Decline in Global Income Inequality." *American Journal of Sociology* 110(2): 283-312.

Frank, Andre Gunder, 1967, *Capitalism and Underdevelopment in Latin America*. New York: Monthly Review Press.

Hung, Ho-fung, 2021, "Recent Trends in Global Economic Inequality." *Annual Review of Sociology* 47: 349-367.

Hung, Ho-fung and Jaime Kucinskas, 2011, "Globalization and Global Inequality: Assessing the Impact of the Rise of China and India, 1980-2005." *American Journal of Sociology* 116(5): 1478-1513.

Kentor, Jeffrey, 2001, "The Long Term Effects of Globalization on Income Inequality, Population Growth, and Economic Development." *Social Problems* 48(4): 435-455.

Korzeniewicz, Roberto P. and Scott Albrecht, 2013, "Thinking Globally about Inequality and Stratification: Wages across the World, 1982-2009." *International Journal of Comparative Sociology* 53(5-6): 419-443.

Korzeniewicz, Roberto P. and Timothy P. Moran, 1997, "World-Economic Trends in the Distribution of Income, 1965-1992." *American Journal of Sociology* 102(4): 1000-1039.

Kuznets, Simon, 1955, "Economic Growth and Income Inequality." *American Economic Review* 45: 1-28.

Lakner, Christoph and Branko Milanovic, 2016, "Global Income Distribution: From the Fall of the Berlin Wall to the Great Recession." *World Bank Economic Review* 30(2): 203-232.

Lee, Cheol-Sung, Francois Nielsen, and Arthur S. Alderson, 2007, "Income Inequality, Global Economy and the State." *Social Forces* 86(1): 77-111.

Rostow, W. W., 1960, *The Stages of Economic Growth: A Non-Communist Manifesto*. Cambridge: Cambridge University Press.

Sassen, Saskia, 2001, *The Global City: New York, London, Tokyo*. Princeton, NJ: Princeton University Press.

Schuman, Michael, 2021, "Xi Jinping Turned Me into a China Hawk." *Politico*. https://www.politico.eu/article/xi-jinping-turned-me-into-a-china-hawk/.

Silver, Beverly J., 2003, *Forces of Labor: Workers' Movements and Globalization since 1870*. New York: Cambridge University Press.

Trump, Donald J., 2017, "National Security Strategy of the United States of America." Executive Office of The President, Washington DC. https://www.hsdl.org/?abstract&did=806478.

Wallerstein, Immanuel M., 1979, *The Capitalist World Economy*. New York: Cambridge University Press.

Williamson, Jeffrey G., 1996, "Globalization and Inequality: Past and Present." *NBER Working Paper* No. 5491.

第 20 章

科技與社會

■吳嘉苓

摘　要

1. 科學知識的生產受到各種社會因素影響。科學社群自身的價值，以及國家與市場的贊助和期待，主導了研究議題的選擇與研究方法的偏好。

2. 研究科學爭議的取向，包括探討民眾的信念與價值，理解不同社群如何涉入爭議，分析科學宣稱如何受到裁判社群的影響，以及社會結構如何造成爭議產生與發展。

3. 科技的社會建構論主張重視相關行動者對科技的詮釋彈性。科技的發展與取代是各種詮釋彼此競逐的結果，涉及團體之間的權力關係，以及更大的社會文化脈絡。

4. 行動者網絡理論提出社會是由人與非人的行動者所組成的網絡。

5. 創新並不是敢於挑戰的發明英雄獨自建立，也不只限於技術層面，必然涉及整個社會的技術網絡特性。

6. 科技民主化的價值日受重視，新興的公民參與模式，強調參與者在充分訊息下透過討論與說服，提出建設性的政策方向與選擇。

7. 公民科學指常民參與知識生產，行動模式豐富而多元，包括公民協助搜集科學資料；為民主與正義而生產的知識，常與社會運動結合。

壹　前言

紀錄片《遲來的正義——RCA 事件》（戴九功等 2019）探

討了經濟發展、科學證據與法庭審判的糾結關係。RCA 是以生產電子設備著稱的美國無線電公司，1970 年代台灣政府召集年輕工程師前往美國 RCA 受訓，日後成為台灣發展積體電路研發的先驅，同一時期 RCA 也來台設廠，當時大批女工為台灣出口導向工業化累積豐碩成果。

然而，1990 年代中期 RCA 員工成立自救會逐步揭露 RCA 在台灣造成的污染，例如將有害物質直接倒入地下水，但法庭強調要以嚴謹的科學證據進行因果推論，廠房污染的資料、建立污染與個人健康受損的關聯性、責任歸屬的釐清，都耗費長時間證據蒐集與辯論。科學研究的成果也成了呈堂證據，原告、被告雙方都請來科學家當證人，各方解讀變成攻防重點。歷經十多年訴訟，自救會終於勝訴。

科技常被認為是萬靈丹，不只能造就經濟奇蹟，也能拯救生命、突破人類極限，甚至強化民主（例如網路動員公民參與公共事務）。但是科技也常被視為魔怪，帶來各種災害與恐懼。新興的「科技與社會研究」（science, technology and society, STS）突破科技崇拜與科技恐懼的兩極化觀點，將科技轉換成可以分析理解、參與改善，甚至實現重要人文價值的社會活動。

貳 科學知識生產的社會脈絡

當代社會中，科學占有獨特的地位。科學知識推陳出新，已然成為人類文明最高理性的展現。無論是國家政策、法庭判準，或是如 Covid-19 的危機處理，都期待要建立在科學的基礎上。科學也常被認為建立在「純粹的客觀」之上，除了追求真理與知識的精進之外，沒有其他目的。然而，STS 反駁這樣的說法，從

科學社群規範、科學知識的生產過程，以及科學爭議等角度，提出科學活動亦是社會活動的觀點。

科學知識發展並非僅是出自於科學家的好奇心，也不是指由科學社群主導，而常與國家命脈、經濟相扣合。在兩次世界大戰與冷戰時期，一些國家爲發展軍事科技曾大量投資科學，當時的科學社群也警覺於科學知識生產的政治性，提出許多反省。1969年一群頂尖科學家成立英國科學社會責任學會，強烈批判產業與軍事科技主導學院科學研究，發起重視民眾福祉的「基進科學」運動，創辦刊物《民享的科學》。這些科學家指陳當時的核武競逐、能源危機、環境損害及生態劣化都造成社會的恐懼與混亂，反思科技本身造就不確定性。

知識經濟的興起，更引發對科學知識商品化的注目。近年來學術不端頻傳，這並非僅是個人操守問題，而往往受到學術環境競爭與酬賞系統影響。尤其近年來部分學術接受產業資金補助，可能形成產出特定研究成果的壓力。韓國科學家黃禹錫震驚世界的造假事件，就需要從科學社群如何受產官學影響來理解（Hong 2008）。黃禹錫有關人體幹細胞、複製狗等研究陸續發表在國際頂尖學術期刊，不僅政府給予巨額研究資金，民間也熱烈崇拜。然而之後有關研究員的倫理爭議及資料造假的舉報，使他辭去教職、接受司法調查。STS 提出，包括媒體造神，政府冀望生技研發帶動經濟產業，民間以科學研發作爲國家光榮，都讓黃禹錫的科學研發與國家命運綑綁，難以產生批判性視野。同時，實驗室細密分工與多人合作的模式，讓同儕在研究過程中無法發揮專業自律的特性。學術不端事件也常促發相關制度改革，包括科學社群的反思作爲，期刊建立揭露利益衝突的措施，學會建立倫理規範，實驗室詳細記錄研究過程等，以建立誠信原則。

科學家跟其他社會成員一樣擁護特定價值，有時會影響他們

建構科學知識的框架。而慣用的研究方法可能會有未能考慮社會多樣性的預設，忽略弱勢性別、種族與階級，產生系統性偏誤。有關 RCA 污染的流行病學調查，林宜平（2006）指出由於延續過去以研究男性生活經驗發展的調查模式，因此低估了女性的健康風險，例如研究者忽略煮水、烹飪、洗碗、如廁等主要屬於女人進行家務勞動的用水項目，只以洗澡時間測量對於污染地下水的暴露量。如果可以反省到科學社群可能有的偏見，也有助於修正，建立出更好的科學。

 參　科學爭議

科學爭議
涉及科學判準與科學運作的歧見，經常影響社會深遠。研究取向包括實證主義、社群政治、打開科學知識生產的黑盒子，以及社會結構。

防疫到底要用哪種模式？電磁波對人體有傷害嗎？地震可以預測嗎？這些科學爭議常常占據報紙版面，在各種公聽會辯論、學界引發筆戰，民眾爭論不休。這些爭議往往無法純由科學技術的層面來處理，即使科學研究、技術發展不斷精進，並無法就此讓爭議塵埃落定。想要充分了解這些爭議，更需要科技與社會研究的角度。

Brian Martin 和 Evelleen Richards（1995）提出四種社會科學家研究爭議的方法，以下從 COVID-19 防治措施進行討論（Jasanoff et al. 2021）。第一種是實證主義取向，先接受正統科學觀點作為分析起點，例如若戴口罩、打疫苗的效用在科學與技術面沒有爭辯，研究者會探討民眾的心理、信念和相關團體的利益。這類研究把爭議分成知識爭議（有關科學）與社會爭議（非科學性），前者隨著更大的樣本、更精良的研究設計會迎刃而解，後者則得持續借用社會科學討論。這種取向等於把社會和科學分開，不認為科學知識內容可能也有社會因素，不處理涉及科

學知識本身的爭議。

　　第二種是社群政治取向，探討不同群體如何涉入爭議，如何界定問題、動用資源讓爭議朝特定方向解決。例如，有些社群認為疫苗適合作為防疫主力，卻有其他社群擔憂疫苗的副作用，不贊成當作防疫的萬靈丹。

　　第三種是科學知識社會學取向，打開知識生產的黑盒子，特別著眼於科學界內部爭議，強調以社會分析探討科學知識宣稱。例如 COVID-19 疫情期間到底哪些措施最有效，各國的科學家看法歧異，諸多科學宣稱好壞與否來自於科學家的詮釋與行動，爭議的真偽與否，答案並不在於科學事實本身；爭議如果告終，也不見得是因為有更嚴謹的科學檢測，而是由有決策權的裁判社群來定案。

　　第四種是社會結構取向，主要從社會結構的主要概念解釋爭議。在 COVID-19 防治期間國家動員專門知識的方式各不相同，也引起不同爭議。德國倚重本就存在的權威科學機構，較少紛爭，法國特別組成科學諮詢小組，卻因為成員偏重流行病學領域飽受批評。英國針對新興傳染病建立了科學諮詢團，但另一批前朝科學家另組團體反彈官方作法。這些國家的情況顯示，政府與科學社群的關聯性影響了爭議的發展。

　　上述四種分析取徑各有所長，需要一種整合模型更周到地解釋爭議的產生與處理。此外，這些研究爭議的取向也預設了處理手段：實證主義取向假定專家是最佳的爭議裁量者；社群政治取向提倡多元主義，常主張透過審議民主等方式呈現民間聲音；科學知識社會學強調科學社群反思的重要性；社會結構取向則期待更大規模的社會結構變革，使得某些爭議根本不會產生。

> **問題與討論 20-1**
>
> 　　含有萊克多巴胺的美牛與美豬，健康風險有多大？肥胖的成因到底是基因、生活習慣，還是環境？利用 AI 監測犯罪會提升效率、還是複製偏見？請針對你關切的科學爭議，蒐集媒體報導，並依照分析科學爭議的四種取向，分析媒體如何呈現爭議。

肆　科技與社會相互形塑

　　我們慣於將歷史分期為石器時代、銅器時代、鐵器時代等等，一路至今日的太空時代、資訊時代、AI 時代，可以說是以廣義的科技進展來切分人類的大事紀。這表示科技與技術物是社會變遷的最主要動力嗎？有句廣告詞說：「科技始終來自人性」，也許社會價值才是主導科技的力量來源？本節提出科技與社會相互形塑的觀點，以了解科技與社會的關係。

一、技術物的政治性

　　STS 強調，社會選擇與政治安排對於形塑科技發展的重要性。Langdon Winner（2004[1986]）以技術物（artifacts）的政治性，提醒科技本身可能帶來的權力配置。Winner 提出兩種技術物的政治性，

　　第一種是建立了某種秩序的社會安排：有些技術系統的發明、設計與配置，建立了特定的社會秩序。他提出的著名案例是二十世紀前半期活躍於紐約的建築師 Robert Moses，把通往長島

技術物的政治性
強調技術物本身即有政治性，修正了既有的科技決定論觀點。政治性的觀點，指出技術物本身可能形成特定社會秩序、形成社會排除的後果；又或者是有些技術物本身即具有政治性，例如核能科技勢必得以極權體制為發展前提。

的低架橋，設定爲公車無法通行的高度，以此阻礙黑人及窮人使用長島的海邊休閒措施。Moses 既然無法設立「禁止黑人進入」的休閒措施使用規則，就改用低架橋的高度來達到社會排除的目的。其他有些科技設計，即使原意並非排擠特定的社會團體，卻也可能達成類似的效果，例如針對健康身體所建造的建築，原先並非特意排擠肢體障礙人士，實質上卻造成了他們參與社會生活的障礙。

　　第二種技術物的政治性，指的是內在就具有政治性的科技物。Winner 認爲，我們一旦選擇了某些科技物，就等於同時選擇了某種特定的政治生活樣態。典型的案例是核能電廠，無論是民主國家還是極權國家，核能電廠都需要權力相對集中的管理模式，例如科技軍工複合體；相較而言，太陽能光電系統要採用社區管理或是中央控制的模式，還能依照社會條件與理念來彈性決定。爲此，Winner 認爲，如果認清特定技術有其政治性、能持久地影響社會，那麼科技改革就應是社會改革的一部分。

> 🔍 **問題與討論 20-2**
>
> 　　學校裡有哪些科技系統建立了特定的社會秩序，因此具有政治性？試著觀察宿舍的門禁卡設計，電腦選課的設定，教室的麥克風設置方式，或是校園裡無障礙設施的鋪陳等等，討論這些技術物是否設定了某些權力關係？

▎二、科技的社會建構論

科技的社會建構論（social construction of technology）
駁斥科技決定論單一、線性、技術導向觀點，強調科技發展過程中，不同行動者對於技術的詮釋與考量，以及行動者之間的權力關係，如何影響科技的發展。

　　科技的社會建構論（social construction of technology，簡稱 SCOT）強調把科技發展當成特定社會脈絡下所產生的結果，駁

斥科技決定論單一、線性、技術導向的發展觀點。社會建構一詞早用於討論知識、精神疾病、偏差行為、性別、階級等，1980 年代 SCOT 發展後也開始大量用於科技與社會研究。SCOT 提出，過去有關科技發展過程的研究過於強調科技發明的特殊性，缺乏建立理論的能力。同時，這些研究偏重於成功的發明，對於失敗的科技則較少著墨。

　　SCOT 的洞見在於強調科技的發展與取代其實是各種詮釋彼此競逐的結果，涉及團體之間的權力關係，以及更大的社會文化脈絡。紀錄片《電燈泡之預知死亡紀事》（Dannoritzer 2012[2010]）就呈現產業設計會以「計畫性汰舊」為原則，不採納讓產品持久的技術，反而要運用研發，讓產品時間到了就會開始損壞。這包括本來技術上壽命可達 2,500 小時的燈泡，重新設計成最多只能使用 1,000 小時；3C 產品也經過巧妙設計，幾年內就開始失靈。透過 SCOT 的觀點可以看出，科技產品「改良」的目標，到底是根據企業利益、產品效率還是永續理念，要看哪個相關行動者能主導其看重的價值。

▋三、行動者網絡理論

　　SCOT 以利益、價值等面向探討科技的形塑，將社會帶入解釋科技的發展，等於把科技與社會區分為兩個概念。行動者—網絡理論（actor-network theory，簡稱 ANT）則提出社會與科技（物）密不可分，主張以社會科技網絡（sociotechnical network）的布局與解散了解世界運行方式。社會學固然經常強調社會不斷變動、重組，但是往往預設組織、機構及制度皆為人所設定，很少看重非人行動者。ANT 超越「科技如何影響社會，社會如何影響科技」的提問方式，更進一步探問：人與非人如何不斷相互

行動者網絡理論
主張社會是異質元素的組裝，由人與非人行動者共同構成的網絡，駁斥將社會與科技分開對待。

改造。

　　工程師、科學家、醫事人員的工作軌跡常能彰顯各種異質元素連結的重要性。Michel Callon（1987）以「工程師─社會學家」描述 1970 年代在法國研發電動車的工程人員，需要同時研發新型的燃料電池與新型的法國社會，一方面要確保新研發的鉛蓄電池不易污染、催化劑有效運作，另一方面要凸顯現有汽車造成空氣污染問題、建立新的消費者認同，還要爭取政府補助。從失敗的案例來看，社會技術網絡若不能充分組裝，即使有良善的理念也徒勞無功。邱大昕（2008）提出台灣的導盲磚設施要能發揮作用，得建立「視障者─白手杖─導盲磚」的社會技術網絡，然而有些摩托車騎士會沿著輪椅坡道順勢上到人行道，再把導盲磚當成停車線。導盲磚徵召到其他行動者，因而無法發揮作用。ANT 強調「非人」行動者的重要性。例如 Bruno Latour（1991）以歐洲旅館鑰匙說明非人行動者如何讓社會運作，許多旅客會忘記繳回住宿鑰匙，某些旅館因此設計了巨大笨重的鑰匙，促成旅客交回。在這個例子中，更能達成管理者期待的是技術物。

伍 從創新到使用

　　發明家往往被當成角色典範，然而 STS 提出創新並不僅是發明家敢挑戰的人格特質，而是這些人重組整個社會的能力。Thomas Hughes（2004 [1979]）稱愛迪生為「發明家─企業家」，強調他致力研發白熾燈是為在商業競爭上贏過煤氣燈，並延攬了工程師、科學家、技工、理財專家、公關長才、法律顧問作為團隊成員。Hughes 稱愛迪生為系統建構者，彰顯愛迪生設想建立美國社會的電氣化，以此尋找發明的方向。

　　STS 也會把邊緣化的科技搬上檯面，重新界定什麼是「創新」。例如，嘉南平原的拼裝車一般被視為需要淘汰的「落後車輛」，林崇熙（2001）卻呈現其設計彈性大，不僅考量使用者從運送甘蔗到海邊採蚵的多樣需求，安全性與服務維修都勝於統一規格的公司車。這些研究都跳脫以後進國自居的追趕模式，正視科技研發的在地發展風貌。近年來也有很多新觀點，探討伊斯蘭文化如何影響歐洲科學，安地斯山原住民發展哪些重要的農業知識，都期許在過去被忽略的世界，挖掘各類知識的交流與翻轉。

　　STS 更強調我們也要將目光由「創新」轉向「使用」。David Edgerton（2004[1999]）就提出，發明與創新本身很少就會導致使用的擴大，反倒是使用的需求經常導致發明與創新。有些研發是以研發者自己的生活經驗設想使用者，稱為「我—方法學」（I-methodology），往往導致據此想像出的使用者可能與現實有落差。如果能夠洞察社會，有時還能就由物件的設計，重新配置使用者，達到轉換社會的目標。民國初期公衛專家伍連德提出，同桌共食、幫忙夾菜的飲食方式，容易吃到別人的口水而傳染結核桿菌。要轉變這種飲食文化並不容易，因為分食制度沒辦法同桌共享全魚與全雞，於是他發明了「衛生餐檯」，也就是我們現在常用的旋轉餐盤，讓菜轉到自己面前，不用幫人夾菜，然後再搭配公筷母匙，就能以物件配置達到改變使用者行為，促成防疫的目標，又能保持共食的樂趣（雷祥麟 2013）。近年來民主化創新（democratizing innovation）就呈現一些由使用者與社區需求所主導引發的創新（von Hippel 2005），包括參與式設計，提出設計者與使用者「共同發明」的模式，將發明與使用結合為一。

陸　科技治理與民主化

涉及科技面向的社會爭議與政策，牽涉到公平正義、分配及價值等面向，超越科技知識領域，使得專家統治模式日漸受到挑戰，科技政策的民主化成為新興議題。

一、公民參與科技政策制定

過去政策制定者認為民眾欠缺科學知識，因此強調公民的科技教育，屬於公民教育模型。新形式的公民參與模式則強調科技開放讓社會檢驗、辯論，而非封閉於專業社群；民眾不只是被動地學習，更能積極主動地提出對科技發展的洞見。

一些西方國家從 1980 年代起即根據審議民主的原則，開發公民參與方法，包括公民共識會議以及審議式民調等。強調參與者在充分訊息下透過與專家平等討論和說服的過程，提出建設性的政策方向。

二、公民科學

打開「台灣動物路死觀察網」（又稱路殺社，https://roadkill.tw/），可以看到各種死於路上的松鼠、龜殼花、貓狗與綠蠵龜，分門歸類並記錄路死時間與地點。這個民間社團成立於 2011 年，透過社群媒體，邀請民眾搜集路死動物的資料。網頁上表明：「推廣全民參與科學調查（citizen science），發掘環境議題進而提出想法、試驗設計、資料蒐集、分析討論並合作解決。」農藥是否可能造成鳥類大量死亡？道路設計應如何改善才不會讓動物慘死輪下？路殺社關切環境造成的動物傷害，實證資料則仰賴

公民參與模式
（public participation model）

根據審議民主的原則，以民眾作為主體的科技政策決策模式。批評既有的「欠缺模式」將公民視為科學知識接受者的預設，強調公民參與科技設計、科技政策的可能性。

各方民眾的拍照、資料上傳、屍體搜集，以及寄送的行動。路殺
社是公民科學的代表性社團，凸顯參與科學活動並非白袍科學家
的專利，公民也能參一腳。

公民科學參與知識生產，也常是為了民主與正義，往往與
社會運動結合。台灣民間團體的空污監測，就力圖透過重新整
合官方資料、挑戰政府資料測量方式（例如發現測量方式過於
單一），以感官經驗搜集空污資料（例如嘉義市以是否看得到
玉山作為空氣品質指標），以及自行搜集小尺度範圍的空污資
料等，來挑戰官方現有的空污知識生產與傳播（杜文苓、施佳
良 2019）。此外，許多科學調查的工具更普遍可及，使得公民生
產科學知識更加可行。例如福島核災之後，輕便易用的檢測輻
射儀器紛紛上市，造就一群日本媽媽成為公民科學家（Kimura
2016）。她們關切居家安全與子女福祉，用這些檢測器測量學校
操場、購買的食物，記錄數字、繪製圖表，屢屢挑戰政府的資料
與措施。

▌三、科技改造與社會運動

社會運動原為改造科技發展的重要動力，一些反醫療化、反
污染的對抗運動，即是促成各種風險治理與科技反思的動力。近
年來 STS 更著力探討科技人參與社會改革的風貌，畢竟科技不
僅是對抗與批判的對象，更是展開實踐的著力點，例如，核能運
動的出路常來自於再生能源，而對環境與生態污染的警醒，開啟
了綠色化學、綠建築、有機農業等新路。

「性別化創新」（gendered innovation）是近年來廣受注目的科
學知識改造行動。史丹佛大學的女性主義 STS 研究團隊提出，
如果在科學知識生產的過程中充分納入性別因素，有助於研發出

更好的科學。以近年來積極發展的人工智能（artificial intelligence, AI）來說，需要機器學習所仰賴的資料庫，若是樣本來源僅限於有資源的性別、階級與族群，可能有所偏誤。因此，需要透過理解資料建立的歷史過程，以及其中如何反映權力關係，並藉由揭露資料庫特性以及可能的缺失，建立去除偏見的設計，包括公平性稽核、機器學習辨識偏見等等，以建立更好的 AI（Zou and Schiebinger 2018）。

國際科技與社會學會自 2015 年開啟了「做出 STS」（STS making and doing）新單元，認可 STS 的實作成果，包括介入公共議題，提出新的治理模式、研發教學法、創立平台，以藝術創作提出新見解、設計新的物件、空間與地景等。做出 STS 的面向含括跨界其他領域、為介入行動建立資源，並積極實驗各種參與的新方法（Downey and Zuiderent-Jerak 2017）。

 問題與討論 20-3

請進入「性別化創新」網站（http://genderedinnovations.taiwan-gist.net/），選取一個你感興趣的案例研究，例如，男性骨質疏鬆研究，氣候足跡的男女差異，或是社交機器人的性別化等等。接著請說明，你選擇的案例，有哪些具有性別敏感度的研究方法，有助於達成性別化創新。

 結論

STS 不只提出分析角度，也重視實踐的可能性。相關研究成

果與理論視野除試圖剖析科技與社會如何密不可分，也期許在科技社會中對於發展民主政治、公平正義與社會福祉，產生關鍵性貢獻。相較於其他社會學領域，年輕世代對於現代科技有更豐富的經驗與相關知識。因此，在大學殿堂討論科技與社會這個新興領域，不只能開啓思辨今日台灣科技社會所面臨的諸多挑戰，更是培育年輕世代成為「專家公民」與「公眾知識分子」的重要沃土。

參考書目

杜文苓、施佳良，2019，〈挑戰空汙：初探社區行動科學的在地實踐〉。《傳播研究與實踐》9(1): 1-32。

邱大昕，2008，〈「殘障設施」的由來：視障者行動網絡建構分析過程〉。《科技、醫療與社會》6: 21-68。

林宜平，2006，〈女人與水：由性別觀點分析 RCA 健康相關研究〉。《女學學誌》21: 85-212。

林崇熙，2001，〈沈默的技術：嘉南平原上的拼裝車〉。《科技、醫療與社會》1: 1-42。

雷祥麟，2013，〈衛生、身體史、與身分認同：以民國時期的肺結核與衛生餐檯為例〉。收入祝平一編，《健康與社會：華人衛生新史》，頁 119-144。新北：聯經。

戴九功等，2019，《遲來的正義──RCA 事件》。台北：東臺傳播。

Callon, Michel, 1987, "Society in the Making: The Study of Technology as a Tool for Sociological Analysis." Pp. 83-112 in *The Social Construction of Technological System*, edited by Wiebe E. Bijker, Thomas P. Hughes, and Trevor Pinch. Cambridge, MA: The MIT Press.

Dannoritzer, Cosima, 2012[2010]，《電燈泡之預知死亡紀事》。台北：公共電視。

Downey, Gary Lee and Teun Zuiderent-Jerak, 2017, "Making and Doing: Engagement and Reflexive Learning in STS." Pp. 223-251 in *The Handbook of Science and Technology Studies*, edited by Ulrike Felt, Rayvon Fouché, Clark A. Miller, and Laurel Smith-Doerr, 4th edition. Cambridge, MA: The MIT Press.

Edgerton, David 著，方俊育、李尚仁譯，2004[1999]，〈從創新到使用：十道兼容並蓄的技術史學提綱〉。收於吳嘉苓、傅大為、雷祥麟編，《科技渴望性別》，頁 131-170，台北：群學。

Hong, Sungook, 2008, "The Hwang Scandal that 'Shook the World of Science'." *EASTS* 2: 1-7.

Hughes, Thomas P. 著，楊佳羚、林宗德譯，2004 [1979]，〈美國的電氣化過程：系統建構者〉。收於吳嘉苓、傅大為、雷祥麟編，《科技渴望社會》，頁 19-77。台北：群學。

Jasanoff, Sheila, Stephen Hilgartner, J. Benjamin Hurlbut, Onur Özgöde, and Margarita Rayzberg, 2021, *Comparative Covid Response: Crisis, Knowledge, Politics Interim Report*. https://www.ingsa.org/covidtag/covid-19-commentary/jasanoff-schmidt/.

Kimura, Aya Hirata, 2016, *Radiation Brain Moms and Citizen Scientists: The Gender Politics of Food Contamination after Fukushima*. Durham, NC: Duke University Press.

Latour, Bruno, 1991, "Technology Is Society Made Durable." Pp. 103-131 in *A Sociology of Monsters: Essays on Power, Technology and Domination*, edited by John Law. London: Routledge.

Martin, Brian and Evelleen Richards, 1995, "Scientific Knowledge, Controversy, and Public Decision Making." Pp. 506-526 in *Handbook of Science and Technology Studies*, edited by Sheila Jasanoff, Gerald E. Markle, James C. Peterson, and Trevor Pinch. London: Sage.

von Hippel, Eric, 2005, *Democratizing Innovation*. Cambridge, MA: The MIT Press.

Winner, Langdon 著，方俊育、林崇熙譯，2004 [1986]，〈技術物有政治性嗎？〉。收於吳嘉苓、傅大為、雷祥麟編，《科技渴望社會》，頁 123-150。台北：群學。

Zou, James and Londa Schiebinger, 2018 (July 19), "Design AI so that it's Fair." *Nature* 559: 324-326.